科技创新政策
对经济社会促进作用
及其国际比较

张士运　著

THE EFFECT OF
SCIENTIFIC AND TECHNOLOGICAL
INNOVATION POLICIES
ON ECONOMY AND SOCIETY &
ITS INTERNATIONAL COMPARISON

社会科学文献出版社
SOCIAL SCIENCES ACADEMIC PRESS (CHINA)

目 录

第一章　引言

第一节　研究背景

新中国成立特别是改革开放以来，我国在经济建设、政治建设、文化建设、社会建设、生态文明建设发展上均取得了重大成就，这些成果都离不开科技创新发展与相关科技创新政策的顺利实施。对于经济发展方式而言，科学技术创新有着重要的引领和变革作用，现代科技广泛应用于社会生产的各个环节，进而影响到经济活动的各个方面，科技创新成为推动经济发展的决定因素。自 1949 年新中国成立以来，我国科技事业取得了举世瞩目的巨大成就，一批科技成果甚至达到了世界先进水平，尤其是两弹一星、杂交水稻、载人航天、探月工程、深海潜器、超级计算、北斗导航等一大批重大科技成果的出现，极大地增强了我国的综合国力，提升了我国的国际影响力。但由于我国仍长期处于社会主义初级阶段，众多问题依然突出。发展不平衡、不协调、不可持续，经济发展方式粗放，经济增长过度依赖能源资源消耗，部分行业产能过剩严重，生态环境恶化严重；经济结构不合理，农业基础薄弱，现代服务业与高新技术产业发展不足，创新能力不强；企业核心竞争力弱，效益不佳。欲解决这一系列问题，必须贯彻新发展理念，进一步深化改革、扩大开放，积极推动我国经济实现质量变革、效率变革、动力变革，着力提高全要素生产率，努力建设现代化经济体系，不断增强我国经济创新力和国际竞争力。

2007 年，党的十七大报告就明确提出要转变我国经济发展方式，通过把握发展规律、创新发展理念、破解发展难题，提高发展质量和效益，实现又好又快发展。在 2008 年国际金融危机爆发以后，国际发展环境更是发生了翻天覆地的变化，发展方式转变因此变得更加迫在眉睫。2010

年，我国经济总量超越日本，成为第二大经济体，人均国内生产总值有了实质性增加，国家文化"软实力"不断增强，新增就业持续增加，贫困人口持续下降，公共服务体系不断扩大，生态文明建设有序进行，国家的各项事业都开启了新的征程，但国家的可持续发展同时也面临着更大挑战和威胁，国际环境的变化中已经形成了一种对国内转变经济发展方式的倒逼机制。于是，2012 年党的十八大报告强调要准确判断我国所处的重要战略机遇期内涵和条件的变化，并适时提出了创新驱动发展战略，要求进一步全面深化经济体制改革，加快形成新的经济发展方式。2016 年国务院政府工作报告 61 次提及创新，明确提出：到 2020 年，力争在基础研究、应用研究和战略前沿领域取得重大突破，全社会研发经费投入强度（研发经费与 GDP 之比）达到 2.5%，科技进步对经济增长的贡献率达到 60%。党的十八大还明确提出了两个一百年奋斗目标，即在中国共产党成立 100 周年时全面建成小康社会，在新中国成立 100 周年时建成富强、民主、文明、和谐的社会主义现代化国家。欲实现两个一百年奋斗目标，全面建成小康社会，我们必须依靠科技进步和创新，提高生产力，推动经济社会持续健康发展。

2017 年，党的十九大报告在第四部分"决胜全面建成小康社会，开启全面建设社会主义现代化国家新征程"中指出，从十九大到二十大，是"两个一百年"奋斗目标的历史交汇期。我们既要全面建成小康社会，实现第一个百年奋斗目标，又要乘势而上开启全面建设社会主义现代化国家新征程，向第二个百年奋斗目标进军。进一步明确了从 2020 年到 21 世纪中叶分两个阶段设置目标：第一个阶段，从 2020 年到 2035 年，在全面建成小康社会的基础上，再奋斗十五年，基本实现社会主义现代化。第二个阶段，从 2035 年到 21 世纪中叶，在基本实现现代化的基础上，再奋斗十五年，把我国建成富强民主文明和谐美丽的社会主义现代化强国。报告中第五部分"贯彻新发展理念，建设现代化经济体系"阐述了实现上述目标的重要途径，明确指出，我国经济已由高速增长阶段转向高质量发展阶段，正处在转变发展方式、优化经济结构、转变增长动力的攻关期；必须坚持质量第一、效益优先，以供给侧结构性改革为主线，推动经济发展质量变革、效率变革、动力变革，提高全要素生产率，不断增强我国经济创新力和竞争力。那么如何提高全要素生产率？报告中特别提出要加快建设创新型国家。

报告进一步阐述了创新的重要性：创新是引领发展的第一动力，是建设现代化经济体系的战略支撑。

综上所述，自党的十七大到党的十九大，党的科技创新政策是一以贯之的，始终坚持科技与经济的结合，特别强调转变经济发展方式，积极推动经济增长动力转换。尤为重要的是，十九大将提高全要素生产率写到了党的报告中，凸显了科技创新的重要性和不可替代的作用。笔者编著本书的目的就是通过理论和实证研究以及国际比较，系统分析科技创新政策对经济社会的促进作用，阐述政府政策取得的实效，试图找寻政策实施过程中存在的不足之处，并提出今后的努力改进方向。

第二节 研究意义

科技与创新是最重要的生产要素，且通过作用于其他生产要素，提高劳动者素质，增加劳动对象的来源及种类，促进生产工具和生产工艺的进步，使社会生产力极大提高，进而使经济增长发生根本性的变革。放眼世界，许多国家已把强化科技创新作为国家战略，将科技投资作为战略性投资，提前部署创新技术产业，不断修订实施重大科研计划，增加科技研发投入，着力增强国家创新能力和国际竞争力。

首先，随着我国科技研发投入力度的不断加强，有必要对科技作用于经济的实际效果进行分析和计算。近年来，我国科技研发投入不断增长，但与我国科技事业的大发展和全面建成小康社会的重大需求相比，与发达国家和新兴工业化国家相比，我国科技投入的总量和强度仍显不足，投入结构不尽合理，科技基础条件仍显薄弱。在这个科学技术就是第一生产力的知识经济时代，科学技术的创新离不开科技研发的投入支持。巧妇难为无米之炊，只有以雄厚的科技研发投入做后盾，科学技术才能不断创新，使经济在规模和速度上迅速增长。科技研发投入是科技创新的物质基础，是科技持续发展的重要前提和根本保障。科技研发投入是对未来国家竞争力的投资，在研究和规划一个国家的经济增长问题时，我们不能轻视更不能忽视科技投入的因素。为了更好地将有限的经费投入正确的方向，充分发挥科技创新对经济社会发展的核心引领作用，对于科技投入如何作用于经济社会的机理，以及科技投入与经济增长之间的投入产出关系，还需进一步研究和测算。

其次，为了更好地发挥科技政策作为政府开展创新治理抓手的作用，有必要学习国际经验并进行比较研究。为了迅速提高我国科技实力，增加经济活力，我国自改革开放以来，从国外引进了大量技术装备，用以提高产业技术水平，促进经济发展。但是，需保持清醒的头脑，若一味地引进技术装备，停留于依赖他人的阶段，而不发挥主观能动性，不了解吸收再创新，则自主研究开发的能力必然处于劣势地位，与先进国家的技术水平差距亦必然逐步增大，经济发展程度亦会继续落后。历史的经验表明，在关系国民经济命脉和国家安全的关键领域，核心技术无法引进。我国若想在激烈的国际竞争中争得一席之地，让世界听到自己的声音，则必须提高自主创新能力，不再完全依赖他人，掌握重要领域的核心技术，拥有自主知识产权，造就具有国际竞争力的企业。总之，科技研发投入需不断增加，对自主创新力的重视程度应逐步增强，进而增强国家竞争力。我国需基于中国基本国情，审时度势，增加科技研发投入，增强国家自主创新能力和科学技术核心竞争力，加强科技基础条件平台建设。当前国际竞争激烈，各国对先进技术采取严密保护的政策，因此我国需不断增强自主研发能力。将科技进步作为经济社会发展的首要推动力量，将自主创新能力的提高作为调整经济结构、转变增长方式的重要支撑，全面转变经济发展方式，建设创新型国家。所以，在制定相关科技创新政策之前，有必要对国内外的相关政策进行梳理和研究，并进行对比。

最后，有必要利用前沿的理论和模型对科技政策的实施路径进行量化研究。因为大部分人在逐渐认识和懂得了科技投入对于经济增长的重要意义之后，往往又会产生一种简单化甚至片面的理解，似乎只要增加科技投入，就会自然而然地带来科技的发展和经济的增长。事实上，不同的历史发展阶段，科技投入的不同方式和结构，对经济增长的作用效果是完全不同的。为了保证中国经济持续发展和有效运行，我们在增加科技投入总量的同时，更要对科技投入的结构、科技资源的优化配置和使用效率给予足够的重视。本书除了要对科技如何作用于经济社会的机理进行阐述以外，还会使用相关模型测算全要素生产率等重要科技相关指标，并对一些科技创新政策的实施效果及其对产业的影响进行量化模拟。在对中日德三国的科技政策进行系统梳理的基础上，本书测算了三个国家在过去 25 年的全要素生产率水平的变化，并据此为中国经济高质量发展提出了相应的科技创新政策建议。为了全面衡量科技政策对北京地区宏观经济运行和地区经济结构的影响，本书构建了北京市科技投入 CGE 模型，设计了针对税收、人力资本、研发经费投入等政策的情景模拟方案，定量模拟这些政策对北京地区的宏观经济以及各产业产生的量化影响和作用，并提出了有利于北京市科技与经济发展的政策建议。

第二章 科技创新及相关政策措施对经济社会发展的作用机理研究

科技与经济是组成现代社会的两大重要支柱，必须研究科学发展规律和经济规律的相互关系和相互作用，从而使科学技术为发展经济服务，或反过来让繁荣发展的经济环境为科学技术的发展创造更有利条件。发展经济的需要对科技进步提出需求，而科技系统通过技术创新满足这种需求，这种相互关系使科技与经济有机地结合在一起。有人对1953~1973年美国主要技术革新的来源进行过调查，发现在此期间美国技术领域中80%的新思想来源于企业内部，其中3/4来自生产部门；来自政府科研机构和大学的不到5%。对欧洲的有关研究也得出类似的结论，70%的革新思想来自企业内部。应当看到，科学技术的经济化是当今科学发展的一大趋势，尤其是在科学技术已成为第一生产力的今天，科学与经济的关系不应只是一种"面向"与"依靠"的关系（因为那终究是两张皮），而应当是一体化的关系。

第一节 科技创新与经济增长的历史关系

自从出现资本主义萌芽以来，世界经济中心的形成与发展都离不开科学技术发展与创新。那些在近现代史上先后崛起的国家，都曾通过自身科技创新、生产技术改造、科技成果引进吸收等具体形式，将科技创新活动带入社会生产的方方面面。在生产过程中，不同领域、不同层次的科学成果，通过提高装备的科技水平、改善工艺、提高劳动者科技素质、提高管理决策水平等具体方式转化为新的生产力，给这些国家的经济带来了翻天覆地的变化。

一　文艺复兴中的意大利

意大利是近代第一个成为世界工商业中心的国家。13~14世纪，意大利威尼斯的对外贸易高度发达，由此产生了先进的商业组织和科学技术。在手工业上，除佛罗伦萨等无意中发现的印染技术和其他一些零散的工艺技术外，织造印花布、毯子、缎、薄纱、玻璃和精制糖等的制造技术也因东西方贸易而传入意大利。技术进步与市场扩大刺激了意大利工业发展。为了保护和鼓励工业技术发明，威尼斯在1474年创立了第一部专利法。在经济发展过程中，意大利创新生产出了很多力学上（纺织、钟表制造、磨坊）、化学上（染色、冶金、酿酒）以及物理学上的（眼镜）新产品。自15、16世纪以后，以伽利略为代表的一批科学家和发明家陆续设计和制造了望远镜、显微镜、温度计、摆钟和气压计等科学仪器，并逐渐将其应用于科学研究之中。科技与经济的快速发展使意大利成为欧洲文艺复兴运动的发源地。文艺复兴掀起了欧洲大陆思想解放的浪潮，终结了近千年罗马教皇统治的中世纪时代。这一时期的意大利，产生了像但丁和达·芬奇这样的诗人和艺术家，以哥白尼和伽利略为代表的杰出科学家，产生了《天体运行论》《星空信使》和天文望远镜等一大批科学名著及重要的科学发现及发明。这些科学与技术成果的诞生，极大地改变了人类对世界的认识，为意大利等地中海周边国家带来了空前的经济、文化繁荣。

二　第一次工业革命中的英国

16世纪，欧洲的商路和贸易中心从地中海转到大西洋，意大利工商业随后被英国和荷兰所击败。英国成为近代史上第二个世界工商业中心国家，第一次工业革命的完成更加使其在经济、科学上遥遥领先于其他国家。随着生产工具和动力系统的改进，英国的纺织、采矿、冶金、造船、军工等工业部门和商业都获得了长足的发展，英国从封建社会转变为资本主义社会领先的国家。资本主义生产实践中不断提出需要解决的新问题促使科学不断发展，而且，社会生产力的提高，也为科学技术的发展提供了强大的物质手段，使科学技术的飞速发展成为可能。同时，资本主义的生产目的刺激了科学技术的发展。资本家要提高商品的竞争力，最重要的手段就是不断采用新的科学发明，不断地以最新的技术来装备自己的企业。英国还涌现出了以牛顿、胡克、哈雷、波义耳、布拉德雷等为代表的一支科学家队伍。牛顿提出了物体运动三大定律及万有引力定律，把地面和天上的物体运动统一起来，实现了第一次科学大综合，掀起了第一次科学革命。科学上的成就必然成为技术革命的先导，瓦特在前人的基础上发明了高效完善的蒸汽机，蒸汽机技术和纺织机械技术的完美结合，促成了英国第一次工业革命的产生，而这一革命真真切切地改变了整个生产和社会生活的面貌，从此机器大工业代替了工场手工业，开始了社会化大生产。科学实验的进行和科学技术的发展采用更准确、先进的研究手段和设备，如更准确、先进的天秤、温度计、压力计、望远镜和显微镜等，有力地促进了英国科学技术的迅速发展，从而在数学、天文学、力学、物理学等领域取得了一系列重大成果。随着工业革命的蓬勃发展，对技术的要求越来越高，技术的提高代表了生产效率的提高。英国皇家学会接纳了大量的科学家，专门用于理论研究和解决技术问题。与意大利在进入科学活动中心之前便退出欧洲经济活动中心的情况不同，英国在退出世界科学活动中心之后，很长一段时间仍然处于全球经济活动中心。

三　大革命时代的法国

法国近代的科学技术是在 16～17 世纪近代欧洲科学革命的基础上产生和发展起来的。受英国工业革命的影响，法国由英国引进了大量的技术，由于缺乏技工人才，法国政府建立了著名的巴黎技工学校，邀请很多科学家从事教学，不仅培养技工人才，同时也解决当时的技术问题。随着生产效率的提高，国家对科学技术研究的重视，当时的法国从事科学研究的人剧增，尤其巴黎中心地段，吸引了欧洲各国的科学家前往定居、学习、讲学。自由和民主的新气息，对新科学技术的热情和仰慕，吸引着欧洲的学者以及科学爱好者。加上法国革命政府的政策也有利于科学技术的发展，拿破仑对科学事业的推波助澜，使法国的科学在 1770～1830 年出现了极大的发展，超过了当时的英国而位列世界第一。拿破仑进行了多方面的改革，在大革命期间诞生了度量衡制度，采用十进位制。同时在革命初期，科学家受到了高度重视，卡西尼、拉瓦锡、巴伊被选为国民议会议员，拉瓦锡担任计量改革委员会主席。在大革命战争期间，科学与解决实际问题联系紧密。数学家蒙日被任命为海军部长，同时也负责制造军火；数学家卡诺，是著名的热力学家卡诺的父亲，担任陆军部长；化学家富克鲁瓦担任火药制造局局长。科学家普遍参与政治，不仅对科学传播起到了重要的作用，也说明科学技术在 18 世纪的法国已经开始受到充分的重视，同时在巴黎大学里基础研究与实际应用联系在一起，开辟了近代教育的先河。法国大革命结束后，国民政府充分意识到科学和教育的重要性，为了解决从事科学传播的老师缺乏的问题，于 1794 年创办了高等师范学校，优先为国家培养教师队伍。诸多著名的科学家和学者，纷纷前往承担教学任务。1795 年著名的综合工科学校创办，成为培养技术专家和工程师的摇篮。基础研究和应用研究相互联系和发展，为 19 世纪上半叶的法国，造就了一大批优秀的科学人才，也为法国的经济发展奠定了坚实的基础。

四　第二次工业革命中的德国

19 世纪中叶，科学技术和生产出现重大变化，科学上的新发现和新成果出现的频率远远超过了传统产业生产发展的速度。为了实现赶超，德国采取了以国家为主导的经济模式，工业得到了迅猛的发展，德国科学出现了爆发式的推进。三大新技术（电力技术、化工技术、钢铁技术）在科学的推动下迅速进入了德国的工业生产领域。德国以这三大关键产业为核心迅速走上独立发展道路，并且在世界上占有绝对优势，成为新的科技创新中心。他们迅速适应了科学技术和生产发展的新特点，在应用科学上取得了成功。一旦基础理论研究出现新的成果，他们又努力把它转变为新的技术，并迅速发展出新兴的工业部门。1866 年德国发明家、工程师西门子制成了自激式直流发电机，1879 年又发明了电车，都很快在各国推广使用。电力技术的发展应用使德国引领了第二次电力技术革命。此外，德国靠有机化学家在科学理论上的一系列突破，奠定了有机化学工业的技术基础。天然染料的人工合成并投入工业化生产，使德国垄断了世界染料市场。"德国化学之父"李比希为了解决德国农业粮食减产的问题，发明了氮肥，农业化肥从此诞生，促进了农业生产力的提高。到 19 世纪后半叶，德国从煤焦油中提炼出大量的芳香族化合物，并以这些为原料合成染料、药品、香料、炸药等多种工业用品，形成了以煤焦油为原料的有机合成工业。在德国，像霍夫曼、狄塞等人既是科学家又是工程师；像戴姆勒、本茨等人既是工程师又是企业家。由于德国人能够把科学技术和生产紧密结合起来，科学技术成为生产发展的有力杠杆。反过来生产的发展又给科学技术的研究添加了不竭的动力。两者相互支持，相互促进，都得到稳定高速的发展。

五 二十世纪后的美国

19 世纪末以后的美国科学发展，一开始便是站在了"巨人的肩膀上"，继承了英国科学的传统和德国的科学体制，在优越的科研环境下，造就了一大批发明家和科学家，如贝尔、爱迪生等。抓住第二次工业革命与二战世界格局变化的战略机遇，美国通过开放的移民政策和独一无二的商业与科研环境接受了大批欧洲科学家（通过战略机遇抓住高端人才）。19 世纪的最后 20 年，第二次工业革命在欧美国家蓬勃兴起，美国迅速超过英国成为世界科学第二大国，并于 1920 年取代德国成为保持至今的世界科学中心和经济中心。美国依靠开放性人才政策、良好的科研环境、完美的实验设备和优厚的物质待遇吸引着世界各国的科学家、工程师和各类专家。1820 ~ 1859 年，105 万技术工人和 4 万多名专业人才移居美国。许多世界一流的科学家如费米、冯·诺伊曼等先后移居美国，很多科学家完成科研项目后，被聘到大学任教，开始为美国培养科技人才，使美国基础科学的研究阵容空前强大。二战即将结束时，美国政府派出数千名随军专家前往德国网罗人才，并动用 100 多架飞机将其紧急接到美国，其中有 120 多名火箭专家。费米主持完成了机密的"曼哈顿计划"，阿波罗登月计划中，为阿波罗太空火箭工作的高级工程师有 1/3 是中国人。1901 ~ 1979 年，获得诺贝尔奖的 118 名美国科学家中，有 43 名来自国外。美国大学林立，无论在数量还是规模上发展速度都很快，并向工农生产与学术研究两个方面发展，不断为美国科学的发展培养人才并直接创造出科学成果。至今，美国仍然是世界经济和科学活动中心，其原因主要是美国是移民国家，不但继承了欧洲国家的科学与政治等内容，而且具有开拓的传统；科学发展受战争破坏少；政府重视科学，实施了有利于科学发展的科技政策和人才政策，创办了科学研究专业机构和大学。科学、技术与经济日益紧密结合，为科学发展提供不竭的动力。科学得到发展之后，作为第一生产力，又与技术和经济密切结合，同时促进技术进步与经济持续稳定的繁荣。

借助于科学技术上的优势地位，在近现代史上先后处于科学中心的这五个国家一般在经济、政治等方面都处于强势地位。处于科学中心的国家在科技领域的领先地位自然地形成了一种向心力，吸引科技落后国家或地区的模仿与追赶。虽然从表面上看，这些科技和经济中心的转移只是地理位置的更替，实质上这是各国之间文化观念新旧、科技创新能力强弱转型的结果。直至今日，这五个国家还继续得益于这种先发优势，在其他大多数国家还在苦苦寻找工业化之路时，它们已经或正在进入后工业化时代，继续在经济、社会和科学技术等方面领先于世界其他国家。回顾这些历史，有助于理解这些国家如何借助科技创新的力量完成经济发展的过程，但其中蕴藏的机制和路径有待进一步深入分析。

第二节　科技创新促进经济增长的相关理论

当前世界共有两百多个国家和地区，但是彼此的经济实力与发展潜力差异巨大。2016 年，卢森堡、挪威等少数几个国家的人均国民收入高达 10 万多美元，但同时很多非洲国家的国民最基本的温饱问题仍未得到妥善解决。自然资源禀赋的差异从来就不足以解释这种普遍的贫富差距，隐藏在这些表象下的深层次经济发展原因一直都吸引着众多学者的研究兴趣。经济学家们都试图找到一个法宝能让穷国像发达国家一样变得富有，而且好多次他们都误以为已经找到了制胜的关键。从直接援助、发放贷款再到国际投资，从发展教育到控制人口和发展科技。那些接受了药方的穷国虽然有过短暂的发展势头，但是大多最终没有取得意料中的进步。全世界的扶贫焦点在非洲撒哈拉地区，在多年的无偿援助的帮助下经济几乎没有增长；拉丁美洲和中东一些国家曾经出现短暂的繁荣，但在 20 世纪 90 年代又重新陷入贫困的陷阱；南亚也是备受国际关注的地区，但表面发展难以掩盖的是越来越多的贫困人口；东亚曾被誉为经济增长的"奇迹"，但在几次经济危机中也陷入了增长泥潭。其中蕴藏的深层次原因直到现在还没有明确的答案，仍吸引着各国最杰出的学者和实践者在深刻思考。正如 1995 年诺贝尔经济学奖得主卢卡斯所说："一旦一个人开始思考经济增长问题，他就不会再考虑其他任何问题了"。

一　经济增长理论的作用机理

经济增长问题是一个历久弥新的问题，自从 1776 年亚当·斯密在其经济学论著《国民财富的性质和原因的研究》中首次对其系统性地进行表述与研究，无数的近现代经济学家、社会学家等对于经济增长的根源和实现方法的探寻就没有停止过。斯密认为一国经济增长的驱动力在于劳动分工的细化、资本的逐步累积以及技术进步。按照斯密的解释，经济增长主要来源于劳动生产率的提高，劳动生产率的提高又可以归结为具体劳动分工的深化，而劳动分工的深化又来源于市场规模的不断扩大，经济增长的路径可以简化为图 2-1。

图 2-1　亚当·斯密关于经济增长路径的认识

可见，斯密认为科技应用与发展（分工与专业化加强）是劳动生产率和经济持续发展的重要源泉，而且科技创新成果应用于生产的动力来源于市场本身的扩大与发展。可惜的是，后续的主流经济学理论并没有延续亚当·斯密最初的增长理论的思路，而是在既有的市场规模之内，以静态的视角分析资本、技术以及制度对经济增长的促进机制。

现代经济学主要以以一般均衡理论为基础的新古典主义（芝加哥学派）为代表，这个理论在历史上有两个里程碑式的标志。一是在微观层面的供给平衡的思想基础上，1874 年瓦尔拉斯的《纯粹政治经济学纲要》，开创了今天西方经济学教科书基本框架的一般均衡理论，企图证明斯密"看不见的手"。但局限于数学工具的不足，直到 1954 年，德布鲁和阿罗才分别利用"不动点定理"给出了一般均衡存在性的数学证明，并以此为路径逐渐健全了新古典主义。二是在宏观层面，因为 1929 年美国爆发经济危机，随后波及西方各国的大萧条，古典一般均衡理论在预测和应对方面都出现失灵，催生了以总需求为核心的凯恩斯宏观经济学。1936 年，著名经济学家凯恩斯发表了《就业、利息和货币通论》，标志着现代宏观经济学的诞生。两者的结合，构建了新古典主义的微观和宏观基础，主流西方经济理论虽然经历了很多发展，但都没有从根本上脱离这个基本框架。

大萧条与经济危机结束后的 20 世纪 40 年代，哈罗德和多马分别基于凯恩斯经济理论框架提出了哈罗德-多马（Harrdo-Domar）模型，使用一些基本变量构建了基于总量生产函数的总量一般均衡模型分析经济增长，试图使用简单的里昂惕夫生产函数中资本和劳动的不可替代性论证资本主义经济的不稳定性，首次开始在经济增长理论中运用数理方法。哈罗德-多马模型认为经济增长路径不稳定，经济增长率由社会储蓄率与资本产出比率决定，且经济增长率随储蓄率增加而提高，随资本-产出比率扩大而降低。自此经济增长理论逐步完善起来。但哈罗德-多马经济增长模型具有一定的局限性，模型假设技术系数值固定不变，而这与现实生活不太相符。

到了 20 世纪 50 年代，以索洛（又译索罗）（1956）和斯旺（1956）为主要代表的经济学家修正了哈罗德-多马经济增长模型中的缺陷，结合新古典经济学，将经济增长理论进行了拓展，且表明技术进步是经济增长的源泉。1957 年，索洛与斯旺整合了先前的研究成果，遵循新古典经济学假设，使用了资本和劳动可替代的标准新古典总量生产函数，得到了著名的索洛-斯旺模型，建立了现代经济增长的基准模型，奠定了现代经济增长系统分析的基础，模型为：

$$Y_t = F(K, L, t) = A_t f(K_t, L_t) \tag{2-1}$$

其中，Y_t 为国民产出，K 为资本，L 为劳动力，A 为技术进步因子。该模型的结论是生产函数的任何移动均由技术进步引起，即由全要素生产率 A 引起。该理论的提出，奠定了新古典经济增长理论的基础。新古典经济增长理论的结论是资本收益递减规律。新古典生产函数使资本积累的动力逐步减少。若没有外生的人口增长或技术进步，经济体就无法实现长期的经济增长。即使初始状态时各国经济状况与资源禀赋各异，但因受资本收益递减规律的作用，最终各国经济增长率仍会趋同。索洛-斯旺模型的提出震惊了众多学者，但索洛-斯旺模型假定技术进步是外生给定的，因此索洛-斯旺模型无法解释技术进步的源泉，也无法说明经济体的稳定经济增长速度是如何内生决定的。

60 年代中期，卡斯（Cass）和库普曼斯（Koopmans）利用内生储蓄率完成了新古典增长模型。阿罗提出将科学技术内生化，假定科学技术进步为资本积累的副产品，因此可认为技术进步是由经济系统内生决定的，故将科学技术作为一项独立的生产要素纳入模型中，提出了干中学模型：

$$Y_t = F(K, AL) \tag{2-2}$$

其中，Y_t 为国民产出，K 为资本，L 为劳动，A 表示知识存量为常数。阿罗模型不再遵循新古典增长理论的假设，但在阿罗模型中经济增长由外生人口增长决定，结论与经验事实不符。

70 年代以 AK 模型为代表的外部性增长理论证明了长期增长的可能性，因为当人力资本与知识资本等各类资本的总和被积累时，正的外溢作用使新古典生产函数的边际报酬递减规律被突破；80 年代以后，罗默、卢卡斯、格鲁斯曼、赫普曼等开创的内生增长理论又突破了新古典模型完全竞争的假定。1986 年，罗默发表了《收益递增经济增长模型》，在该论文中罗默将知识作为变量引入了模型中，且不再遵循新古典经济学中的边际生产率递减的假设。1989 年的罗默（Romer）模型、1992 年的阿洪（Aghion）和豪伊特（Howitt）的熊彼特模型，认为中间产品种类扩张以及质量改进等创新是研发投入的结果，激励机制在于持续创新的垄断租金；以此为路径，逐渐完善了宏观经济模型。罗默经济增长模型的结论是经济增长源于技术进步，但未说明各经济主体为何要投入生产要素，进而推进技术进步。

二 科技创新研发投入理论的作用机理

1990 年，罗默在他的《内生技术变迁》一文中，构建了基于科技创新研发投入的内生增长模型，模型结论是经济增长主要由资本、劳动、人力资本和科技创新研发投入决定。罗默认为由于企业追求利润最大化，其对研究与开发进行投资，当研发带来新技术时，新技术会为其带来更多的利润。这一持续性的对技术进步的投资促进了经济的长期持续增长。此后，更多的经济学家从不同侧面推进了科技创新研发投入内生经济增长理论的研究。他们均认为技术进步是企业进行有意识投资的结果，因为技术创新为企业带来了垄断利润，垄断利润激励企业进行更多的科技创新研发投入活动。在较长的时期内，经济增长率由科技创新研发投入的投入量决定。

科技创新研发投入模型①的核心是技术进步，是企业有意识进行 R&D 投资的结果。因技术进步带来的垄断利润激励企业进行科技创新研发投入。以科技创新研发投入为基础的增长模型主要有两类：一类是水平创新模型，另一类是垂直创新模型。水平创新模型是将技术进步理解为产品种类的增加，新产品的出现不会取代旧产品，新产品的出现仅仅是增加市场中产品的种类。而垂直创新模型是将技术进步理解为产品质量的升级，新产品的出现会使旧产品被淘汰。垂直创新模型继承了熊彼特的创造性毁灭的思想。

（一）水平创新科技研发理论作用机理

罗默（1990）的增长模型中包含了四要素，三部门。四要素为劳动力 L、实物资本 K、人力资本 H 与技术水平 A。三部门为研发部门、中间产品部门与最终产品部门。研发部门投入人力资本 H_A 并根据社会现存的知识存量生产新知识（设计方案）。中间产品部门购买研发部门的新知识（设计方案），并与物质资本一同作为生产要素投入生产中，生产中间产品。最后最终产品部门投入中间产品、劳动力与人力资本 H_Y 生产最终产品。假定劳动力供给与人口数量保持不变，即 L、H 供给不变。因企业追逐利润最大化，故其有动力不停地推动技术创新，这成为经济增长的内生驱动力量。

作为生产要素的技术与其他生产要素具有不同的性质，技术不具有竞争性，却具有排他性。技术所处的市场结构不具备完全竞争市场的属性，其所处市场为垄断竞争市场。罗默假定技术进步为有目的的经济活动，且技术进步是经济增长的驱动力，同时假定加工生产中间产品与加工生产最终产品的工艺不同。当新技术出现时，加工生产中间产品的效率会迅速提升，同时被其他厂商无成本地复制应用，而负责新技术研发的厂商则需独自承担高昂的新技术研发成本。罗默认为技术有别于人力资本，人力资本这一生产要素不仅具有排他性同时具有竞争性，而技术则不同。

---

① 科技研发 R&D 理论部分参考了文献：Diao X，Elbasha E H，Roe T L & Yeldan E. A Dynamic CGE Model：An Application of RD-Based Endogenous Growth Model Thoery［J/OL］，Bulletins 7461，University of Minnesota，Economic Development Center，1996. https：//ideas. repec. org/ p/ags/umedbu/7461. html.

1. 生产函数

（1）最终产品的生产函数为：

$$Y(H_Y, L, x) = H_Y^\alpha L^\beta \sum_{i=1}^{\infty} x_i^{1-\alpha-\beta} = H_Y^\alpha L^\beta \sum_{i=1}^{A} x_i^{1-\alpha-\beta} \qquad (2-3)$$

其中 Y 为产出，H 为人力资本，L 为劳动力，x 为中间产品，i 为第 i 个中间品生产企业，而且中间产品的生产函数与最终产品的生产函数相同。若一个企业创造出了中间产品 i，则该企业会获得该中间产品的永久专利权。购买 x_i 单位的中间产品，需要支付 p_i 的租金率。

为避免整数约束，设 A 是连续而非离散的，A 反映国内技术水平的高低，因此最终产品的生产函数为：

$$Y(H_Y, L, x) = H_Y^\alpha L^\beta \int_0^{\infty} x(i)^{1-\alpha-\beta} di \qquad (2-4)$$

（2）中间产品部门的生产函数为：

$$K = \eta \sum_{i=1}^{\infty} x_i = \eta \sum_{i=1}^{A} x_i \qquad (2-5)$$

中间产品部门中，在 $[0, A]$ 上有无穷多个中间产品生产企业，且每个企业仅生产一种中间产品，彼此不存在互补或直接替代关系。且假设生产一单位中间产品，需要 η 单位资本量。

总产出的一部分用于消费，余下的部分用于资本积累，因此经济体总资本量 $K(t)$ 满足如下运动方程：

$$\dot{K}(t) = Y(t) - C(t) \qquad (2-6)$$

其中 $C(t)$ 为 t 时刻的总消费。

（3）研发部门的生产函数为：

$$\dot{A} = \delta H_A A \qquad (2-7)$$

其中 δ 为生产率参数，H_A 为研发人力资本总量，A 为社会现有知识存量。知识具有外部性，研发部门可免费获得现有知识，研发部门依靠人力资本与现有知识进行新的研发活动。式（2-7）表明研发部门投入的人力资本越多，研发部门的劳动生产率越高。社会现有知识存量越大，研发部门的劳动生产率越高。

$$H_A + H_Y = H \tag{2-8}$$

其中 H 为经济体中人力资本总量，H_A 为研发人力资本总量，H_Y 为最终产品生产中的人力资本总量，人力资本 H 专指具备技能的熟练劳动力，而 L 为不具备技能的非熟练劳动力。

2. 消费者偏好

假设代表性家庭的效用函数为标准固定弹性效用函数，即：

$$U(C) = \frac{C^{1-\theta} - 1}{1 - \theta} \quad \theta \in [0, \infty) \tag{2-9}$$

消费者寻求效用最大化，在无限期时域内，消费者的目标效用函数为：

$$U(C) = \max \int_0^\infty \frac{C^{1-\theta} - 1}{1 - \theta} e^{-\rho t} dt \quad \theta, \rho \in [0, \infty) \tag{2-10}$$

其中 θ 为边际效用弹性，ρ 为消费者的时间偏好率。

3. 竞争性均衡分析

假设资本市场、劳动力市场和最终产品市场均是完全竞争市场，中间产品市场为垄断竞争市场。

（1）最终产品部门

企业生产是为了获得利润最大化，等同于产量最大化，企业生产最终产品的目标函数为：

$$\underset{x}{\text{Max}} \int_0^A [H_Y^\alpha L^\beta x(i)^{1-\alpha-\beta} - p(i)x(i)] \, di - w_{H_Y} H_Y - w_L L \tag{2-11}$$

分别对 $x(i)$，H_Y 和 L 求导，可得：

$$p(i) = (1 - \alpha - \beta) H_Y^\alpha L^\beta x(^i)^{-\alpha-\beta}$$

$$w_{H_Y} = \alpha H_Y^{\alpha-1} L^\beta \int_0^A x(i)^{1-\alpha-\beta} di \tag{2-12}$$

$$w_L = \alpha H_Y^\alpha L^{\beta-1} \int_0^A x(i)^{1-\alpha-\beta} di$$

（2）中间产品部门

中间产品部门企业的目标函数为：

$$
\begin{aligned}
\pi &= \max_{x} p(x)x - r\eta x \\
&= \max_{x} (1 - \alpha - \beta) H_Y^{\alpha} L^{\beta} x^{1-\alpha-\beta} - r\eta x
\end{aligned}
\tag{2-13}
$$

其中 r 为市场利率，$p(x)x$ 为中间产品厂商的租金收入，$r\eta x$ 为放弃生产 ηx 单位最终产品的利率成本。

由一阶条件得中间产品的垄断价格为：

$$
\bar{p} = p(i) = r\eta / (1 - \alpha - \beta)
\tag{2-14}
$$

将 $\bar{p}$ 代入需求函数中则可求得 $\bar{x}$，则利润为：

$$
\pi = (\alpha + \beta)\bar{p}\,\bar{x}
\tag{2-15}
$$

（3）研发部门

因研发市场是完全竞争市场，故研发价格必等于研发收益的折现流，即：

$$
\int_0^{\infty} e^{-\int_t^{\tau} r(s)\,ds} \pi(\tau)\,d\tau = P_A(t)
\tag{2-16}
$$

若 P_A 固定，将（2-14）式两边同时对时间 t 求导，有：

$$
\pi(t) - r(t) \int_0^{\infty} e^{-\int_t^{\tau} r(s)\,ds} \pi(\tau)\,d\tau = 0
\tag{2-17}
$$

可得 $\pi(t) = r(t)P_A$，由该式可发现，在任意时点，研发企业的收益都等于期初新研发投资成本，即研发企业净利润为零。

（4）消费者

代表性家庭的目标函数及约束为：

$$
U(C) = \max \int_0^A \frac{C^{1-\theta} - 1}{1 - \theta} e^{-\rho t}\,dt
\tag{2-18}
$$

$$
st.\,\dot{a} = w + ra - c
$$

消费者欲实现效用最大化，则消费增长率为：

$$g_c = \frac{\overline{C}}{C} = \frac{1}{\theta}(r - \rho) \tag{2-19}$$

经济资源是有限的，有限的经济资源需在中间产品与最终产品生产之间进行分配，A 决定了资源的分配。因模型是对称的，故所有厂商会提供相同数量的中间产品 $\overline{x}$。$K = \eta A \overline{x}$，则最终产品的生产函数为：

$$
\begin{aligned}
Y(H_Y, L, x) &= H_Y^\alpha L^\beta \int_0^\infty x(i)^{1-\alpha-\beta} di \\
&= H_Y^\alpha L^\beta A \overline{x}^{1-\alpha-\beta} \\
&= H_Y^\alpha L^\beta A \left(\frac{K}{\eta A} \right)^{1-\alpha-\beta} \\
&= (H_Y A)^\alpha ({}^L A) \beta K^{1-\alpha-\beta} \eta^{\alpha+\beta-1}
\end{aligned}
\tag{2-20}
$$

$$
\begin{aligned}
st. \quad \dot{K} &= \eta^{\alpha+\beta-1} A^{\alpha+\beta} H_Y^\alpha L^\beta K^{1-\alpha-\beta} - C \\
\dot{A} &= \delta H_A A \\
H_A &+ H_Y \leq H
\end{aligned}
\tag{2-21}
$$

建立汉密尔顿函数，可得经济增长率为：

$$g = \frac{\dot{A}}{A} = \delta H_A = \frac{\delta H - \theta\rho}{\theta\rho + (1-\theta)} \tag{2-22}$$

其中 $\theta = \alpha/\alpha + \beta$。由此可见经济增长率同人力资本正相关，人力资本越大，经济体的经济增长越快。经济之所以可以持续增长，主要原因是知识外部性引起规模收益递增。新知识的出现不仅可以促进研究部门进行新的研发，生产出新的知识，还可以使中间产品部门生产出更多的中间产品，进而生产出更多的最终产品。

（二）垂直创新科技研发理论作用机理

在垂直创新模型中，新技术的出现会带来产品质量的升级，同时新技术不仅具有正的外部效应，还具有负的外部性。因为新产品的出现会替代旧产品。

Aghion & Howitt（1990）不认为资本积累与科技创新是分别独立促进经济增长的因素，他们认为资本积累与科技创新是协同作用一起促进经济增长的因素。新技术的出现往往需要新的载体予以呈现，一般情况下是通过物质资本和人力资本的形式予以体现的。而欲推进新技术，则需要资本的积累作为支撑。因此，资本积累与技术创新是协同作用一起推进经济增长的，是一个过程的两个方面。他们构建的增长模型中包含了三部门、四要素。四要素为劳动力 L、实物资本 K、人力资本 H 与技术水平 A。三部门为研发部门、中间产品部门与最终产品部门。技术创新的成果由中间产品体现，且中间产品所处市场结构为垄断市场结构。最终产品所处市场结构为完全竞争市场，且最终产品的生产规模报酬不变。最终产品的生产要素为劳动力 L 与中间产品 x。

（1）最终产品部门

最终产品的生产函数为：

$$Y_t = L_t^{1-\alpha} \int_0^1 A_{it} x_{it}^{\alpha} di, \ 0 < \alpha < 1 \tag{2-23}$$

其中 Y_t 为第 t 期的最终产品总产出，L_t 为第 t 期的劳动力，A_{it} 为第 t 期中间产品 i 的生产率。

（2）中间产品部门

中间产品的市场结构为垄断竞争市场结构，中间产品的生产要素为资本 K。由于技术创新能够使技术创新者获得暂时的新技术专属权利，故为了垄断地位的保持或获得，每一个生产中间产品的厂商都会从研发部门购买新技术，生产专利产品，获得垄断收益。但当有新的技术出现时，旧技术就会被新技术取代，原来的垄断厂商也会失去由垄断地位带来的垄断收益。

中间产品的生产函数为：

$$x_{it} = K_{it} / A_{it} \tag{2-24}$$

其中 K_{it} 为第 t 期投入中间品 i 的资本。

中间产品厂商欲生产中间产品需投入资本购买生产要素，因而需从完全竞争市场上融资，在 t 期资本利率为 ζ_t。

因最终产品市场为完全竞争市场，故均衡时，中间产品的价格等于最终产品的边际产出。有：

$$p(x_{it}) = \alpha L^{1-\alpha} A_{it} x_{it}^{\ \alpha-1} \qquad (2-25)$$

中间品厂商欲利润最大化，其目标函数为：

$$\text{Max} \pi_{it} = p(x_{it}) x_{it} - K_{it} \zeta_t \qquad (2-26)$$

将式（2-23）与式（2-24）代入式（2-25），由式（2-25）的一阶条件，可得中间产品厂商的中间产品产量为：

$$x_{it} = L \left(\frac{\alpha^2}{\zeta_t} \right)^{\frac{1}{1-\alpha}} \qquad (2-27)$$

由式（2-27）式可知，在任意时点，各个中间产品厂商供给的中间产品量相同，即：

$$x_{1t} = x_{2t} = \ldots = x_{it} = x_t \qquad (2-28)$$

将式（2-28）代入式（2-27）并整理，有：

$$\zeta_t = \frac{x_t^{\alpha-1} \alpha^2}{L^{\alpha-1}} \qquad (2-29)$$

将式（2-24）、式（2-27）、式（2-29）代入式（2-26），可得中间产品厂商的均衡时利润为：

$$\pi_{it} = \alpha(1-\alpha) L^{1-\alpha} A_{it} x_{it}^{\ \alpha} \qquad (2-30)$$

中间产品部门在 t 期的平均技术水平为：

$$A_t = \int_0^1 A_{it} di \qquad (2-31)$$

社会总资本为 K_t，资本总需求为：

$$K_t = \int_0^1 A_{it} x_{it} di = A_t x_t \qquad (2-32)$$

设中间产品厂商的资本密度为：

$$k_t = \frac{K_t}{A_t} = x_t \qquad (2-33)$$

将式（2-33）代入式（2-29），整理可得：

$$\zeta_t = \alpha^2 L^{1-\alpha} k_t^{\alpha-1} \tag{2-34}$$

由式（2-34）可知，资本利率是资本密度的减函数，即随着资本密度的增加，利率将逐渐减少。也就是当资本积累速度快于技术创新速度时，资本密度会下降，资本收益率会上升。因此当资本积累速度快于技术创新速度时，资本利率下降，即资本的使用成本下降，会有更多的资本涌入研发部门，进而会提高技术创新速度，技术创新速度的提高又会降低资本密度，提高资本利率，促进资本积累。

将式（2-33）代入最终产品生产函数式（2-23）中，整理可得：

$$Y_t = K_t^{\alpha} (A_t L)^{1-\alpha} \tag{2-35}$$

总产出由资本存量与知识存量共同决定。最终产品总产出对 K_t 和 A_t 规模报酬不变，若资本积累与技术创新速度相同，则二者边际产出不会下降，经济体可实现持续的经济增长。

将式（2-35）两边取对数，并对时间 t 求偏导可得：

$$g_{Y_t} = \alpha g_{K_t} + (1-\alpha) g_{A_t} = g_{A_t} + \alpha(g_{K_t} - g_{A_t}) \tag{2-36}$$

由式（2-36）可知，当 $g_K = g_A$ 时：

$$g_K = g_A = g_Y \tag{2-37}$$

此时，资本积累、技术创新速度与经济增长速度相同，经济处于稳态增长的路径上。

（三）全要素生产率的指标意义

全要素生产率（Total Factor Productivity，TFP）作为分析经济增长源泉的重要工具，是指除了劳动力和资本这两大物质要素之外，其他所有生产要素带来的产出增长率，成为政府制定长期可持续增长政策的重要依据。根据新增长理论，经济持续增长的源泉来自科技进步，即全要素生产率的提高。对生产率的定量研究起源于对生产函数的研究。最常用的生产函数形式是柯布-道格拉斯（Cobb-Douglas）生产函数，该函数将资本投入（K）

和劳动力投入（*L*）作为经济增长的重要物质投入要素。全要素生产率在以往生产率分析中的劳动力和资本两大要素之外，引入技术资源这一因素，用来度量经济总产出。萨缪尔森、诺德豪斯等人认为全要素生产率考虑的要素资源包括教育、创新、规模效益、科学进步等。

　　全要素生产率被定义为扣除全部投入要素后的技术和非技术因素的综合生产率，主要包括技术进步效率、技术效率和规模效率，反映了生产技术提高和制度效率改善对经济增长的影响。全要素生产率研究的兴起始于索洛基于新古典经济增长理论的研究，法雷尔等提出的前沿生产函数概念推动了后续模型化研究的发展，并使全要素生产率的理论内涵和测算方法获得了极大丰富。全要素生产率的测算方法研究是全要素生产率理论的核心，从最初的增长指数核算法到当前广为应用的前沿生产函数法，方法学的进步不但显著提高了全要素生产率的测算精度，而且使全要素生产率的内涵更加明确和丰富。1942年，丁伯根（Tinbergen，1942）基于 C-D 生产函数理论最早提出了全要素生产率概念并开创了该领域的研究时代，但是真正使全要素生产率成为研究热点的则是索洛（Solow，1957）提出的"余值法"及其对全要素生产率内涵的扩展研究，自此之后掀起的广泛研究才促使全要素生产率理论获得了长足发展。丹尼森（Denison，1962）在《美国经济增长的源泉》一书中将美国的经济增长归因于要素投入的增加和生产率的提高，并从劳动力数量增加和质量提高两个方面考察了劳动要素的投入，从而分解出了全要素生产率，认为知识进步是促进生产率提高的主要原因。乔根森（Jorgenson，1967）较好地阐述了投入产出思想，在对产出、资本和劳动进行细致分解的基础上，采用超越对数生产函数实证研究了美国战后的经济增长来源，认为要素投入是经济增长的源泉。

　　全要素生产率定量研究由美国著名经济学家索洛（Solow）发明，发表在1957年的《技术进步与总量生产函数》一文。该论文统一了生产的经济理论、拟合了生产函数的计量经济方法，并首次将技术进步因素纳入经济增长模型，进而建立了全要素生产率增长率的可操作模型，从数量上确定了产出增长率、全要素生产率增长率和各投入要素增长率的产出效益之间的联系，建立了著名的索洛模型。索洛认为：全要素生产率等于生产率减去劳动力生产率和资本生产率，即全要素生产率是生产率增长值中无法被劳动和资本生产率所解释的部分，用函数标记为：

$$\varphi = \dot{Y} - \alpha \dot{K} - \beta \dot{L} \qquad (2-37)$$

其中，$\dot{Y}$、$\dot{K}$、$\dot{L}$分别表示产出增长率、资本投入增长率、劳动投入增长率。α、β分别是产出对资本投入和劳动投入的弹性，φ是全要素生产率增长率（又称索洛余值），他认为产生这部分"余值"的原因在于技术进步。

"索洛余值法"提出以后，大多数研究主要集中在对全要素生产率的准确测度上。1977年，艾格纳（Aigner，1977）提出了随机前沿生产函数，并将其用于测度全要素生产率，从而使全要素生产率的研究从理论转向应用。Charnes，et al（1978）和Banker，et al（1984）分别提出了CCR模型和BCC模型，开创了数据包络分析方法，并被学者们广泛应用于全要素生产率的测量研究，从而使测量结果更加接近经济现实。在多期的动态条件下，不仅生产资源配置效率水平要发生变化，技术水平也要发生变化，即有技术进步发生。生产资源配置效率与技术水平的综合变化就是我们所熟知的全要素生产率（TFP）的变化。一般用曼奎斯特生产率指数（Malmquist Productivity Index）来表示全要素生产率的变化，它是一个与价格无关的指数。曼奎斯特指数的求解需要借助另一种效率描述工具——距离函数。通过距离函数，我们可以实现曼奎斯特生产率指数的非参数描述，同时将其分解为生产资源配置效率变化率和技术进步率的变化。与静态意义下的分解相对应，动态条件下的生产资源配置效率变化率可以进一步分解为规模效率变化率、资源可处置性变化率和纯技术效率变化率。

三　相关实证研究

Romer（1991）、Aghion & Howitt（1990）、Grossman（1993）等基于内生增长理论，使用不同的模型，都得出了科技创新研发投入水平的持续提高会显著加快经济增长的结论。Lichtenberg（1993）的研究则发现，企业科技创新研发投入比政府科技创新研发投入更有效率，而且通过计算发现科技创新研发投入的投入回报率在实际中远高于固定成本投入回报率，所以增加科技创新研发投入在长期过程中可以促进经济增长。Inekwe & John（2015）以2000~2009年66个发展中国家数据为研究样本，运用混合均群估计法（pooled mean group）、动态广义最小二乘法（dynamic system GMM）与三阶段最小二乘估计法研究了科技创新研发投入对经济增长的影响，发现科技创新研发投入与经济增长具有显著的正相关关系。如果将发展中国家按收入进行分类，科技创新研发投入在中上等收入的发展中国家对经济增长的影响更为显著。同时作者指出科技创新研发投入对经济增长的长期影响与短期影响有一定的差异。Chu（2014）瞄准了预付经济体（cash-in-advance economies）的经济增长作用，认为科技创新研发投入会对他们的流动性产生一定的影响，同时他构建了具有预付现金特点的熊彼特增长模型，发现名义利率的上涨会减少科技创新研发投入，也会使经济增长速度放缓。

国内学者对于科技创新研发投入与经济增长关系的研究也较多。卢方元、靳丹丹（2011）以 2000～2009 年全国 30 个省区市的科技创新研发投入和经济增长的有关数据为基础，对科技创新研发投入与经济增长之间的长期均衡关系进行实证分析，发现科技创新研发投入对经济发展具有明显的促进作用，科技创新研发投入中人员投入的产出弹性大于科技创新研发投入中经费投入的产出弹性；在两种科技创新研发投入要素的弹性系数中，北京、四川、吉林、广东呈现双高特征，青海、宁夏和新疆呈现双低特征，其他省份则表现为科技创新研发投入经费投入和科技创新研发投入人员投入的弹性系数此高彼低的特点。面板误差修正模型（PVECM）的实证结果表明科技创新研发投入的短期波动对经济增长的短期波动有正的影响。米传民、刘思峰等（2004）根据江苏省 1997～2002 年的科技创新研发投入经费支出、科技人员投入和 GDP 数据，通过灰色相对关联度分析了科技投入与经济增长的相关关系。其研究结果表明：科技创新研发投入经费支出和科技人员投入均与经济增长有正相关关系，且科技人员投入对经济增长有着更为显著的促进作用。朱春奎（2004）以上海 1985～2001 年的科技创新研发投入及相关经济数据为基础，进行协整分析与因果关系检验，建立了科技创新研发投入与经济增长的误差修正模型，揭示了上海科技创新研发投入与经济增长的动态均衡关系。研究结果表明上海全社会科技创新研发投入与经济增长之间存在较强的相关关系，尽管各自的增长是非稳定的，但就长期而言，它们之间构成了长期稳定的均衡关系。短期内滞后 1 年的经济增长变量、滞后 2 年的科技创新研发投入对实际 GDP 的变动影响显著，GDP 和科技创新研发投入之间的均衡关系对当期非均衡误差调整的自身修正能力不是很强。从总体来看，上海全社会科技创新研发投入构成其经济增长的充分而非必要条件，即全社会科技创新研发投入是经济增长的原因，而经济增长并未构成科技创新研发投入变化的原因。

科技创新研发投入是全要素生产率的重要影响因素，国内外已有许多文献对此给予了论证。20 世纪 80 年代后新增长理论兴起，科技创新研发投入与生产率增长关系的理论研究框架初步形成。Griliches 和 Klette（1998）运用经济内生增长理论，以美国企业数据为样本，评估了 60 年代末到 70 年代初科研投入对全要素生产率增长下降的影响。其认为全要素生产率增长速度下降主要有两方面原因，即，能源材料价格的上涨与技术进步源泉的枯竭，而在研究样本时期，主要能源价格的上涨并未导致工业能源使用量的显著下降，技术水平也未因能源价格上涨发生显著变化。因此作者认为此时一国全要素生产率增长下降主要是由国际技术水平变化引起的。Atella Vincezo 以意大利科技创新研发投入数据及相关经济数据为基础进行实证分析，分析结果表明：科技创新研发投入对全要素生产率的作用主要受生产函数的定义、对索洛残值估计的假设限制以及数据的整合水平等影响。

国内关于科技创新研发投入与全要素生产率的研究也较多。李胜文、李大胜（2006）基于我国 27 省区市人均人力资本存量、外贸依存度和 R&D 投入增长率面板数据的实证检验并结合其变化趋势，认为人均人力资本、R&D 投入的增长率下降是导致我国全要素生产率（TFP）增长缓慢的主要原因，而进出口量增长对 TFP 增长的影响不显著。王英伟、成邦文（2005）按国际统计标准选取了我国科技创新研发投入数据及相关数据，对影响我国 TFP 增长的科技创新研发投入因素、经济因素以及其他因素的作用进行了实证分析和研究，对科技创新研发投入经费的作用给出了合理的估计。作者首先从定性的角度对 TFP 的影响因素进行分析，继而在此基础上对我国 1978~2002 年的 TFP 进行了计算，再对 TFP 影响因素的作用进行定量测算并进行了讨论。刘建翠（2007）以高技术产业中大中型企业为研究对象，基于 1996~2005 年的时间序列数据，运用 C-D 生产函数，定量测算高技术产业中大中型企业的全要素生产率，分析高技术产业全要素生产率（TFP）的增长和影响 TFP 的主要因素，并估算了这些因素对 TFP 增长的作用。研究结果表明，高技术产业中大中型企业的 TFP 对产出增长起主要作用，公共部门的研究与发展投入是促进 TFP 增长的重要因素。曹泽（2010）依据 1995~2007 年中国东、中、西部三大区域的相关数据，采用面板数据模型进

行计量经济分析表明：不同类型的科技创新研发投入对全要素生产率
（TFP）的增长均有正向促进作用，但科技创新研发投入活动的溢出效果不
同。区域之外的科技创新研发累积投入带来的 TFP 增长效应最大；企业
R&D 累积投入对 TFP 增长的作用居其次；高等院校与科研院所科技创新研
发累积投入带来的 TFP 增长效应最小。区域自主创新对东部地区 TFP 的作
用大于中、西部；技术引进对西部地区 TFP 的作用大于中部，对中部地区
的作用大于东部。同时不同类型的科技创新研发投入活动彼此影响的程度
和方向不同，这给科技政策的制定提供了参考依据。

第三节　科技创新对经济结构的优化机制

一　经济结构理论与科技创新关系

经济结构和科技创新深刻影响着一个国家的经济实力和发展潜力。中
国在鸦片战争以后半个多世纪的惨痛经历说明，一个缺乏工业化的农业国
家，一个没有现代科技作支撑的国家，体量再大也很难与一个工业化的小
国在经济和军事上抗衡。

关于经济结构理论的研究，早在 17 世纪，英国的经济学家威廉·佩蒂
就提出，随着经济的不断发展，产业结构将逐渐由有形财物的生产转向无
形服务的生产。1940 年，科林·克拉克在此基础上，用计量方法比较了不
同收入水平下就业人口在三次产业中分布结构的变动趋势后得出了重要的
"佩蒂-克拉克理论"，即：随着经济发展和人均收入提高，第一产业国民收
入和劳动力的相对比重逐渐下降，第二产业国民收入和劳动力的相对比重
逐渐上升；当经济进一步发展时，第三产业国民收入和劳动力的相对比重
也开始上升。1941 年，美国经济学家库兹涅茨在佩蒂-克拉克理论的基础
上，通过对各国国民收入和劳动力在产业间分布结构的变化进行研究，得
出了"库兹涅茨法则"。[①] 根据克拉克定律或库茨涅茨法则的描述，经济发
展就意味着产业结构的逐步升级和收入水平的不断提高。这个过程中，农

[①] 库兹涅茨还发现，在经济发展过程中，收入差距和人均收入之间存在倒 U 形关系，即库兹
涅茨曲线。环境库兹涅茨曲线：在此基础上将环境污染程度和人均收入水平相联系进行研
究，发现也有一条倒"U"形曲线，即为环境库兹涅茨曲线。

业比重逐渐下降，工业比重逐渐上升，然后是工业比重逐渐下降，服务业比重逐渐上升。不同的经济结构，需要不同的要素禀赋来匹配。

（1）农业占主导的经济体其总量生产函数是土地密集型的。

（2）轻工业占主导的经济体其总量生产函数是劳动资本密集型的。

（3）重工业占主导的经济体其总量生产函数是物质资本密集型的。

（4）服务业占主导的经济体其总量生产函数是人力资本密集型的。

从另一个角度，日本经济学家赤松在 1932 年提出了雁行形态（雁阵模式）说，认为后进国家的产业赶超先进国家时，产业发展是按照"从进口，到国内生产，再到出口"的模式相继交替发展的。而这一变化过程，在图形上呈现为倒"V"形，就像三只大雁展翅翱翔，故称之为"雁行形态说"。雁行理论主要包括调整经济结构、坚持出口导向战略、适当控制外债规模和结构以及协调政府与市场机制等四个内容。该学说认为，不断调整和优化产业结构，是区域经济增长的客观要求，也是区域经济发展的强大动力，可用雁阵模式反映产业结构随禀赋结构比较优势变化而变化的经验特征事实。

在中国林毅夫（2009）的新结构经济学将雁阵模式中产业结构变迁的内容进行了理论化：随着一国的资本禀赋变得更加充足，该国的产业将会内生地升级到资本更密集的产业。该模型描绘了一个连续的倒 V 形产业演化路径：当资本积累到一个特定点的时候，一个新的产业产生、繁荣，然后衰落，最终消失。当该产业衰落的时候，一个资本更密集的产业将会出现并蓬勃发展。

林毅夫（2009）在他的新结构主义经济学理论中提出，产业结构升级是一个在长期经济增长中生产资源禀赋不断累积、创新技术不断被吸收以及主导产业经济部门依次更替的内生过程。在经济水平不断提高的过程中，农业比重逐渐下降，工业比重逐渐上升，然后是工业比重逐渐下降，服务业比重逐渐上升。不同的经济结构，需要不同的要素禀赋来匹配（见图 2-2）。

处于不同发展水平的国家和地区，由于禀赋结构不同，相应地会有不同的经济结构。处于初级发展水平的国家和地区，其要素禀赋结构一般会呈现出劳动力或自然资源相对丰富，同时资本相对稀缺的特点，因而生产也多集中于劳动力或资源密集型产业。除工矿业外，这些生产活动很少形成规模经济。而位于高发展水平的高收入国家和地区，则由于已完成工业

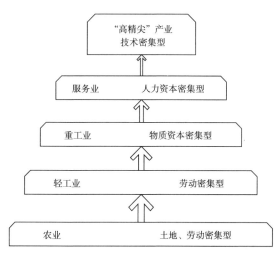

图 2-2　产业升级的路径和所需的资源禀赋

化，相对丰裕的要素不是劳动力和自然资源，而是资本和科技创新等资源（类似于北京在全国的地位）。由于处于世界科技和产业前沿，它们在资本或科技密集型产业中具备比较优势。这些高收入国家和地区需要依靠创造性破坏，即新技术和新产品的发明创新来进行技术创新和产业升级。在现代社会，决定结构变迁的根本力量是要素禀赋的变化，即科技代替更多纯粹的资本和劳动力。

二　科技带动产业结构升级的国际案例

诺贝尔经济学奖获得者刘易斯在 1956 年提出了经济发展过程中的经典二元经济理论。他认为许多贫穷国家的传统农业与非正规部门集聚了大量剩余劳动力，他们的存在与否不会影响边际产出，城市能够以维持基本生存的工资水平招到其所需的劳动力，经济发展因此享受到"人口红利"。传统农业中剩余劳动力被城市正规部门不断吸收的发展阶段被称为刘易斯阶段，而"人口红利"减少到消失的过渡阶段被称为著名的刘易斯拐点。大部分发展中国家落后于发达国家，主要原因在于很多劳动力还在传统农业和低端产业方面，经济结构相对低下，人均劳动生产力低下，即人均产量很低。

按照宏观经济学理论，人均产量低根源在于人均所拥有的资本（机器、设备等）较少，即生产方式主要体现为劳动密集；并且劳动者科学技术水平落后，生产方式与科技严重脱节。正因为如此，劳动生产力的提高需要通过生产方式上的趋资本密集化和趋知识（技术）密集化来实现。现实中，人均资本的提高通常需要通过城镇化来完成，表现为无数的闲散农村劳动力进入城市工作，即越来越多的劳动力脱离土地而与资本结合。城市也正是通过不断的投资和开工建厂来吸纳和消化农村剩余劳动力的。因此，就整个国家而言，农村剩余劳动力的消化和转移过程也就是生产方式从劳动密集向资本密集逐渐转化的过程，即人均资本拥有量不断提高的过程。但是，在没有技术进步的条件下，由资本密集所带动的人均资本和人均产量的提高是有极限的（龚刚，2016）。

随着经济的发展，刘易斯拐点出现，即劳动力由过剩变为短缺，"人口红利"消失，进一步的经济增长将使工资快速上升。这必将给企业发展和经济增长带来巨大的压力。通常在国家的人均收入达到中等水平后，经济增长的动力开始变得不足，经济会出现停滞。二战以后，世界上相当一部分发展中国家曾在经济发展的初级阶段实现过经济高速增长，但最后陷入了中等收入陷阱，最终只有10多个经济体艰难地跨过了中等收入陷阱。当剩余劳动力已不复存在时，即在刘易斯拐点前，经济增长的动力只能靠科技进步所带来的劳动生产力的提高。那10多个成功的经济体都是在本国刘易斯拐点到来前，早早地调整了本国的科技、产业政策，提前做好了经济结构转型升级，才实现了自身的可持续发展。国内李京文院士在他编著的《技术进步与产业结构》系列丛书、《科技富国论》中，对科技进步通过改变需求结构、劳动生产率、国际竞争等影响产业结构的问题进行了分析，指出科技是产业关联的本源因素，科技进步会引起产业结构的变化，并提出了技术进步影响产业结构变化的一套定量分析方法。

英国是工业革命以后世界范围内第一个现代意义上的资本主义国家，虽然"日不落帝国"的辉煌早已成为历史，但伦敦依然立于全球城市体系的金字塔尖。伦敦的经济发展，有两次成功转型，它成功地利用科技创新实现了从"工业经济"向"服务经济"的转型，并完成了从"工业之城"向"金融之都""创意之都"的华丽蜕变，成为现代国际大城市转型的典范。第一次转型是由一座以制造业和港口运输为主的城市转变为以金融服务业为主导产业的服务型城市。工业革命以后，以伦敦为代表的英国成为世界工厂，传统工业、制造业与港口运输业长时间内在国际上占据领先地位。20 世纪 70 年代末，伦敦的制造业和港口运输业由于劳动力的成本劣势和世界航运向深海港口发展的趋势，发生了严重衰退，大量工人失业，码头纷纷关闭，城市一片萧条。撒切尔主导的经济自由化改革，释放了英国在服务业上的巨大潜力，尤其是伦敦作为世界上历史最为悠久、最为重要的金融中心，获得了极大的发展机遇。自此，以金融服务业为代表的伦敦服务业，获得了长期、高速的发展，无论是经济总量还是就业人口，服务业都替代了制造业在伦敦经济中的地位。以金丝雀码头为中心的道克兰区，是一个曾经辉煌又走向没落的码头区，如今成为世界重要的商务中心区，重塑辉煌。第二次转型是创意产业的异军突起。1990 年代以后，伦敦开始逐渐注重创意产业的发展，特别是 1997 年以后，创意产业实现了高速发展，成为仅次于金融服务业的第二大产业部门，是支撑伦敦经济发展的重要引擎。这种创意产业与现在中国提倡的创新驱动战略也有异曲同工之妙。借助悠久的文化艺术传统和强大的知识教育资源，加上政府在政策上的积极引导，伦敦成为孕育创意产业的良好温床，并享有世界"创意之都"的美誉。

王丽莉和文一（2017）认为日本和"亚洲四小龙"等少数成功跨越中等收入陷阱的国家（或地区）都遵循着相同的"胚胎发育"式的市场和产业升级路径，循序渐进的结构转型升级过程带给了他们经济结构转型升级的成功。相反，陷入中、低收入陷阱的国家则违背了以上工业化的发展顺序。其中，被困在中等收入陷阱中的东欧、拉美国家未能充分发展劳动密集型的轻工业，过早进入了资本密集型的重工业化阶段和现代金融业阶段；而被困在贫困陷阱中的非洲国家则严重缺乏启动规模化劳动密集型产业革命所必需的原始（乡村）工业化过程，盲目上马违背自身比较优势的现代企业和公共基础设施。因此，该文认为一个由下而上的、从农村到城市的、由轻工业到重工业的、立足于制造品（包括原始手工品）出口而不是农产品和原材料出口的工业化发展路径和产业升级政策，是成功跨越各种收入陷阱的关键。

以硅谷发展为例，该地区最初依靠利用自然禀赋资源的采矿业（高附加值的第一产业）积累了原始物质资本，然后开始发展铁路基础设施建设（第二产业带动自然生产要素流动），并不断将运输领域扩展到更大的港口贸易范围，之后频繁的贸易活动又催生了对信息产业的需求（第三产业的新需求）。通过技术的不断积累、产业的不断更新升级和市场的不断扩大，硅谷最终建立了以互联网产业为基础的多领域"高精尖"产业的绝对优势（如图 2-3 所示）。20 世纪 80 年代，美国里根政府改革的成功，除了以普遍减税为代表的供给学派政策激发了市场的活力，其实更重要的是刺激了以硅谷为代表的高科技新兴产业的发展，为美国经济社会的发展找到了新的增长点。

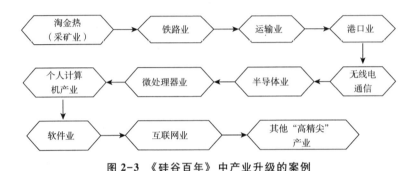

图 2-3 《硅谷百年》中产业升级的案例

　　硅谷正是抓住了自身每个阶段资源禀赋的变化，并主动实行了调整，最终在世界范围内建立起了"高精尖"产业的绝对竞争优势。可见，以比较优势理论为基础，一个经济体的产业发展方向（选择干什么的产业结构）应该由该经济体当时的资源禀赋（有什么优势）来决定，当发展到一个阶段资源禀赋结构和外部需求发生变化的时候，就要进行产业结构的调整和升级，以适应新的变化。这个产业结构合理化的标准即是马克思政治经济学里面里提到的"经济基础决定上层建筑、上层建筑反作用于经济基础；生产力决定生产关系，生产关系反作用于生产力"。

三　科技创新对中国产业结构的影响

　　过去 40 年，我国经济发展虽然取得了全球瞩目的成就，但"理论界的认识是落在我国政策实践之后的"。面对新一轮的经济结构性改革，具有中国特色、符合中国发展路径规律的经济理论亟待总结和创新，以支撑和促进前瞻性、精准的政策安排。科技创新作为经济结构变迁的一个重要维度，在我国大力推行创新驱动战略以及"大众创业、万众创新"的政策背景下更显重要。我国正在加快产业结构调整和升级以实现经济转型发展，从要素投入驱动型向创新驱动型转变无疑是我国经济转型发展的目标。在改革开放之前，我国主要依靠加大对资本、劳动以及其他生产要素的投入来加快经济发展速度，而科技进步对经济增长的贡献非常低。这种粗放型的发展模式是不符合可持续发展要求的。转变经济增长方式，贯彻落实创新驱动发展战略迫在眉睫。要实现经济发展方式的转变，就必须促进技术创新、组织创新和制度创新，以进一步提高经济技术效率和要素配置效率，从而实现我国经济的健康可持续发展。

宋辉、李强（2003）运用科学的投入产出模型，从技术原理上定量地测算了科学技术诸因素对我国产业结构升级的影响程度。胡志强（2005）从科技拨款总数及其占财政支出比重、R&D 经费、国家科技奖励数目、三种专利申请授权状况四个方面定量研究了我国高新技术发展水平对产业结构变化的影响。唐德祥、孟卫东（2008）运用面板数据（Panel Data）模型分析了我国以 R&D 为基础的技术创新与产业结构优化升级的关系，实证结果显示，R&D 投入对产业结构优化升级具有显著的正向促进作用，其边际效应为 1.34（即 R&D 支出的自然对数每增加 1 个单位，可以使产业结构升级提高 1.34%）。赵新华、李晓欢（2009）分析了 1987~2007 年我国科技进步水平与产业结构优化水平之间的互动关系。研究结果表明，从长期来看，科技进步水平与我国产业结构水平存在协整关系，存在较为显著的正相关关系，其弹性系数为 1.45，表明我国科技进步水平的提高有利于我国产业结构的优化升级。

由于科技创新理论大都存在没有"结构"的缺陷。付才辉、林炜和林毅夫（2015）构造了一个新结构经济学的最优创新结构模型，指出技术进步或技术创新也有结构，其内生于经济体的禀赋结构与产业结构。科技创新所需要的投入大、不确定性高，而且在不同的禀赋结构与生产结构阶段其回报也是不同的。一个处在禀赋结构和产业结构水平比较低阶段的经济体，对拓展世界技术前沿的发明创新的需求并不高，导致回报也就较低，同时发明创新对投入的禀赋结构需求较高，而此时禀赋结构供给较低会导致较高的禀赋结构的相对价格也就高，因此此时发明创新的利润并不高甚至还会亏损。与此相反，在禀赋结构和生产结构比较低阶段对模仿创新的需求比较大，导致回报比较高，同时模仿创新对投入的禀赋结构需求较低，在禀赋结构供给较低时禀赋结构的相对价格也就较低，因此此时模仿创新的利润比较高而富有吸引力。所以，在禀赋结构与生产结构比较低的阶段，创新应该更多地偏向模仿创新。同理，在禀赋结构和生产结构比较高的阶段，创新应该更多地偏向发明创新。因此，在每一个发展阶段都有一个最优的技术进步或技术创新结构与之相对应，最优的创新结构随发展阶段的提高而不断升级。在具体产业层面，林毅夫（2015）总结出了五类产业升级模型（见表2-1）。

表 2-1　五类产业升级模型

类型	特　征	升级方式	案例
追赶型产业	技术水平跟国际上发达国家的产业还有差距，劳动生产力水平比较低，代表技术和附加值的水平比较低	找准目标，技术引进、干中学、追赶超越	精密仪器制造等先进制造业
领先型产业	产业发达国家已经失掉比较优势而退出	保持优势，寻求升级路径	我国的家电、摩托车等产业
退出型产业	产业过去符合比较优势，现在由于资本积累、工资上涨失去比较优势	合理有序地进行产业转移或升级	我国沿海劳动力密集的出口加工产业
弯道超车型产业	利用现代科技，研发周期短，以人力资本投入为主	抓住机遇，实现弯道超车，跟发达国家直接去竞争	华为的通信设备、阿里巴巴等电商平台、雷军的小米手机
国防安全产业	资本投入特别大，研发周期特别长，但国防安全需要	用国家战略保障，持续投资，另一方面鼓励与民用产业逐渐实现融合	航空航天产业

这个五类产业升级模型是林毅夫出任我国十三五规划专家委员会副主席时，为我国目前经济结构转型升级量身定制的新结构经济学政策应用工具。第一类是追赶型产业，这类产业的技术水平跟国际上发达国家的产业还有差距，我国相同行业的劳动生产力水平比较低，代表技术和附加值的水平比较低，还在追赶国际水平的阶段，像高端智能装备生产等产业；第二类是领先型产业，有些产业发达国家已经失掉比较优势而退出，我们的产业在国际上已经处于领先或接近领先地位，像家电、摩托车等产业；第

三类是退出型产业，这些产业过去符合比较优势，现在由于资本积累、工资上涨失去比较优势，像劳动力密集的玩具出口加工产业等，需要退出；第四类是弯道超车型产业，由于现代科技的特性，有些产业的新产品新技术研发周期短，以人力资本投入为主，像互联网、移动通信设备，其研发以人力资本为主，而且周期特别短，我国具有创新才能的人力资本跟发达国家其实没有多大的差距，且具有产业类别齐全和广大的国内市场，对这一类型的产业，我国可以实现弯道超车，跟发达国家直接去竞争；第五类是国防安全产业，这类产业跟弯道超车型产业正好相反，资本投入特别大，研发周期特别长，不符合我国的比较优势，其存在是为了国防安全的需要。中国大陆有 30 余个省区市、300 余个市、近 3000 个区县，每个地方的要素禀赋和发展条件都不同，现有产业转型升级的合适方式以及适合进入的新产业也各不相同。在新常态下各地如何因地制宜、因势利导地推动产业结构转型升级无疑是当下最为迫切需要解决的问题。林毅夫根据新结构经济学思想以及有效市场和有为政府的基本政策主张提出了一个极具应用价值的"五类产业政策利导方法"。[①] 各地政府可以根据各地现有产业和国际或国内前沿的差距将其分成五种不同类型，有针对性地采取各有差异的因势利导方式，利用各种政策对经济结构和产业发展做出合理的引导。虽然关于产业政策学界充满了争议，许多国家的产业政策也不成功，但是一个大国没有了产业政策，经济发展必然困难重重。经济学家的责任就是要研究清楚产业政策和科技创新等其他相关政策成功和失败的道理，以帮助政府在使用各项政策时，减少失败，提高成功概率。

余泳泽和张先轸（2015）也认为，我国的区域创新竞争中呈现出了一定的"R&D 崇拜"趋势，并在一定程度上扭曲了政府对创新的支持行为，部分地区主观强制推动的自主创新战略并没有取得良好效果。为此，他们讨论适宜性创新模式，考察了适宜性创新模式选择与全要素生产率之间的关系。其研究表明，适宜性创新模式选择应该与要素禀赋、制度环境与经济发展阶段相匹配，只有当一个地区的经济发展水平、要素禀赋水平以及

[①] 林毅夫教授 2011 年提出的"增长甄别与因势利导"（GIFF）方法对应于"五类产业政策"中的追赶型产业政策，在国际上的国别研究中运用较多。林毅夫教授最早在 2015 年人民日报上提出上述"五类产业政策"，较多地运用在国内。

制度环境达到一定程度后，采取以自主研发为主的内源式创新模式才会有利于提升该区域的技术进步水平，否则采取技术引进基础上的模仿性创新是相对有效的。在此基础上，他们以我国 2001～2011 年 29 个省（自治区、直辖市）为样本，采用面板门限回归模型实证验证了以上提出的适宜性创新模式假说。董直庆和焦翠红（2017）也指出，已有文献从不同视角考察了产业技术异质性引发的产业结构变迁，及其对生产率增长和区域经济差距的影响。这类研究的局限在于：一是已有文献度量生产率往往基于一个总量生产函数进行测算，忽视产业技术结构问题，没有考虑不同产业技术对总体技术进步作用的差异。二是在不同的经济发展阶段产业结构发生了动态演化，各产业对总体生产率的贡献也随之变化，而现有研究并未考察适宜性的产业技术结构问题。基于此，依据新结构经济学视角，参照林毅夫和付才辉（2015）在新古典经济增长模型中引入结构的思想，董直庆和焦翠红（2017）将产业技术结构约束纳入总量生产函数中，构建了产业技术结构衡量指标，并用 1999～2013 年中国省际与产业的面板数据进行了测算，揭示我国区域产业技术结构的变迁特征，并将东部地区作为基准拟合最优产业技术结构，预测中部和西部地区最优产业技术结构变迁路径，探索偏离最优产业技术结构对区域经济增长和技术进步的影响。其结果显示：（1）产业生产率出现两极分化趋势且向低生产率区域聚集，技术进步率、技术贡献度和贡献度的增长存在潜力；（2）产业和地区存在最优技术结构，中部和西部地区偏离最优技术结构对地区经济增长和技术进步均具有抑制作用，暗示这两个区域都存在技术结构调整潜力，但两者方向差异明显，中部地区应偏向于提升技术进步率，西部地区更应倾向于提高经济增长率。

李燕京和王斌会（2016）从新结构经济学的视角通过简单的协调性指数分析对广东省产业结构调整进行了研究。他们将传统的三次产业重新划分为劳动密集型产业、资本密集型产业和技术密集型产业，同时利用广东省 2003～2012 年的相关数据对产业结构和就业结构的发展特征进行研究，并通过协调系数对产业和就业结构转换的一致性进行测度，发现广东省产业结构已处于资本密集型主导的较高水平，而就业结构存在一定的滞后性，同时技术密集型产业发展仍显不足。他们据此分析提出的统筹区域发展继续推进"双转移"战略也是广东省"腾笼换鸟"的做法。郑涛、左健和韩楠（2016）也运用新结构经济学方法量化地分析了河北省的产业结构升级。

他们利用新结构经济学常用的 TCI 指数对河北省 2003～2012 年的经济数据建立了动态面板数据模型，回归发现河北省的制造业选择以资本密集型的制造业为主，背离了自身劳动力资源丰富的比较优势，导致河北省产业结构升级滞后。该文最后对河北省如何把握京津冀协同发展的机遇、有效承接京津地区劳动力密集型制造业产业转移、加速产业结构升级提出了相应建议。左健（2016）对京津冀协调发展背景下河北如何找准自身的比较优势做了有益和有价值的探索。

第四节　科技创新政策对经济社会的影响机理

2008 年经济危机后，各国都把科技创新作为最重要的举措列入本国的经济振兴战略。美国为解决虚拟经济过度膨胀、实体经济发展不足的问题，把改革的重点放在促进创新和振兴实体经济上，为此美国连续发布了三份国家创新战略文件，强调技术创新是经济增长的核心原动力，掀起了"再工业化"风潮，实质上也是推动高端产业发展和制造业转型升级以打造竞争新优势的战略。德国在退出经济刺激政策后，着力集成政府与产业界力量实施工业 4.0 计划和高技术战略，顺应制造业智能、绿色化发展趋势，提升制造业科技含量，打造制造业新的竞争优势。英国出台《以增长为目标的创新与研究战略》战略文件，把科学和创新置于英国长期经济发展计划的核心位置。欧盟的改革以创造就业、提升劳动生产率和重塑欧洲的竞争力为重点，欧盟第八框架计划持续加大研发投入。日本也发布了《科学技术创新综合战略》，推进《创新 2025 计划》，韩国也制定了创造经济行动计划，都把科技创新作为推动经济恢复的引擎。

在研究有关科技创新的税收、财政政策对经济社会的影响机理时，首先要讨论政府在技术进步中的角色。政府在技术进步中的地位和作用与政府的职能定位有关。在市场经济条件下，国家干预的宏观经济政策目标，如经济增长、充分就业、稳定物价、保护自然资源和环境等，牵涉到全社会的组织与协调行动，围绕这些目标的绝大多数行动是非营利性的，只有政府才是具备实现上述目标能力的组织。因此，本部分将首先阐述政府在技术进步方面的职能，然后将分别阐述税收政策、财政政策以及 R&D 投入促进技术进步的作用机理（其中 R&D 投入促进技术进步的作用机理，从不同资金来源视角分别分析)。

一 政府相关职能

技术进步和经济增长是企业创新活动和经济活动的必然结果。但是，由于技术进步所具有的公共产品特性与市场竞争条件下企业对技术进步的垄断性是不相容的，因此，需要政府制定包括产权保护制度在内的保护与激励企业技术进步积极性的制度和政策，同时需要政府制定有利于技术模仿与扩散的宏观政策。

政府在技术进步中的作用主要在于为企业技术进步提供一个良好的制度环境，提供技术进步方向和范围的政策引导，提供企业技术进步的配套服务体系等。

一是制定企业技术进步的法律规范。包括几种类型：企业基本法，税收优惠法律文件，促进科研成果和技术向企业转移扩散的法律文件，以及开展技术推广活动的法律条款。如，美国 1982 年的《小企业技术进步发展法》和 1992 年的《加强小企业研究发展法》设立了"小企业创新发展研究（SBIR）计划"和"小企业技术转移（STTR）计划"，要求部分联邦政府部门拿出一定比例的研究与开发经费，鼓励中小企业参与联邦的研究开发，鼓励大学或研究开发机构的技术成果向中小企业转移，实现商业化。韩国通过《中小企业基本法》《中小企业振兴法》等法律文件，明确了企业的地位，规定政府有责任向中小企业提供技术支持和政策指导。韩国国会通过的《科技创新特别法》中有专门条款涉及政府保护和支持企业技术进步的内容。

二是提供企业技术进步的政策指导。一方面政府通过制定本国的科技发展政策、产业政策、知识产权政策，明确政府支持技术进步的范围和重点，另一方面，政府通过制定和公布科技发展中长期规划、科技成果发展白皮书、项目指南等，为企业技术进步提供各种技术发展指南。

三是为企业技术进步提供财税金融方面的政策支持。制定和实施财政、税收、金融等方面的政策是各国政府支持和促进企业技术进步最主要、最普通的措施，与其他政策工具相比，财税和金融政策对企业技术进步的促进作用更直接，影响更深刻，作用时间更长。财税和金融政策的主要作用在于降低企业技术进步的风险，缓解企业技术进步所面临的资金不足问题，刺激企业增加研究与开发的投入，提高企业研究与开发能力，提高企业采用新工艺、新技术以及生产新产品的积极性。财政与税收政策在促进企业技术进步方面的主要措施有财税贴息、税收优惠、政府采购等，其中税收优惠政策是各国政府普遍采用的政策工具。许多经济学者和企业家都承认税收政策对企业在技术进步方面的投资行为有许多直接的和间接的影响。

四是制定、实施科技研究计划。政府可通过大型科技计划，规定国家中长期科技发展目标和任务，优先配置相关资源，重点给予各种政策支持，有目标地推进高新技术及其产业的发展。如，美国商业部的先进技术计划（ATP）、制造业合作计划（MEP）以及新一代机动车合作计划（PNGV），美国环保局的环境技术创新计划（ETI）；联邦德国的研究合作计划；欧盟的创新行政计划；我国的"863"计划；等等。

国际上许多学者选择量化及逻辑推理的方法来分析发达国家的科技政策如何带来经济的高速发展。例如，美国政府颁布实施了许多支持科技创新、促进经济的政策，通过各届政府的不懈努力，推动美国经济不断发展并使之成为主导世界新经济发展的核心力量。自美国建国以来，联邦政府先后制定了一系列科技研发政策，促进了美国科技水平迅猛提升，也提高了美国在经济上的竞争力，经济实力长期以来都雄踞全球第 1 位。从 1990 年以来，美国政府对于知识产权的严格保护带来了经济总量和人均 GDP 的高速增长。虽然吸引外资发展科技对经济指标增长方面效果不明显，但是，科技成果的转化、技术创新等相关政策对经济总量及人均 GDP 的作用呈现出显著的正效应。

二　税收政策的作用

从税收优惠对税收要素的影响上，可以将税收优惠分为税基优惠和税额优惠。税基优惠指的是纳税人可以根据税收附加条款或特别条款直接减少或扣除应纳税所得额的优惠办法，如加速折旧、投资税收扣除等方法都属于税基优惠。税额优惠指的是纳税人可以根据税收附加条款或特别条款减少或抵免应纳税额的优惠办法，如优惠税率、免税期、投资税收抵免等方法都属于税额优惠。那么税收政策是如何促进技术进步的呢？可以从以下几个方面理解。

税收从政策导向上引导企业技术进步。政府可以结合产业政策、科技政策和区域政策，有针对性地制定相应的税收政策，体现政府对某个产业、某个技术领域和区域发展的支持，从而对市场机制配置资源的过程产生影响，促使和引导资源投向政府支持的领域与方向。如政府可以通过对某些产业、企业、技术与产品实行特别的税收优惠政策，引导资源向这些产品和企业流动，也可以通过对某些产业、企业、技术和产品加征税收或开征新的税种，抑制社会资本向这些产品和企业流动，给市场和企业一个明确的政策信号，并通过企业的利益机制发挥导向作用。

税收影响企业技术进步的成本与收益。税收优惠政策从本质上讲是政府放弃了一部分根据法律应该强制征收的政府收入，将这部分政府收入让渡给企业。根据税法，如果让渡的这部分政府收入发生在企业技术进步的过程中，它将体现为企业技术进步活动成本或支出的减少，如果让渡的这部分收入体现在企业技术进步活动的结果中，它将增加企业技术进步活动带来的收益。税收影响企业技术进步成本和收益的作用对企业来说是十分重要和有效的，企业对此的反应是直接的和敏感的，它是税收影响和促进企业技术进步的切入点和作用点。

降低企业技术进步活动的风险。企业技术进步活动的特点决定企业的技术进步活动存在较高风险，尤其高新技术领域内的研究与开发以及产业化活动，投资大，周期长，风险较一般的技术进步活动更大。税收降低企业技术进步活动风险的作用主要体现在，一是通过加速折旧等延期纳税方面的税收措施，加快技术进步投入资金的周转与回收，减少资金方面的风险；二是通过费用和投资抵免等税收措施，增加企业的收入能力，减少企业利润方面的风险；三是通过税收减免费用扣除与抵免等税收措施，降低企业技术进步活动的成本，减少企业技术进步活动费用与支出方面的风险；四是通过提取风险准备金等方式增加企业抵御技术进步风险的能力。

促进科技成果向现实生产力转化。税收在科技成果转化为现实生产力的过程中可以发挥重要的作用。科研机构和高校与企业在技术研究开发方面的联合是科学技术成果融入生产实践的重要途径，通过制定这方面的税收政策，可以鼓励和引导企业与科研机构、高等院校的联合，调动企业和科研机构两方面的积极性，促进科技成果在生产实践中的推广和应用。

三　财政政策的作用

财政政策从广义上包括公共支出政策与税收政策，本书所说的财政政策指的是狭义上的，即公共支出政策。财政扶持政策工具包括财政直接投资、财政补贴、研究与开发委托、财政担保与财政基金。财政投资指政府为实现预期宏观经济效益和社会效益，以国家或政府为主体，将一部分公共资金（税收）不断转化为政府公共部门的资产，投资铁路、桥梁、电信、邮政、供水、供气、电力等公益性项目和社会基础设施项目。财政补贴主要有直接补贴和财政贴息两种方式，前者以公共财政部门名义向企业技术进步活动（产业基础研究、应用研究、产业开发、实验测试、技术引进、技术改造等）直接提供财政援助。而财政贴息是政府用财政收入或发行财政债权的收入支付企业因技术进步而发生的银行贷款利息（全部或部分）。研究与开发委托也是各国通常使用的一种资助手段。如，为促进新技术和新产品开发，日本政府于1966年在尖端技术领域中选择了若干题目委托企业进行研究。财政担保是指政府以财政资金为企业因技术进步所发生的借贷活动提供经济性担保。财政基金是指政府用公共财政资金设立产业技术进步基金，通过基金的形式为企业技术进步提供资助。

财政政策对技术进步的促进作用，主要表现在以下几个方面。

一是帮助企业快速启动技术革新。与税收政策相比，财政（公共支出）政策具有先期投入和事先扶持的特点，即不必等到技术创新周期的中期或结束时才予以兑现，这将有助于技术进步项目的快速启动。二是帮助企业技改获得多元的资金支持。通过财政援助和贷款贴息等方式对重点行业、重点企业、重点项目的技术改造给予资金支持，一方面可使技改项目的实施得到可靠的资金来源，另一方面也会带动可观的社会投资和银行贷款。三是为企业技术进步提供"窗口指导"。公共财政在引导民间生产性投资和金融资本介入方面，具有独特的作用。从技术进步的资金供给方面看，财政资金所占比重并不大，但是它所起的"窗口指导"作用是十分明显的。对于企业而言，公共财政对技术进步的扶持意义不仅是提供了资金，更重要的是：它向企业传达了一种"政府偏好"，即政府鼓励采用与开发什么样的技术。通常情况下，政府在全球技术进步的总体趋势、基本规律和本国技术进步总体情况方面具有无可比拟的信息优势，因而，技术进步的"政府偏好"很大程度上预示着产业技术进步的发展方向。四是降低企业技术创新的决策风险。政府的财政政策向企业提供了一种隐含的"政府信用",即公共财政资助的技术进步项目是基于政府信用的,因此,其决策风险将大大降低。

四 科技研发 (R&D) 投入的作用

科技投入对经济增长作用的基本逻辑过程是:人、财、物等科技投入带动科技活动的发展,进而促进科技产出,包括论文专著、发明专利、获奖成果、方法技术等。科技产出经过成果转化等一系列的转化,实现有效的应用,进而促进技术的进步。技术的进步再从不同方面影响经济,主要表现在三个方面:一是技术进步对经济增长的贡献率越来越大,促进经济总量不断增长;二是技术进步催生新知识,改进产品或者工程设计,开发或推广新工艺,降低能耗物耗,提高物资利用效率,推出新产品,提高产品质量,从而大大提高经济效益,促进经济增长;三是技术进步促进产业结构的调整,促进经济增长。R&D经费的来源包括政府资金、企业资金、国外资金和创业风险投资资金。企业资金促进技术进步的机理比较直接,通过企业投入研发经费,改进现有产品(工艺)或研发新产品(工艺),促进技术进步。其他R&D资金来源对技术进步的促进路径将分别阐述。

(一) 政府资金

政府通过研发资助提供的研发资金会作用于企业研发投入,进而对一国技术进步产生影响。目前关于政府研发资助对企业研发投入的影响存在较大争议,表现为政府研发资助对企业研发投入存在双重,影响即"激励效应"和"挤出效应"。一部分文献认为政府研发资助能够通过"弥补效应"和"引致效应"促进企业研发投入增加。"弥补效应"主要表现为:政府研发资助可以补偿技术外溢减少的研发收益,缩小企业研发收益与社会收益之间的差距,提高企业研发投资的积极性;同时,政府给予企业研发补贴可以分散企业研发投资的风险,保证企业研发投资有足够的资金支持,从而促进企业增加研发投资。"引致效应"主要表现为:企业认为政府作为利益主体其资助的研发活动往往具有较高回报,因而会加大对同类活动的研发投入，尤其是当政府研发资助使企业赢利之后，企业研发投入的积极性更高。此外，政府研发资助可通过创造和升级研发设备降低当前或未来其他研发的固定成本，这将进一步刺激其他研发项目，进而对一国整体的技术进步产生影响。

另一部分文献强调政府研发资助对企业研发投入的"挤出效应"，其主要通过"替代效应"、"垄断效应"和"寻租效应"来体现。首先，"替代效应"表现在三个方面，是指由于政企间信息不对称，政府资助了企业原本就计划开展的项目，企业会直接用政府资助经费替代自身研发投入；二是如果政府资助的并不是企业原本要投资的研发领域，使企业调整了研发项目——开展获得资助的新研发项目、放弃没有获得资助的研发项目，这样政府资助对企业研发也会产生"挤出效应"；三是政府的研发资助会增加对研发资源的需求，提高研发资源的价格，使企业的研发成本提高，进而可能使企业转向其他的赢利项目，降低一国整体的研发投资。其次，"垄断效应"表现为：借助减轻企业政策性负担的名义以及国有企业丰富的关系资本，政府研发资源会较多地投向重工业、国有企业等大型企业，这类企业一般具有丰富的知识和人才储备，政府对其进行研发资助可以帮助其降低风险获得更多社会收益。然而这类企业更加关注短期利益，对于周期较长、风险较大的研发活动投入较少，一些企业会将补助资金挪到开发短期见效的项目进行牟利。最后，"寻租效应"表现为：政府的 R&D 资助具有选择性，并不是所有的企业都能得到资助，因此获得资助本身就意味着对企业的一种肯定，在这种情况下如果对研发资金监管不力，便会产生寻租。一方面，国有企业和大中型企业实力雄厚，拥有较大的寻租能力，导致政府资助会集中到这类企业，不利于增加整体企业研发投入。另一方面，企业会花费较多的资金投入寻租活动，减少企业的研发投入，进而影响整体技术进步的进程。

（二）国际 R&D 溢出

外商直接投资（FDI，Foreign Direct Investment）和对外直接投资（OFDI，Outward Foreign Direct Investment）是国际 R&D 溢出的两条重要渠道。近年来，随着经济全球化和知识经济的迅猛发展，越来越多的国家尤其是发展中国家通过 FDI 和 OFDI 获取国外先进知识技术、促进本国的技术进步和经济增长。

（三）外商直接投资与技术进步

FDI 可以通过不同的方式提升行业内东道国企业的生产率。首先是示范效应（demonstration effects），内企可以复制或模仿外企的技术和组织方法，实现技术的提升。其次，训练有素的工人从外企向内企流动会提高内企中劳动力的产量。这些工人本身就可以看成外企的技术载体。当然，跨国公司可以通过支付较高的工资来阻止这种劳动力的流动，也可能出现相反的情况，因为内企中高效率的员工也有可能转移到外企。最后是竞争效应（competition effects）。跨国公司进入后可以在一定程度上消除垄断，市场竞争程度的加强会迫使内企改进现有生产方式或采用新型生产方式更有效率地利用资源，进而推动其技术效率的提升。当然，外企的竞争还有可能挤出内企的投资，因为无法与外企竞争的那些内企会被迫退出。Aitken & Harrison（1999）把这种效应称为"市场攫取效应"（market stealing effect）。从消费者的角度看，由于可以获得质量更好的商品，竞争效应肯定是有益的。而从生产者的角度来看，可以把竞争看成创新的推动器。但是，只有当国内企业位于技术边界之下而又没有远离边界时，这种正的竞争效率的观点才能成立。

上述研究主要侧重于研究 FDI 的行业内溢出效应。但溢出效应并不只出现在同行业内部，它也会因为行业间的商业交往而产生，这种交往主要表现为外企和内企间的客户-供应商关系。不少观点认为，溢出效应更有可能出现在行业间而非行业内，因为跨国公司会想方设法防止技术泄露给竞争对手，但没有动机阻止技术扩散到它的供应商和客户那里（Javorick，2004）。

溢出机制会在上游和下游部门同时起作用，表现为前向和后向关联效应。跨国公司通常从国内供应商那里获得原材料和组件，本国和东道国之间高昂的运输费用以及东道国政府诸如本地成分要求（local content requirements）之类的管制则会增加跨国公司对国内市场的原料需求。通常，跨国公司会通过向当地供应商的员工提供技术性帮助和训练计划来协助其获得工艺和组织能力（Lall，1978）。由于跨国公司的投入品由当地企业供应，他们对质量的要求十分严格。因此，国内供应商不得不提高产品质量和生产工艺。这样，外企的进入增加了对内企中间投入品的需求，从而通过后向关联机制，使国内企业的生产率得到提高。

　　不过，关联溢出效应的出现要基于一系列条件。最重要的是外企和它的国内供应商之间的垂直一体化程度。盯住国内市场的跨国公司有从国内供应商那里购买原材料的动机。而一个出口导向的跨国公司的子公司为了达到出口市场的国际质量标准，也许更愿意从母公司的国际供应商那里进货。跨国公司从国内供应商那里难以买到符合严格质量要求的中间品的情况是很常见的。

　　一般认为，OFDI 影响母国技术进步的途径主要有两条：一是通过改变母国熟练劳动和非熟练劳动的构成；二是通过技术的溢出。由于发达国家是技术创新的重要来源地，其核心技术和核心产业的研发投入基本上还在国内，通过 OFDI，投资国企业可以接近东道国的 R&D 资源，进入所在产业高端技术聚集地以获取先进知识和技术。

　　国内学者对 OFDI 逆向技术溢出机理的研究文献不算丰富，并且还未形成统一的认识。基于宏观视角，将投资环境和技术差距考虑在内，赵伟与古广东等（2006）构建了我国企业对发达国家与新兴技术国家和地区进行 OFDI 的差异化逆向技术溢出进步机理模型，认为 OFDI 至少可以通过研发费用分摊、研发成果反馈、逆向技术转移以及外围研发剥离等四个机制促进母国技术进步，为 OFDI 逆向技术溢出机理的研究做出了开创性的贡献。赵佳颖与富元斋（2009）认为 OFDI 的逆向技术溢出包含公司层面、产业层面和国家层面的溢出，且以公司、产业和国家层面为顺序依次发挥作用，而公司层面的溢出效应是关键。基于微观视角，通过对我国企业技术寻求型 OFDI 的经验性研究，尹华与朱绿乐（2008）认为企业的技术寻求型 OFDI 具有主体和区域特征，企业主要通过模仿跟随效应、联系效应、人员流动效应以及平台效应等四种途径获得逆向技术溢出。基于全球价值链视角，郭飞与黄雅金（2012）构建了技术互动、技术传递及技术吸收的三角循环传导模型，认为华为公司成功获得 OFDI 逆向技术溢出效应，得益于其兼顾了自主创新和 OFDI，从而实现了技术互动与技术吸收的有效对接与相互促进。

　　我国对外投资企业通过获取 OFDI 逆向技术溢出促进了国内技术进步，是技术互动、技术传递和技术吸收三个联合机制循环作用的结果。在宏观层面上，将我国企业对外投资区域的经济发展程度差异纳入考察框架，OFDI 逆向技术溢出应区分发达国家、新兴工业经济体与发展中国家和地区；在微观层面上，企业主要通过整合模仿跟随、人员流动、联系交流和平台利用效应获取 OFDI 逆向技术溢出，对发达国家的 OFDI 主要通过研发要素吸纳、跨国战略联盟和跨国并购共享国外企业的研发成果并吸收先进技术，对于新兴工业经济体与发展中国家和地区则主要通过扩大出口与就地生产获取利润和市场份额以分摊研发费用。由此，一条以"技术互动—技术传递—技术吸收"为主线的链条循环模型得以建立。

（四）科技创新研发投入主要影响因素

国内外学者对影响科技创新研发投入因素的研究众多。主要有以下三方面，分别是宏观因素、微观因素及产业因素对科技创新研发投入的影响。宏观方面，Koga（2003）基于 1989~1998 年 904 家日本制造企业数据，充分考虑公司规模后，分析了税收抵扣政策对这些企业研发活动的影响。评估所有企业的税收价格弹性约为 -0.68，但仅评估大型企业，其税收价格弹性则约为 -1.03，这表明科技创新研发投入税收抵免政策可以促进科研投入的增加，尤其可以促进大型企业增加科研投入。Bebczuk（2002）以 19 世纪 80 代到 19 世纪 90 年代的 88 个国家的数据作为研究样本，探讨了宏观因素对科技创新研发投入的影响，以及政府政策对科技创新研发投入的影响。研究结果发现：（1）贸易开放度与科技创新研发投入负相关，但随着人均 GDP 及与 OECD 国家贸易的增加，贸易开放度对科研投入的影响逐渐减弱；（2）实物资本量与科技创新研发投入负相关；（3）科技创新研发投入中，政府所占份额越大，科技创新研发投入所带来的效果越差，而企业科技创新研发投入则不同。Canto（1999）选取了西班牙 100 家企业作为研究样本，分析了企业内部的实物资本、无形资本及金融资源对研发活动的影响。分析结果表明，企业的实物资本规模、无形资本与研发活动存在相关关系，而金融资源（杠杆率、权益比率）与研发活动的相关关系则不显著。Rothwell（1994）指出工业技术不断变革，企业为了追求丰厚利润，应对市场变革，不得不建立联盟。且在新产品研发方面，小规模企业比大规模企业更有优势，也更有效率，研究结果表明小规模企业的技术创新效率优于大规模企业。

国内学者对科技创新研发投入影响因素的研究，主要集中在宏观因素、微观因素及产业因素方面。宏观方面，徐伟民（2009）利用 1996~2004 年上海市 125 个高新技术企业的面板数据，从实证的角度研究了上海市科技政策对高技术企业科技创新研发投入的影响与效果。研究发现，政府的资金资助和税收减免都对上海市高新技术企业提高自身科技创新研发投入强度的决定有一定的促进作用，政府政策的稳定有助于增强政策的效果，但政策工具之间可能存在系统失灵的问题。刘笑霞、李明辉（2009）利用我国制造企业 2005 年的调查数据研究发现，地区经济发展水平、所在省份人均 GDP 及是否有外商投资企业与研发支出的绝对值和强度之间均呈显著的正向相关关系，出口导向与研发支出间呈不显著的正向相关关系，与研发强度之间则呈显著负向相关关系。周彩霞（2009）对 2000~2003 年各年度中国除北京、西藏外 29 个省区市的截面数据进行回归分析，结果表明省际产业结构差异与科技创新研发投入强度差异之间存在较显著的正相关关系。并指出省际产业结构应该是互补而非完全趋同的，因此省际科技创新研发投入强度存在差别是客观必然的。各级地方政府如果忽视产业结构的客观差别，片面强调提高科技创新研发投入强度到某一水平或相互赶超，必将导致资源的错误、低效率配置并有可能造成产业结构的扭曲。

微观方面，王任飞（2005）研究了企业规模、赢利能力、出口导向三种因素对企业科技创新研发投入的实际影响。分析结果表明：企业规模、赢利能力都与企业科技创新研发投入正相关；而出口导向则与企业科技创新研发投入负相关。柴俊武和万迪（2003）以西安市约八百家企业为研究对象，应用结构方程模型，对企业规模与企业科技创新研发投入强度的关系进行了实证分析，结果表明：企业规模与企业科技创新研发投入强度呈倒 U 形曲线关系，当企业规模较小时，与企业科技创新研发投入强度正相关；当企业规模较大时，与企业科技创新研发投入强度负相关。实证分析结果显示：企业被评为高新技术企业对科技创新研发投入强度有正影响；企业经营者才能有助于增加企业进入高新技术行列的可能性，并进而促进科技创新研发投入强度的提高。牛立全（2009）分析了研发投入要素及各要素转化的过程，提出了研发资金投入的合理性、研发成果转化机制、研发人员激励机制及装备（或设备）开发利用机制是影响企业研发投入产出效率重要因素的见解。这些观点对分析科技投入产出效率方面存在的问题，制定相应的配套措施，有一定的参考价值。

产业方面，陈仲常、余翔（2009）基于对产业层面面板数据的分析，研究了影响我国企业研发投入的外部因素。研究认为：第一，新产品市场需求对企业各方面的研发投入均存在积极影响，但是这种影响还不够强大；第二，行业竞争在总体上还没有产生显著的促进企业研发投入的作用；第三，外部筹资环境的影响还未达到理想的水平。张小蒂、王中兴（2008）对中国科技创新研发投入存量与中国高技术产业各个产出指标进行了相关检验及回归分析，研究发现，1995~2005 年中国科技创新研发投入资本存量与行业专利申请受理数量、销售收入、利润和新产品销售收入等指标都存在显著的线性正相关关系。高技术产业中三资企业专利申请受理数量、销售收入、利润和新产品销售收入等与中国科技创新研发投入资本存量呈现线性正相关关系；国有控股企业的利润指标与科技创新研发投入资本存量的相关性则没有通过显著性检验。高技术产业国有企业专利申请受理数量、销售收入和新产品销售收入同科技创新研发投入资本存量正相关，但相关系数远不如三资企业。谢伟等（2008）运用 DEA 方法对我国各省区市的高新技术产业研发效率、技术效率和规模效率进行了测算，并利用计量方法考察了市场竞争度、研发投入等对各效率的影响效应。实证结果表明，我国高新技术产业研发效率整体水平偏低，各地差异显著，且大多数省份都呈现规模报酬递减现象；研发投入冗余以及各因素的非协调发展是造成非有效的主要原因。

在现代经济运行的过程中，R&D 活动不仅直接作用于经济系统本身，促进经济的发展，而且通过其他方式间接作用于经济系统。Rosenberg（1976）认为，R&D 活动对技术创新的作用是通过技术不平衡表现出来的。这种不平衡常常发生在由若干密切相连的步骤构成的生产活动中，即在这些生产过程中常常有些"瓶颈"，"瓶颈"的存在将把 R&D 的努力集中在它的解决方法上，然而，方法的出现又将产生新的"瓶颈"和进一步的解决方法。也就是说，R&D 的直接结果是不断产生新的知识和在经济发展过程中产生新的不稳定性。产生新知识，可以不断消除技术创新中的"瓶颈"。产生新的不稳定性，则不仅可能带来新的"瓶颈"，还可能带来创新过程中的飞跃性突破。引发创造性破坏契机的主要因素就是 R&D 活动。R&D 活动通过其作用机制，会影响技术创新，在不断的技术创新中促进经济不断地向前发展。

第三章　我国科技创新政策发展情况

改革开放近 40 年来，我国科技发展的战略决策和部署与时俱进，科技事业实现了中华民族史上最快的发展与最大的跨越。近 40 年的伟大实践实现了四次战略思想的飞跃。

第一节　科技体制重建阶段（1978~1984）

一　主要的社会背景

基于改革开放大力推进和发展生产力、以经济建设为中心的发展需要，中央于 1978 年 3 月在北京召开了全国科学大会，这次大会是在粉碎"四人帮"、国家百废待兴的形势下召开的一次重要会议，是新中国科技发展史上一个重要的转折点和里程碑。邓小平同志在大会上明确提出"科学技术是第一生产力""知识分子是工人阶级的一部分""四个现代化，关键是科学技术现代化"等一系列重要观点，关于科学技术发展的重大理论是非问题的争论在这一时期得以解决，国家迎来了科学发展的春天。同年的中共十一届三中全会，实现了中华人民共和国成立以来最具有深远意义的伟大转折。会议提出要把全党工作重心转移到社会主义现代化建设上来，为科技事业的进一步发展提供了制度性保障。在这一阶段，改革开放成为时代的主旋律，我国科技政策的指导思想与方针也随之发生了一系列重大的转变：一方面通过教育与科技系统中的拨乱反正确立了科技工作者的地位和科学技术的作用，另一方面希望通过体制改革来调动科技工作者的积极性和创造性，重点解决科学技术与经济脱节的问题。

这一时期国家把科技进步放在首要地位，重点发展科学技术，解决生产力问题，出台一系列相关政策，重大科技成果数量和质量达到了中华人民共和国成立以来的高峰，科技对经济发展的贡献稳步提高。1978～1984 年是中国科技体制起步和探索的阶段，对计划经济体制下的科技体系进行了恢复与重建，为此后 30 多年科技事业的辉煌发展做了良好的铺垫。

二 主要政策

这一时期，我国科学技术的发展进入第一个阶段，在中国科技政策史上具有承前启后的作用。这一时期的主要政策文本有：《中华人民共和国发明奖励条例》（1978 年）、《1978－1985 年全国科学技术发展规划纲要》（1978 年）、《中华人民共和国学位条例》（1980 年）、《关于我国科学技术发展方针的汇报提纲》（1981 年）、《关于改革工商税制的总体设想》（1981 年）、《关于贯彻开发研究单位由事业费开支改为有偿合同制的改革试点意见》（1984 年）等。

（一）重视科学技术

1978 年全国科学大会在北京召开，邓小平同志的讲话澄清了两个问题：一是承认科学技术是生产力；二是承认科技工作人员是工人阶级的一部分。讲话纠正了长期以来轻视科学技术的倾向，彻底解除了知识分子的精神枷锁，而且提出了诸如科技对外开放、坚持"百家争鸣"方针、改革党对科技工作的领导等实际措施，奠定了新时期党的科技政策的理论基础，也标志着邓小平时期科技思想的形成。

全国科学大会以后，科技战线开始实施拨乱反正的政策和措施。一是平反冤假错案。开展科技战线的平反工作，在文化大革命中受到打击迫害的干部和科技人员被恢复名誉。二是恢复科技管理机构。1977 年国家科学技术委员会恢复，1981 年国务院科技领导小组成立，主要任务是从宏观、战略方面统帅全国科技工作，统筹安排全国科技规划，组织管理全国科技队伍，研究重大技术决策，决定重大技术的引进和消化，协调各部门工作等。此后，各地各部门的科研机构和科技管理机构也都得到恢复和重建，形成了新时期科技组织工作的新格局。三是加强科技队伍建设。党中央采取了一系列加速培养人才的政策措施，如恢复高考、恢复研究生制度、出台新时期留学政策等。1979 年国务院发布《关于做好科技干部职称评定工作的通知》，不久又发布《中华人民共和国自然科学奖励条例》。四是认真落实知识分子政策。1978 年中央组织部发出《关于落实党的知识分子政策的几点意见》，1983 年国务院批准国家科委《汇报提纲》中提出的有关知识分子政策的 6 条政策界限，解放了科技人员的思想。

1984 年，国家科委发布《关于科学技术研究成果管理的规定（试行）》，明确了科技成果推广应用的原则。同年，第六届全国人民代表大会常务委员会第四次会议通过了《中华人民共和国专利法》，标志着我国现代专利制度的正式建立。国务院发布的《中华人民共和国科学技术进步奖励条例》，标志着国家科技进步奖正式启动。

（二）税收政策改革

1978~1984 年是我国税制建设的恢复时期和税制改革的起步时期，有关部门从思想上、理论上为税制改革的推进做了大量突破性工作，为税制改革的推进打下了理论基础。在此期间，中共十一届三中全会明确提出了改革经济体制的任务，中国共产党第十二次全国代表大会进一步提出要抓紧制定改革的总体方案和实施步骤，并在第七个五年计划期间（即 1986~1990 年）逐步推开。这一时期是中国税制建设的恢复时期和税制改革的准备期，从思想上、理论上、组织上、税制上为后来的改革做了大量的准备工作，打下了坚实的基础。在此期间，中国的税制改革取得了改革开放以后的第一次全面重大突破。

财税部门从 1978 年底、1979 年初就开始研究税制改革问题，提出了包括开征国营企业所得税和个人所得税等内容的初步设想与实施步骤，并确定为配合贯彻国家的对外开放政策，第一步先行解决对外征税的问题。从 1980 年 9 月到 1981 年 12 月，第五届全国人民代表大会先后通过并公布了《中外合资经营企业所得税法》《个人所得税法》《外国企业所得税法》。同时，对中外合资企业、外国企业和外国人继续征收工商统一税、城市房地产税和车船使用牌照税。初步形成了一套大体适用的涉外税收制度，适应了中国对外开放初期引进外资、开展对外经济技术合作的需要。

在建立涉外税制的同时，财税部门就改革工商税制和国营企业利润分配制度做了大量的调研工作，确定对国营企业实行利改税，即由上缴利润改为缴纳税款，税后余利由企业自行支配。1981 年，国务院批准了财政部《关于改革工商税制的设想》，同时财政部先后在湖北、广西、上海、重庆等地进行了国营企业利改税的扩大试点。1982 年，国务院向第五届全国人民代表大会第五次会议提交的《关于第六个五年计划的报告》提出了之后三年税制改革的任务，即今后三年内，在对价格不做大的调整的情况下，应该改革税制，加快以税代利的步伐。

作为企业改革和城市改革的一项重大措施，1983 年国营企业利改税开始实施第一步改革。国务院在全国试行国营企业"利改税"，主要是对有盈利的国营企业征收所得税，即把企业过去上缴的利润大部分改为用所得税的形式上缴国家。小型国营企业在交纳所得税后，需要自负盈亏，少数税后利润较多的企业，再上缴一部分承包费。大中型国营企业缴纳所得税后的利润，除了企业的合理留利外，采取递增包干、定额包干、固定比例和调节税等多种形式上缴国家。这一改革取得了初步的成功，从理论上和实践上突破了国营企业只能向国家缴纳利润、国家不能向国营企业征收所得税的禁区，成为国家与国有企业分配关系的一个历史性转折。

1984 年，国务院在全国实施第二步"利改税"和工商税制改革，发布了关于征收国营企业所得税、国营企业调节税、产品税、增值税、营业税、盐税、资源税等税收的行政法规，将国营企业原来上缴国家的财政收入改为分别按 11 个税种向国家缴税，也就是由税利并存逐步过渡到完全的以税代利。在这一改革中，国家对企业采取了适当的鼓励政策，企业越是改善经营管理，努力增加收入，税后留归企业安排使用的财力越大。这成为我国改革开放后第一次大规模的税制改革。

（三）政府经费改革

1980~1984 年，我国的财政科技经费拨款从 64.59 亿元上升到 94.72 亿元，其中科学事业费从 20.95 亿元上升到 32.28 亿元，科技三项费从 27.33 亿元上升到 42.45 亿元。截至 1984 年，科技三项费占财政科技经费总额的比例高达 45%，科学事业费的比例达 34%。

在事业费的管理方面，对经费的管理方法也发生了变化，在原有管理体制的基础上逐步引入了合同制。1983 年国务院做出"把科研单位由事业费开支，改为有偿合同制，方向可以肯定，但要经过试点逐步进行"的重要批示。1984 年，国务院批准了国家科委、国家计委《关于贯彻开发研究单位由事业费开支改为有偿合同制的改革试点意见》：一是试点单位的上级

（省、市、自治区或部门）科技管理部门建立科技发展基金，并统一掌握使用。基金由科研事业费，科技三项费用，部门、地方资助的科技经费以及通过其他渠道获得的经费构成。二是改事业费开支为有偿合同制。试点单位承担国家或上级部门提出的重点科研任务和有关部门、单位委托的研制任务，一律要签订合同。与国家或上级部门签订合同，经费从科技发展基金中拨付，其他单位委托的科研任务由委托方提供经费。三是对合同经费的计算、双方责任以及成果归属等都做了明确规定。国家重点攻关任务的经费，其人员工资从科技发展基金中支付。对于合同收入，技术咨询、服务，技术成果转让，中试科研产品销售以及其他活动的收入等，试点单位有权按国家规定自主管理，合理调剂使用。试点单位纯收入不上缴，用于建立本单位的三项基金：科技基金、集体福利基金和奖励基金，并取消平均主义的综合奖，坚持按劳分配原则，把奖励与完成任务的好坏直接挂钩。奖励形式由各试点单位自行掌握，奖励总额可适当高于一般研究单位，具体由各地区、各部门决定。试点单位除按国家统一规定进行调资外，有权给贡献突出的员工晋升工资，晋升面一般可掌握在 1%。

（四）　制定科技规划与计划

1978 年，《1978—1985 年全国科学技术发展规划纲要》正式发布，提出了"全面安排，突出重点"的方针，确定了农业、能源、材料、电子计算机、激光、空间、高能物理、遗传工程等 8 个重点发展领域和 108 个重点研究项目。同时制定的相关文件包括《科学技术研究主要任务》《基础科学规划》《技术科学规划》。1982 年，规划的主要内容被调整为 38 个攻关项目，并以"六五"国家科技攻关计划的形式实施，这是我国第一个国家科技计划。

该时期还制定了一系列国家科技计划（见表 3-1）。1982 年出台科技攻关计划，坚持面向国民经济建设主战场，从国民经济建设和社会可持续发展的重大需求出发，以促进产业技术升级和结构调整、解决社会公益性重大技术问题为主攻方向，通过重大关键技术的突破、引进技术的创新、高新技术的应用，为产业结构调整、社会可持续发展及人民生活质量的提高提供技术支撑。1983 年的重大技术装备研制计划，支持对国民经济建设有重大影响的大型重点工程建设中需要跨部门、跨行业进行的重大技术装备研制和国产化项目，以增强综合国力，提高企业竞争能力，振兴民主工业。1984 年的国家重点实验室计划，围绕国家发展战略目标，面向国际竞争，为增强科技储备和原始创新能力，鼓励和支持开展基础研究、应用基础研究和基础性工作。

表 3-1 1978~1984 年国务院及国家相关部门发布的其他政策法规

年份	政策法规名称
1978	中共中央组织部《关于落实党的知识分子政策的几点意见》
1978	国家计委、国家科委《关于科学实验所需物资管理的规定》
1978	国务院《中华人民共和国发明奖励条例》
1979	国务院《中华人民共和国自然科学奖励条例》
1979	国务院科学技术干部局《关于执行〈工程技术干部职称暂行规定〉的若干说明》
1980	民政部、国务院科学技术干部局《关于闲散在社会上的科学技术人员安排使用意见》
1980	国务院科学技术干部局《关于确定和晋升科技管理干部技术职称的意见》
1981	国务院《技术引进和设备进口工作暂行条例》
1981	国家农委、国家科委《关于切实加强农业科技推广工作加速农业发展的联合通知》
1981	中共中央办公厅、国务院办公厅转发国家科委《科学技术干部管理工作试行条例》
1982	国务院科学技术干部局《实行科学技术人员交流的暂行办法》
1982	国务院科学技术干部局《聘请科学技术人员兼职的暂行办法》
1982	国家科委《大型精密仪器管理暂行办法》
1983	国务院批转《关于加强农林第一线科技队伍的报告》
1983	国务院同意并批转劳动人事部和国家民委《对加强边远地区科技队伍建设若干政策问题的报告》
1983	国务院批准国家科委《科技界继续落实知识分子政策的六条政策界限》
1984	中共中央转发国家科委《关于全国性自然科学技术期刊（试行）管理办法》
1984	国家科委《关于科学技术研究成果管理的规定（试行）》
1984	全国人大常委会通过《中华人民共和国专利法》
1984	国家标准局采用国际标准管理办法
1984	国务院《中华人民共和国科学技术进步奖励条例》

三 政策影响

（一）科技发展步入正轨

由于历史的原因，我国的科学技术在很长一段时间内几乎停止发展。

在这种情况下，国家和政府决定开始整顿科研秩序、重组科技体系、恢复科研能力。这一时期，国家出台的政策重在指引国家工作的转轨，解放生产力，大力发展科学技术，明确科技规划的发展方向，确保科研工作的有序展开。经过一系列整顿，各科研机构开始进行重组，知识分子问题得以落实，科技人员开始回归自己的岗位，使科技工作在一定程度上走上正轨并有了新的发展。

（二）以科技增强经济实力

20 世纪 80 年代以后，面对世界新一轮产业革命，中国陆续推出一系列科学技术发展整体计划，重点解决科技发展关键问题，努力加强科学技术实力。1982 年，党中央国务院根据我国经济和科技发展的形势，制定了"经济建设必须依靠科学技术，科学技术必须面向经济建设"的战略方针，同时要求科技界和经济界要发挥社会主义的优越性，以科技实力增强经济实力，有选择有重点地发展那些对国民经济发展有重大影响的、产业关联度比较大的技术，集中人力、财务、资金等各方面的力量，攻克技术难关，提高科技水平和产业水平，增强科技实力。随后国家出台了科技攻关计划、重大技术装备研制计划、国家重点实验室计划等一系列国家科技计划，通过专项拨款方式实施科技攻关，以作为国民经济五年计划的重要组成部分。这一时期，科技政策旨在大力发展科学技术，以科技增强经济实力，使中国科技事业逐渐过渡到面向经济建设的轨道上来。

（三）开展税制建设改革

这一阶段从思想上、理论上、组织上、实践上均为后来的税制改革打下了坚实的基础。一是认真总结我国税制建设的历史经验和教训，纠正了一系列轻视税收工作、扭曲税收作用的错误思想，正确提出了从我国国情出发、按经济规律办事、扩大税收在财政收入中的比重、充分发挥税收的经济杠杆作用、为社会主义现代化建设服务的指导思想。二是为加强宏观调控，充分发挥税收等经济杠杆的作用，1983 年国务院决定在全国试行国营企业利改税，即将国营企业向国家上缴利润改为缴纳所得税。这一举措从理论和实践上突破了国营企业只能向国家上缴利润而不缴纳所得税的禁区，是国家与企业分配关系改革的一个历史性转变，彻底改变了国家与国营企业的分配关系。三是国家从组织上迅速恢复和加强各级税务机构,大力充实税务干部队伍。四是从实践上提出了税制改革的若干初步设想与实施步骤。

第二节　初期改革阶段（1985～1995）

随着改革开放脚步的迈出,科学技术逐步深入发展,科技工作取得了一些成就,但是也存在一些问题,一系列矛盾开始出现,例如科学技术成果不能迅速转化为现实生产力等,这些严重影响了科技事业的发展。在此背景下我国科技政策也随之发生改变,呈现出新的特点,进入初期改革时期。

一　主要社会背景

1985 年,《关于科学技术体制改革的决定》的发布,确定了科技制度改革的基本内容和方针,标志着我国科技体制改革进入了全面、系统的阶段,科学技术体系成为改革的重点。在经历了一个时期的发展后,虽然科技水平得到提升,但是科技发展的弊端也逐渐显现,这一时期科学技术发展和进步的关键障碍,在于无偿转移技术成果以及科研活动"大锅饭",造成研发激励不足、技术创新与产业应用之间的严重脱节等。在 20 世纪 80 年代末,我国出台"星火计划""火炬计划"等科技措施,确定以市场为导向,鼓励高新技术企业发展,进一步强调积极推进各种形式的责任经营制,支持集体和个体等多种所有制科研机构的发展,鼓励和支持科研机构和高等院校以各种形式直接介入经济领域,科技发展的方针是"面向"和"依靠",即经济建设要依靠科学技术,科学技术要面向经济建设。90 年代中期,伴随着市场经济的建立,科技系统出现了较大的变化,科研机构开始从事经营活动,开始在科研内部引入竞争机制。1993 年前后,"211"工程、"技术创新工程"先后实施,重点推动产、学、研相结合,国家开始重视技术创新。1994 年国家开始实施"中国 21 世纪议程",从环境、人口、资源、经济等方面出发,提出可持续发展战略,标志着我国科技政策演化的进一步深入。

这一系列的科技改革带来了显著的成效,国内的科研气氛一片生机盎然,科技工作取得了显著的成绩,科技实力得到全面提升,我国科技事业的发展进入第二个阶段。

二 主要政策

这一阶段，国家由计划经济体制转变为市场经济体制，由市场配置资源，实行竞争制度。同时，科技体制进行转变，引入竞争机制，重大科技项目实行竞争立项，改革拨款制度，改变只依靠政府行政手段管理的方式，科技工作得以积极有序地展开。这一时期的主要政策文本有：《中共中央关于科学技术体制改革的决定》（1985年）、《国家高技术研究发展计划纲要（简称"863"计划）》（1986年）、《关于实施"星火计划"的暂行规定》（1986年）、《中华人民共和国技术合同法》（1986年）、《中国科学技术政策指南——科学技术白皮书》（1986年）、《国务院关于进一步推进科技体制改革的若干规定》（1987年）、《国务院关于深化科技体制改革若干问题的决定》（1988年）、《关于深化改革科研单位事业费拨款和收益分配制度的意见》（1989年）、《中华人民共和国科学技术发展十年规划和"八五"计划纲要》（1991年）、《关于分流人才、调整结构、进一步深化科技体制改革的若干意见》（1992年）、《财政部、国家税务总局关于企业所得税若干优惠政策的通知》（1994年）、《中共中央、国务院关于加速科技进步的决定》（1995年）。

（一）政府投入制度改革

1985~1995年，财政科技拨款总额从102.59亿元增至302.36亿元，其中科学事业费从1985年的32亿元上升到96.86亿元，科技三项费从44.35亿元上升到136.02亿元，科学事业费和科技三项费这10年间占财政科技拨款总额的比例基本稳定。

1986年，国务院发布《关于科学技术拨款管理的暂行规定》，开始对科技拨款制度进行全面改革，即主要从事技术开发工作和近期可望取得实用价值的应用研究工作的单位，国家拨给的科研事业费在"七五"期间将逐年减少，直至完全或基本停拨；主要从事基础研究和近期尚不能取得实用价值的应用研究工作的单位，其研究经费应该逐步做到主要依靠申请基金，国家只拨给一定额度的事业费，以保证必要的经常费用和公共设施费用；从事医药卫生、劳动保护、计划生育、灾害防治、环境科学等社会公益事业的研究单位，从事情报、标准、计量、观测等技术基础工作的单位和农业科学研究单位，其科研事业费仍由国家拨给，实行包干；科研单位减下来的科研事业费，2/3 留给国务院主管部门用于行业技术工作和国家重大科研项目，1/3 由国家科委用作面向全国的科技委托信贷资金和科技贷款的贴息资金。同年成立的国家自然科学基金会，成为国家支持基础研究的一个重要途径。

1987 年，国务院发布《关于进一步推进科技体制改革的若干规定》，在进一步放活科研机构、放宽放活科研人员管理政策、促进科技与经济结合方面提出了更具体的措施。同年，国家科委颁布了《关于科研单位减少科学事业费拨款比例的核定办法》：技术开发类型科研单位，当年减少科学事业费拨款比例的应是划转国家科委和地方科委归口管理时的科学事业费预算指标数（简称基数，下同）减去当年拨款数与基数之比例。在划转前，经同级科委确认的改革试点单位已经减拨（含全部减完的）的科学事业费，应予承认，可计入基数。基础研究类型的科研单位，当年科学事业费中的研究经费转入自然科学基金比例，应是基数中的研究经费减去当年科学事业费中的研究经费拨款与基数之比例。社会公益事业研究类型的科研单位，当年抵顶科学事业费拨款的比例，应是上一年度纯收入抵顶当年科学事业费拨款数与基数之比例。各类型科研单位减少（含转入自然科学基金或抵顶）科学事业费的比例，每年核定一次，其审批手续，自主管部门按照上述办法进行审定后，于当年九月底前报同级科委核准。

1988 年国务院发布《关于深化科技体制改革若干问题的决定》，以积极推行各种形式的承包经营责任制为重点，进一步加快和深化科技体制改革。一是鼓励科研机构切实引入竞争机制，积极推行各种形式的承包经营责任制，实行科研机构所有权和经营管理权的分离。二是鼓励和支持科研机构以多种形式介入经济，发展成新型的科研生产经营实体。三是科研事业费部分自给的科研机构，实行奖励福利基金比例与事业费减拨比例挂钩；科研事业费完全自给的科研机构，在切实保证事业发展的前提下，其纯收入由单位自主分配和使用。四是必须切实保证基础研究持续稳定地发展，国家对基础研究经费的投入要随着财政收入的增长不断增加。这是科技体制改革在认识和实践上的又一次飞跃。

1989 年，国务院颁布《关于深化改革科研单位事业费拨款和收益分配制度的意见》，鼓励有条件的科研单位积极推行各种形式的承包经营责任

制，将纳税后留用的纯收入用于事业发展和改善职工的生活待遇。事业费
完全自立的技术开发类型科研单位，实行经费长期自理、自主使用，对其
纳税后留用的纯收入，在保证事业发展的前提下，国家不再规定事业发展、
奖励、福利3项基金的比例和具体的分配形式；事业费部分自立的技术开发
型科研单位，实行奖励福利基金提取比例与拨款事业费幅度挂钩，对于事
业费部分自立和完全自立的科研单位，国家根据其减拨事业费的程度给予
相应的专项奖励；已经被划为社会公益类型而又具有创收能力的科研单位，
按其事业费自立程度，享受与技术开发类型科研单位同等的待遇；难以创
收的社会公益类型科研单位及某些从事基础研究的科研单位，实行科学事
业费包干，并在定编、定员的基础上，实行基本工资总额包干，增人不增
钱，减人不减钱，事业费包干结余和创收部分，在保证事业发展和完成科
研任务的前提下，除提留不低于40%的事业发展基金外，其余部分由单位
自主使用。

（二）制定科技税收政策

1985～1995年，国务院陆续发布了关于征收集体企业所得税、私营企业
所得税、城乡个体工商业户所得税、个人收入调节税、城市维护建设税、
国营企业奖金税、集体企业奖金税、事业企业奖金税、事业单位奖金税、
国营企业工资调节税、固定资产投资方向调节税（其前身为1983年开征的
建筑税）、房产税、车船使用税、城镇土地使用税、印花税、筵席税等税收
的行政法规，并决定开征特别消费税。

党的"十四大"提出建立社会主义市场经济目标后，1994年我国启动
了中华人民共和国成立以来规模最大、范围最广、内容最深刻、力度最强
的工商税制改革。税制改革总的指导思想是：统一税法、公平税负、简化
税制、合理分权，理顺分配关系，保障财政收入，建立符合社会主义市场
经济要求的税收体系。工商税制改革主要包括6方面：一是以推进规范化的
增值税为核心，相应设置消费税、营业税，建立起交叉征收、双层调节的
新的流转税制格局；二是统一内资企业所得税，取消"国营企业调节税"
和对国有企业征收的国家能源交通重点建设基金及预算调节基金，同时建
立起新的规范化的企业还贷制度。三是将原有的个人所得税、个人收入调
节税和城乡个体工商户所得税统一为修改后的个人所得税，主要对高收入

者征收，对中低收入者少征或不征。四是开征土地增值税、证券交易税，拟开征遗产和赠与税；改革资源税和城市维护建设税；简并盐税、烧油特别税；取消一些与形势发展不相适应的其他税种。五是按照理顺分配关系、规范分配方式的原则，调整减税免税的范围和内容；较大幅度地压缩了减免税项目，除税法规定的减免税项目外，非经国务院批准任何地方部门一律无权规定免税、减税；逐步取消对经营性亏损企业的减免照顾，对由自然灾害等种种客观原因导致生产经营困难的企业，对符合国家产业政策确实需要扶持的企业等，除严格按照税法规定办理减税、免税外，其他的原则上都由财政统筹考虑，通过财政支出的形式解决。六是颁发并修改《中华人民共和国税收征收管理法》及其实施细则，结束了税收征管法律法规不统一的历史，强化了税务机关的税收强制执法权，完善了对税务机关的执法制约制度和对纳税人合法权益的保护制度，健全了对税收违法行为的处罚制度，将税收征管工作纳入系统化、规范化、法制化的轨道。

1994 年，《财政部、国家税务总局关于企业所得税若干优惠政策的通知》规定国务院批准的高新技术产业开发区内的企业，经有关部门认定为高新技术企业的，可减按 15% 的税率征收所得税。新办的高新技术企业，自投产年度起免征所得税两年。对科研单位和大专院校服务于各业的技术成果转让、技术培训、技术咨询、技术服务、技术承包所取得的技术性服务收入暂免征收所得税。

（三）形成科技计划体系

这一时期国家制定了全国中长期科技发展规划《1986-2000 年全国科学技术发展规划纲要》，包括 27 个行业和新兴领域 15 年发展规划的轮廓设想、12 个领域的技术政策、15 年科技发展规划纲要和"七五"科技发展规划。这是我国历史上第一次系统地、大规模地开展技术政策的研究与制定工作。

根据《1986-2000 年全国科学技术发展规划纲要》的方向与任务，"七五"科技发展规划明确从我国的实际情况出发，以发展传统技术和新兴技术相结合的复合型技术为主，重点发展农业、能源、交通、原材料等几个战略重点领域的新技术，以及电子信息技术、生物技术和新型材料等高技术的开发，并加强技术转移与吸收工作。重点科技攻关项目主要包括四个方面：行业发展中的重大技术和装备，包括重大引进技术的消化和配套、自己研究开发的只引进关键部分的技术和装备、结合我国特点发展的技术与装备；重点新产品的开发；新兴技术领域，包括微电子、信息技术、新材料、生物技术等；社会发展，包括资源、生态、环境、医药卫生等。

国家还出台了国家自然科学基金、863 计划、星火计划、基础研究计划等十余项计划（详见表 3-2），除了加强基础性研究，还大力面向经济发展，促进高技术及其产业发展。例如，1986 年和 1988 年国务院批准《国家高技术研究发展计划纲要》（863 计划）和《国家高新技术产业发展计划》（火炬计划），旨在跟踪世界高技术发展前沿，促进高新技术成果商品化、产业化和国际化，推动产业技术改造和产业结构调整。

表 3-2　1985~1995 年我国制定的国家科技计划

年份	计划名称	宗　旨
1985	国家自然科学基金	面向全国，主要资助自然科学基础研究和部分应用研究，重点支持具有良好研究条件、研究实力的高等院校和科研机构的研究人员
1986	高技术研究计划（863）	解决事关国家长远发展和国家安全的战略性、前沿性和前瞻性高技术问题，发展具有自主知识产权的高技术，统筹高技术的集成和应用，引领未来新兴产业发展
1986	星火计划	将先进适用的科学技术引向农村，引导亿万农民依靠科技发展农村经济，促进乡镇企业科技进步，提高农村劳动生产率，推动农业和农村经济持续、快速、健康地发展
1987	丰收计划	有组织有计划地把成熟、实用的农业科技成果和先进技术综合推广应用于大面积、大范围生产，促进农牧渔业丰产增收
1988	火炬计划	实施科教兴国战略，贯彻执行改革开放的总方针，发挥我国科技力量的优势与潜力，以市场为导向，促进高新技术成果商品化、高新技术商品产业化和高技术产业国际化
1988	国家重点新产品计划	引导、推动企业和科研机构的科技进步和提高技术创新能力，促进我国产业机构的优化和产品结构的调整
1989	基础研究计划	开展以认识自然现象、揭示客观规律为主要内容的研究；围绕生产实践和学科发展提出的，具有重大或广泛应用价值的课题进行定向性研究；对基本的科学数据进行系统的考察、采集、鉴定，并进行综合分析，探索基本规律

（续表）

年份	计划名称	宗　旨
1989	燎原计划	为星火计划、丰收计划的推行培养农技人才，奠定发展基础的计划
1990	国家科技成果重点推广计划	以形成效益为目标，大面积推广效益好、见效快的科技成果，促进科技、经济、社会的协调发展
1991	国家工程技术研究中心计划	旨在探索科技与经济结合的新途径，加强科技成果向生产力转化的中心环节，缩短成果转化的周期；面向企业规模生产的实际需要，提高现有科技成果的成熟性、配套性和工程化水平，加速企业生产技术改造，促进产品更新换代
1991	攀登计划	指导和指令相结合的基础性研究计划，该计划在能源、农业、材料、信息以及人口、医学、资源、环境、生态、纺织、重大自然灾害等方面开展多学科的综合研究，为重大问题的解决提供理论依据和技术基础

三　政策影响

（一）确立科技在经济发展中的地位

邓小平非常重视解决科技在国民经济发展中的地位问题。邓小平同志在 1985 年的全国科技工作会议上强调科技与经济的结合发展，指出这一阶段的主要任务就是繁荣技术市场，实现科技与经济的共同生长，提高科技产业化率和经济效益。根据科技政策的引导，我国初步建立了符合社会主义市场经济发展的新的科技体制，促进了科技与经济紧密结合。这一时期的科技政策开始强调不但要重视经济的发展，更要突出科技在经济中的地位，通过科技促进经济大发展。科技已不再是独立发展，而是要被纳入国民经济发展的总体计划中来，为国民经济的发展提供保障。

（二）建立科技体制改革的基本体系

这一时期科技体制改革的主要内容有：第一，对地方研究机构采取不同的方式，按照不同类型科学技术活动的特点，改革财政经费制度，实行拨款的分类、分级管理；第二，发展国内技术市场，促进技术成果向社会化、商品化转变，以适应市场和经济的发展；第三，强化企业的技术吸收和开发能力，鼓励研究机构、教育组织与生产单位的联合，调整科学技术系统的组织结构；第四，对科学技术工作由微观管理转变为宏观管理，放活研究机构的自主权；第五，为科技发展与研究营造出良好的人才环境，改革科学技术人员管理制度，促进人才的良好发展。以上方面构建了我国科技体制改革的基本框架，进一步促进了科技改革的深化。

（三）确立国家主导的科技体制

20 世纪 90 年代初，中国经济体制开始迈向社会主义市场经济的新阶段，为适应社会主义市场经济的需要，科技体制实行国家主导、市场引导模式，实行进一步的深化改革。这一时期的策略是实行"放活科研机构、放活科研人员"的方针。1995 年，《中共中央、国务院关于加速科学技术进步的决定》明确要从体制上、制度上解决科技与经济脱节的状况，指出我国今后很长一段时间内科技体制改革的重点和方向，是建立适应社会主义市场经济的科技发展体制，加速科技与经济的一体化进程。具体指导措施就是"稳住一头，放开一片"。"稳住一头"，就是以政府投入为主，稳住科技工作中属于政府管理职能的那一部分，稳住重点科研院所和高等学校的科研机构，从事基础性研究、应用研究、高新技术研究、社会公益性研究和有关国家利益的重大科技攻关活动；"放开一片"，就是指促使科技以多种形式、多种渠道与经济结合，放开、搞活与经济建设密切相关的技术开发和技术服务机构，主要资源由市场来进行配置。

（四）税制改革全面展开，逐步形成新的税制体系

这一时期，我国税制改革全面展开，逐步建成了一套以流转税和所得税为主体，其他税种相配合的新的税制体系，基本适应了我国经济体制改革起步阶段的经济状况，税收的职能作用得以全面加强，税收收入持续稳定增长，宏观调控作用明显增强。从 1992 年起，财税部门就开始加快深化税制改革的准备工作，1993 年更是抓住机遇，研究制定了全面改革工商税制的总体方案和各项具体措施，并完成了制定有关法律、法规的必要程序，使各项法令于 1993 年底前陆续公布，从 1994 年起在全国实施。这次税制改革是中华人民共和国成立以来规模最大、范围最广、内容最深刻的一次税制改革。这套税制的建立，在理论上、实践上突破了长期以来封闭型税制

的约束，转向开放型税制；突破了统收统支的财政分配关系，重新确立了国家与企业的分配关系；突破了以往税制改革片面强调简化税制的思路，注重多环节、多层次、多方面地发挥税收的经济杠杆作用，由单一税制转变为复合税制。这些突破使我国的税制建设开始进入健康发展的新轨道，与国家经济体制、财政体制改革的总体进程保持了基本协调一致。

（五）"七五"科技攻关计划使高新技术领域得到发展

"七五"攻关计划的 76 项计划中"行业发展中的重大技术和装备"占了 34 项（经费 14 亿元，占攻关经费的 40%）；重点新产品开发 16 项（经费 5 亿元，占总数的 14.3%）；新兴技术领域占了 11 项（经费 11 亿元，占31.4%）。在国家高新技术政策和计划的指导下，中国高新技术领域取得了丰硕的成果，且水平很高。"七五"攻关计划共取得专题成果（包括子专题成果）10462 项，其中达到或接近 20 世纪 80 年代国际水平的有 6068 项，占 58%；与国内技术现状进行对比分析，属国内领先水平的有 4167 项，占39.8%，属填补国内空白的有 4112 项，占 39.3%。获各类国家科技奖 155个，部省级科技奖 1127 个，专利 334 件。20 世纪 80 年代中后期，中国政府开始探索高新技术产业化的道路和方式，1985 年创办了第一个高新技术产业开发区——深圳科技工业园，1988 年第一个国家级高新技术产业开发区——中关村科技园区建立。这有力证明了中国在高新技术领域取得了快速发展，为国民经济和社会发展提供了一大批关键技术。

第三节 调整创新阶段（1996~2005）

为了促进经济的发展，国家对科学技术发展做出了一系列的调整，调动一切积极因素大力发展科技，强调科技自主创新，这个时期的科技政策进入调整创新时期。

一 主要社会背景

随着社会的不断进步，科学技术对科技政策的制定、实施等提出了更高的要求，科技政策的目的重在对原有政策的调整与促进创新。这一阶段，科研体制改革进一步深化，科技法律法规体系逐步得到完善，科教兴国与建设创新型国家取得初步成果，特别是在创新方面，取得了显著的成就。这十年是一个政策调整的阶段，更可以说是一个创新发展的阶段。

1995 年，中共中央做出了《关于加速科学技术进步的决定》，以江泽民同志为核心的党的第三代领导集体全面落实小平同志"科学技术是第一生产力"的方针，坚持教育为本，把科技与教育摆在经济、社会发展的重要位置，着力增强国家的经济实力及向现实生产力转化的能力，提高全民族的科技文化素质，把经济建设转移到依靠科技进步和提高劳动者素质的轨道上来。江泽民同志提出"科教兴国"战略，强调改革传统科技体制，构建国家创新体系，政策目标转向促进科技成果转化。之后，国家技术创新工作正式实施，先后实行了"211 工程"和"985 工程"，推进企业和高校创新体系建设，科技创新能力被提升到了中华人民共和国成立以来最高的战略高度。这一时期，创新已经成为国际竞争的主导因素，国家加大了对重大创新科技专项的投入，总投入金额达到高峰阶段。

在这十年时间里，国家建立了创新科技计划管理体制，重点发展科技型中小企业，实行产学研联合开发工程，促进高新技术产品出口、科技兴贸、农业科技成果转化等，并加强研究开发建设，加深国际科技合作程度。该阶段，我国科技体制改革取得重大进展，科研基础条件得到改善，国家科普能力显著提高，基础研究进入跃升期。

二　主要政策

这一时期主要的科技政策文本有：《关于国民经济和社会发展"九五"计划和 2010 年远景目标纲要及关于（纲要）报告的决议》（1996 年）、《关于"九五"期间深化科学技术体制改革的决定》（1996 年）、《中华人民共和国促进科技成果转化法》（1996 年）、《中共中央、国务院关于加强技术创新，发展高科技，实现产业化的决定》（1999 年）、《关于促进科技成果转化的若干规定》（1999 年）、《鼓励软件产业和集成电路产业发展的若干政策》（2000 年）、《科研条件建设"十五"发展纲要》（2001 年）、《2004-2010 年国家科技基础条件平台建设纲要》（2004 年）等。

（一）加强政府科技投入

1996 年国务院发布《关于"九五"期间深化科技体制改革的决定》，

确定了"九五"期间的改革部署。对科技体制进行改革的主要措施包括：进一步改革科技拨款体制，初步建立科技工作的新型运行机制；建立适应社会主义市场经济体制的宏观科技管理体系；建立科学的科研院所管理制度，使其成为享有充分自主权的独立法人；按照"稳住一头，放开一片"的方针，优化科技系统结构，分流人才；加强科技立法和执法工作，为促进、规范和保障科技进步做出贡献。这项改革的措施之一是政府加大对基础性研究、战略性研究项目和科学教育等市场失效领域的财政支持力度，并形成以基金、重大专项和重大科技工程等为主的新的资助格局。

除了支持基础研究和教育、卫生等领域，政府还加大了对企业、科研机构的资金支持。在企业层面，1999年国务院批准设立科技型中小企业技术创新基金，由政府提供专项基金支持科技型中小企业技术创新，由科技部科技型中小企业技术创新基金管理中心实施。通过无偿拨款、贷款贴息和资本金投入等方式扶持和引导科技型中小企业的技术创新活动，促进科技成果的转化，培育一批具有中国特色的科技型中小企业，加快高新技术产业化进程。

科研机构层面，2000年发布的《科研院所技术开发研究专项资金管理暂行办法》规定，专项资金属科研补助资金，主要用于支持中央级技术开发型科研机构（包括1999年以后转制的原中央级技术开发型科研机构）以开发高新技术产品或工程技术为目标的应用开发研究工作。专项资金采取项目支持的方式，每个项目的支持额度一般为50万~200万元。此外，国家还开展了中央级科研院所科技基础性工作专项、科研院所技术开发研究专项和科研院所社会公益研究专项，主要用于支持科技基础性工作基地建设、中央级技术开发型科研机构以开发高新技术产品或工程技术为目标的应用开发研究工作和社会公益研究基地建设。

（二）制定科技税收政策

1996年国家出台《中华人民共和国促进科技成果转化法》，规定采用股份制形式的企业，可以将在科技成果的研究开发、实施转化中做出重要贡献的有关人员的报酬或者奖励，按照国家有关规定折算为股份或者出资比例。该持股人依据其所持股份或者出资比例分享收益。

《关于改进2000年中央预算编制的意见》中，预算草案除包括现有按功能分类的预算外，还将部分支出以附表的形式具体细化到部门和有关项目：将原按功能划分的教育事业费、农林水气象等事业费、税务等部门事业费、外交外事支出、农业事业费、其他文教事业费、卫生事业费、行政管理费、行政事业单位离退休经费等细化到部门。将基本建设支出、科学事业费、企业挖潜改造资金的大部分细化到部门。将中央补助地方支出中的税收返还、体制补助、过渡期转移支付单独列出。

2000 年国务院出台《鼓励软件产业和集成电路产业发展的若干政策》，提出继续实施软件增值税优惠政策，进一步落实和完善相关营业税优惠政策，对符合条件的软件企业免征营业税，并简化相关程序。规定我国境内新办集成电路设计企业和符合条件的软件企业，经认定后，自获利年度起享受企业所得税"两免三减半"优惠政策，在增值税、营业税、个人所得税方面也都享受一定优惠。

2000 年，国务院颁布《中华人民共和国车辆购置税暂行条例》，自 2001 年 1 月 1 日起在全国范围内征收车辆购置税，取消了车辆购置附加费。同时，为切实减轻农民负担，中央决定从 2000 年开始在农村开展税费改革，根据"减轻、规范、稳定"的原则对农（牧）业税和农业特产税进行了调整，明确在五年内逐步取消农业税。

（三）调整科技计划体系

围绕经济结构调整，"十五"时期形成了具有中国特色的科技计划体系，即"3+2"体系，以"发展高科技、实现产业化，提高科技持续创新能力"为指导方针进行部署。这一体系的建立使科技计划不再是单纯的项目计划，而是使国家科技计划的组织实施成为一个将项目、人才、基地能力建设与体制机制环境建设紧密结合的政策系统。

"3+2"体系由 3 个主体计划和 2 个环境建设计划组成。3 个主体计划包括国家高技术研究发展计划、国家科技攻关计划、国家重点基础研究发展计划。2 个环境建设计划包括研究开发条件建设计划和科技产业化环境建设计划，其中研究开发条件建设计划包括国家重点实验室计划、国家重大科学工程建设项目计划、国家工程技术研究中心建设项目计划、国家科技基础条件平台建设专项、中央级科研院所科技基础性工作专项、中央级科研院所社会公益研究专项、国际科技合作重点项目计划、国家软科学研究计划、科学技术普及工作等；科技产业化环境建设计划包括星火计划、火炬计划、国家科技成果重点推广计划、国家重点新产品计划、科技型中小企业技术创新基金、农业科技成果转化资金、科技兴贸行动计划、生产力促进中心、国家大学科技园、国家农业科技园区、科研院所技术开发研究专项资金等（见表3-3）。

表3-3 1996~2005年我国制定的国家科技计划

时期	计划名称
九五时期	国家重点基础研究发展计划（973计划） 国家技术创新工程 科技型中小企业技术创新基金 科技兴贸行动计划 社会发展科技计划 知识创新工程 中央级科研院所科技基础性工作专项 科研院所技术开发研究专项资金 科研院所社会公益研究专项 三峡移民科技开发专项 国家大学科技园 西部开发科技专项行动
十五时期	3个主体计划： 国家高技术研究发展计划 国家科技攻关计划 国家重点基础研究发展计划 2个环境建设计划： 研究开发条件建设计划（包括国家重点实验室计划、国家重大科学工程建设项目计划、国家工程技术研究中心建设项目计划、国家科技基础条件平台建设专项、中央级科研院所科技基础性工作专项、中央级科研院所社会公益研究专项、国际科技合作重点项目计划、国家软科学研究计划、科学技术普及工作等） 科技产业化环境建设计划（包括星火计划、火炬计划、国家科技成果重点推广计划、国家重点新产品计划、科技型中小企业技术创新基金、农业科技成果转化资金、科技兴贸行动计划、生产力促进中心、国家大学科技园、国家农业科技园区、科研院所技术开发研究专项资金等）

（四）支持重点产业发展

该阶段，国家围绕重点产业制定了不同的科技计划。1998年，科技部会同国家自然科学基金委员会及各有关主管部门共同组织实施 973 计划，重点支持农业科学、能源科学、信息科学、资源环境科学、健康科学、材料科学、制造与工程科学、综合交叉科学、重大科学前沿等面向国家重大战略需求领域的基础研究，围绕纳米研究、量子调控研究、蛋白质研究、发育与生殖研究、干细胞研究、全球变化研究等方向实施重大科学研究计划。

1999 年，科技部、对外经贸部联合发布科技兴贸行动计划，在信息、生物医药、新材料（资源高附加值）、消费类电子和家电等五个行业和领域各优选若干产品作为第一批重点出口产品，给予政策或其他支持。

三　政策影响

（一）建立科技创新体系

1996~2005 年是创新的十年，国家科技创新体系得以初步建立。1997年，《迎接知识经济时代，建设国家创新体系》发布，初步提出了国家科技创新的构想，阐述了在知识经济时代，国家科技创新体系的要素主要包括创新基础设施、创新资源、创新主体、创新环境、外界互动等，这些要素属于社会系统的范畴，相互之间是紧密联系和有效互动的。在这一时期内，科技发展以市场为主导，充分发挥市场配置资源的基础性作用，实施各类科技创新。21 世纪我国加入 WTO 后，国际形势不断变化，科技创新的国际竞争日趋激烈，国家在结合中国科技发展的实际情况下，制定出既符合国际竞争需要，又立足本国基础和条件的创新政策，在科技体制、管理制度、运行机制等方面进行改革创新，注重创新文化的建设和发展，注重创造有利于科技创新思想产生的环境和条件。到 2005 年为止，我国已经建立起具有较好基础的国家科技创新体系，基本形成了政府、科研院所、企业及高校四位一体的创新体系。

（二）科技经费管理体系进一步调整

1996 年国务院发布的《关于"九五"期间深化科学技术体制改革的决定》，标志着我国科技体制改革进入结构性的调整时期。这项改革的措施之一是政府加大了对基础性研究、战略性研究项目和科学教育等市场失效领域的财政支持力度，并形成了以基金、重大科技计划和重大科技工程等为主的新的资助格局。为加强对基金、科技计划及重大科技工程经费的管理，陆续出台了一系列经费管理办法，例如《国家重点基础研究专项经费财务管理办法》（1998 年）、《国家重点基础研究专项经费财务管理办法补充规定》（1999 年）等；对科研活动的组织管理模式进行了一系列改革，在一定范围内逐步试行了公开招标、合同制、同行评议等改革措施，以提高资金使用效益。随着我国科研体制的改革和国家科技发展管理与投入机制的改革，20 世纪末，国家对科学研究和技术开发的公共经费投入和支持基本完成了由原来的科技事业经费拨款制向科技计划和项目课题制、合同制管理方式的转变。各类各级科技计划已经成为政府部门对国家科技发展进行引导、决策、投入和实施的主体和主要经费渠道。国家科技计划已成为政府按照国家目标调动科技资源、引导科技活动走向、落实科技发展战略的重要手段，成为国家财政科技投入的重点。

（三）开展部门预算改革，推动归口管理向专项管理转变

从 2000 年开始我国进行了预算改革，为了给零基预算的全面实施创造条件，要求政府预算以部门为基础进行编制，并强调将预算外资金纳入各个部门的预算，即实行部门预算。《关于改进 2000 年中央预算编制的意见》正式启动了部门预算改革，部门预算改革被视为严格预算管理，是当时财政改革的重要内容。随着科研体制和财政体制的改革，从 2000 年开始实施的部门预算将长期以来由科技部门统一归口管理和分配的各部门科学事业费又重新纳入各部门的预算。科技部作为中央政府的科技宏观综合管理部门，只负责国家科技计划项目及专项经费的管理，不再归口管理中央政府的全部科学事业费和科技三项费，而同财政部、国家计委、教育部、工信部、中科院、自然科学基金会等多个部门分别行使科技经费预算分配权（见图 3-1）。

（四）科技专项重视企业参与，实现科技与经济的"无缝连接"

"十五"期间，科技部通过三大主体计划，以重大专项的实施为突破口，组织实施了十二个国家重大科技专项（超大规模集成电路和软件；信息安全与电子政务及电子金融；功能基因组和生物芯片；电动汽车；高速磁悬浮交通技术研究；创新药物与中药现代化；主要农产品深加工；奶业发展；食品安全；节水农业；水污染治理；重要技术标准研究），强化企业

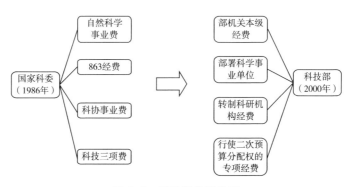

图 3-1 科技部经费分配

参与力度，促进产学研结合。十二个重大专项强调机制建设和创新，强化成果产业化，并制定了相应的措施，鼓励企业参与，突出了企业的创新主体地位，带动企业投入。与产业化相关的专项课题都明确由产业化条件好的企业牵头承担，联合有关科研单位，共同推进专项任务，并将扶持和培养一批企业，尤其是龙头企业作为专项的实施目标之一。由企业牵头实施的项目，充分发挥了科研院所、高等院校的技术支撑作用，建立起"以企业为主体，科研院所和高校为技术支撑"的组织形式，使科研攻关与产业化开发两个实质内容有机地结合起来。如"农产品深加工"专项 14 个课题专门面向企业招标，由企业牵头联合有关科研院所和高校参加投标，共同承担专项的任务，推进企业的技术创新以及相关产业的形成；"电动汽车"专项通过组建产权清晰的股份制公司承担专项的研究开发任务，实现了多企业联合享有知识产权，调动了企业参与的积极性；"功能基因组和生物芯片"专项明确提出要培育 3 个以上、年销售额超过 5000 万元的生物芯片龙头企业。

第四节　深入调整阶段（2006 年至今）

一　主要社会背景

随着全球化时代的发展，特别是我国加入 WTO 后对科技政策做出了诸多调整，以适应新的科学技术发展趋势。在十六大会议上，党中央结合本国国情，联系国际发展趋势，提出了增强自主创新能力和建设创新型国家的重大战略思想。党的十七大高度重视科技进步和自主创新，强调把提高自主创新能力和建设创新型国家摆在突出位置，以促进国民经济又好又快发展。党的十八大提出要坚持科学发展观，深化经济体制改革，推进经济结构战略性调整，实施创新驱动发展战略，强调把科技创新摆在国家发展全局的核心位置，坚持走中国特色自主创新道路，以全球视野谋划和推动创新，提高原始创新、集成创新和引进消化吸收再创新能力，更加注重协同创新。在这一阶段，科技发展强调在发挥社会主义优势基础上，重点解决制约经济社会发展的重大科技问题，科技工作紧紧围绕把科技进步和创新与提高人民生活水平和质量、提高人民科学文化素养和健康素质紧密结合起来，要求不断深化体制改革，促进科技与经济的结合，完善国家创新体系。科技事业的主要任务，是围绕创新型国家建设和国家重大战略需求建设，加强基础研究的宏观管理，以提升原始创新能力为核心，全面加强国家重点实验室等基地的建设，全面营造有利于企业创新、高校创新的科研环境。同时，科学技术发展价值取向发生转变，要求科技在持续发展的基础上，构建绿色科技，注重对人的关怀，把科技发展和人的发展联系起来，体现出科技对公众福祉的关注。

二　主要政策

这个阶段出台的科技政策，是在总结以往科技工作经验基础上，根据新时期科技政策需要提出的新的发展规划。这一阶段的标志性政策文本主要有：《国家中长期科学和技术发展规划纲要（2006-2020 年）》（2006年）、《国家"十一五"科学技术发展规划》（2006 年）、《关于改进和加强中央财政科技经费管理的若干意见》（2006 年）、《关于加大对公益类科研机构稳定支持的若干意见》（2007 年）、《国务院关于进一步促进中小企业发展的若干意见》（2009 年）、《国家"十二五"科学和技术发展规划》（2011 年）、《中央补助地方科技基础条件专项资金管理办法》（2012 年）、《关于改进加强中央财政科研项目和资金管理的若干意见》（2014 年）、《关于深化中央财政科技计划（专项、基金等）管理改革的方案》（2014 年）、《"十三五"国家科技创新规划》（2016 年）、《高新技术企业认定管理办法》（2016 年）等。

（一）加大政府科技投入与监管

（1）整体财政投入与监管

2006 年，国务院发布《实施〈国家中长期科学和技术发展规划纲要（2006-2020）〉的若干配套政策》，从科技投入、税收激励、金融支持、政府采购、引进消化吸收再创新、创造和保护知识产权、科技人才队伍建设、教育与科普、科技创新基地与平台、统筹协调十个方面提出了 60 条相关政策。其中，科技投入方面包括：大幅度增加科技投入；确保财政科技投入的稳定增长；切实保障重大专项的顺利实施；优化财政科技投入结构；发挥财政资金对激励企业自主创新的引导作用；创新财政科技投入管理机制。

2006 年，财政部、科技部在《关于改进和加强中央财政科技经费管理的若干意见》中提出要加大财政支持力度，改进国家科技计划（基金等）支持方式；国家有关科技计划项目要更多地反映企业重大科技需求，在具有明确市场应用前景的领域，应当由企业、高等院校、科研院所共同参与实施；建立健全产学研多种形式结合的新机制，促进科研院所与高等院校围绕企业技术创新需求服务，推动企业提高自主创新能力；完善科技资源配置的统筹协调和决策机制，优化中央财政科技投入结构，创新财政经费支持方式，推动产学研结合，健全科研项目立项及预算评审评估制度，强化科研项目经费使用的监督管理。

2007 年，国务院发布《国家自然科学基金条例》，旨在提高国家自然科学基金使用效益，促进基础研究，培养科学技术人才，增强自主创新能力。同年，国防科工委《关于大力发展国防科技工业民用产业的指导意见》提出要加大科技投入。各单位都要设立专项资金，用于民品发展。到"十一五"末，企业的民品研发投入要达到民品销售收入的 3% 以上。

2009 年，《中关村国家自主创新示范区重大科技成果转化和产业化股权投资暂行办法》提出，市政府要设立重大科技成果转化和产业化投资专项资金，在中关村国家自主创新示范区开展试点，以股权投资方式，支持重大科技成果在京进行转化和产业化。

2012 年，财政部修订《中央补助地方科技基础条件专项资金管理办法》，专项资金由中央财政设立，用于支持和引导地方科技事业发展、改善地方科研单位工作条件、提高地方科学普及水平，具体用于地市级以上科研单位（不含转为企业或其他事业单位的单位）的科研仪器设备购置和基础设施维修改造等，县级以上（含县级）政府直属或县级以上科技主管部门、科协所属科技馆的科普仪器设备购置和基础设施维修改造等。

2014年，国务院先后印发了《关于改进加强中央财政科研项目和资金管理的若干意见》和《关于深化中央财政科技计划（专项、基金等）管理改革的方案》，提出要建立公开统一的国家科技管理平台，及时拨付项目资金。项目主管部门要合理控制项目和预算评估评审时间，加强项目立项和预算下达的衔接，及时批复项目和预算。相关部门和单位要按照财政国库管理制度相关规定，结合项目实施和资金使用的进度，及时合规办理资金支付。实行部门预算批复前项目资金预拨制度，保证科研任务顺利实施。对于有明确目标的重大项目，按照关键节点任务完成情况进行拨款。转变政府科技管理职能。政府各部门要简政放权，主要负责科技发展战略、规划、政策、布局、评估、监管，对中央财政各类科技计划（专项、基金等）实行统一管理，建立统一的评估监管体系，加强事中、事后的监督检查和责任倒查。政府各部门不再直接管理具体项目，充分发挥专家和专业机构在科技计划（专项、基金等）具体项目管理中的作用。通过风险补偿、后补助、创投引导等方式发挥财政资金的杠杆作用，运用市场机制引导和支持技术创新活动，促进科技成果的转移转化和资本化、产业化。

2015年，全国人大常委会修改《中华人民共和国促进科技成果转化法》，增加了国家对科技成果转化合理安排财政资金投入，引导社会资金投入，推动了科技成果转化资金投入的多元化。

2016年，中共中央办公厅、国务院办公厅印发《关于进一步完善中央财政科研项目资金管理等政策的若干意见》，提出改革和创新科研经费使用和管理方式，促进形成充满活力的科技管理和运行机制；坚持以人为本，以调动科研人员积极性和创造性为出发点和落脚点，强化激励机制，加大激励力度，激发创新创造活力；按照科研活动规律和财政预算管理要求，完善管理政策，优化管理流程，改进管理方式，适应科研活动实际需要；进一步简政放权、放管结合、优化服务，扩大高校、科研院所在科研项目资金、差旅会议、基本建设、科研仪器设备采购等方面的管理权限，为科研人员潜心研究营造良好环境。《中央财政科技计划（专项、基金等）项目管理专业机构管理暂行规定》提出要加强中央财政科技计划（专项、基金等）项目管理专业机构管理工作。《中央引导地方科技发展专项资金管理办法》提出专项资金支持以下四个方面：地方科研基础条件和能力建设，地方专业性技术创新平台，地方科技创新创业服务机构，地方科技创新项目示范。

（2）对企业的投入

2006 年，科学技术部和国资委在《关于开展创新型企业试点工作的通知》中，把扶持企业技术创新的科技计划、基地建设、人才培养以及试点推动等措施有效地集成起来，提出要加大对企业自主创新的支持，引导企业走创新发展的道路，形成一批拥有自主知识产权、知名品牌和持续创新能力的创新型企业。

2007 年，国家开发银行、科技部《关于对创新型试点企业进行重点融资支持的通知》提出，科技部要通过科技政策、国家科技计划等支持试点企业加强技术开发，促进成果转化和产业化，增强企业的融资能力，并适时向开发银行推荐试点企业的重大融资项目；开发银行要运用开发性金融产品和金融服务对试点企业给予重点支持。财政部、科技部印发《科技型中小企业创业投资引导基金管理暂行办法》，计划建立由中央财政科技型中小企业技术创新基金、从所支持的创业投资机构回收的资金和社会捐赠的资金形成的科技型中小企业创业投资引导基金，用于引导创业投资机构向初创期科技型中小企业投资，引导基金按创业投资机构实际投资额 50% 以下的比例跟进投资，每个项目不超过 300 万元人民币。

2008 年，国家发改委、财政部和商务部发布《关于创业投资引导基金规范设立与运作的指导意见》，提出由政府设立按市场化方式运作的政策性基金，通过参股、融资担保、跟进投资等方式扶持创业投资企业发展。财政部、工业和信息化部修订《中小企业发展专项资金管理办法》，指出专项资金的支持方式有无偿资助、贷款贴息和资本金注入等，项目单位可选择其中一种支持方式，不得同时以多种方式申请专项资金。以自有资金为主投资的固定资产建设项目，一般采取无偿资助方式；以金融机构贷款为主投资的固定资产建设项目，一般采取贷款贴息方式；中小企业信用担保体系建设项目，一般采取无偿资助方式，特殊情况可采取资本金注入方式；市场开拓等项目，一般采取无偿资助方式。无偿资助的额度，每个项目一般控制在 300 万元以内。

2009 年，《国务院关于进一步促进中小企业发展的若干意见》提出，要逐步扩大中央财政预算扶持中小企业发展的专项资金规模，重点支持中小企业技术创新、结构调整、节能减排、开拓市场和扩大就业，改善对中小企业的公共服务。加快设立国家中小企业发展基金，发挥财政资金的引导作用，带动社会资金支持中小企业发展。地方财政也要加大对中小企业的支持力度。

2012 年，财政部、工业和信息化部对《中小企业发展专项资金管理办法》进行了修改，规定专项资金主要用于促进中小企业特别是小型微型企业的结构调整和优化、改善中小企业特别是小型微型企业的服务环境，专项资金采取无偿资助、贷款贴息方式进行支持，每个企业或单位（以下简称项目单位）只能选择其中一种支持方式。专项资金无偿资助的额度，每个项目一般不超过 200 万元；专项资金贷款贴息的额度，按照项目贷款额度及人民银行公布的同期贷款基准利率确定，每个项目一般不超过 200 万元；对改善中小企业特别是小型微型企业服务环境项目的支持额度最多不超过 400 万元。国务院《关于进一步支持小型微型企业健康发展的意见》提出要完善财政资金支持政策，充分发挥现有中小企业专项资金的支持引导作用，2012 年将资金总规模由 128.7 亿元扩大至 141.7 亿元，以后逐年增加。

2013 年，财政部印发《地方特色产业中小企业发展资金管理办法》，由中央财政预算安排资金，支持地方特色产业集群内中小企业特别是小型微型企业的技术进步、节能减排、协作配套、品牌建设、产业结构调整和优化。特色产业资金采用无偿资助、贷款贴息、资本金投入三种支持方式。引导基金项目，采用资本金投入方式；其他项目，采用无偿资助或贷款贴息方式。特色产业资金无偿资助的额度，每个项目不超过 300 万元。特色产业资金贷款贴息的额度，根据项目贷款额及人民银行公布的同期贷款基准利率确定，每个项目的贴息期限不超过 2 年，年贴息率不超过同期贷款基准利率，贴息额度不超过 300 万元。特色产业资金资本金投入的额度，不超过引导基金总规模的 30%。国务院办公厅印发《关于强化企业技术创新主体地位全面提升企业创新能力的意见》提出，要大力培育科技型中小企业，国家中小企业发展专项资金、中小企业技术改造资金等要大力支持中小企业技术创新和改造升级。《关于促进劳动密集型中小企业健康发展的指导意见》提出，要加大中小企业发展专项资金、中小商贸企业发展专项资金对劳动密集型中小企业的支持力度。

2014 年，国务院印发《关于扶持小型微型企业健康发展的意见》，提出鼓励各级政府设立的创业投资引导基金积极支持小型微型企业。财政部、工信部、科技部和商务部制定《中小企业发展专项资金管理暂行办法》，由中央财政预算安排专项资金支持中小企业特别是小微企业的科技创新、改善中小企业融资环境、完善中小企业服务体系、加强国际合作等方面，专项资金综合运用无偿资助、股权投资、业务补助或奖励、代偿补偿、购买服务等支持方式，采取市场化手段，引入竞争性分配办法，鼓励创业投资机构、担保机构、公共服务机构等支持中小企业，充分发挥财政资金的引导和促进作用。

2015 年，财政部印发《中小企业发展专项资金管理暂行办法》，中央财政预算安排专项资金用于优化中小企业发展环境，引导地方扶持中小企业发展及民族贸易、少数民族特需商品定点生产企业发展。专项资金补助对象按照政府机构、事业单位和企业等分类，专项资金补助根据支持内容的不同，可以采取无偿资助、投资补助、政府购买服务等方式。

需要注意的是，针对中关村园区内的企业，政府也制定了各类资金支持办法。2009 年，《关于促进中关村高新技术企业发展的若干意见》提出，对于改制、代办系统挂牌和在境内外上市的中关村高新技术企业分别一次性给予 20 万元、50 万元和 200 万元的资金补贴。《中关村国家自主创新示范区支持企业改制上市和并购资助资金管理办法》，提出企业改制每家企业支持 20 万元，进入股份报价转让系统挂牌每家企业支持 50 万元，拟在境内上市企业向中国证监会提交首次公开发行上市申请并取得《中国证监会行政许可申请受理通知书》后，每家企业支持 100 万元，企业首次公开发行并上市成功后，每家企业支持 100 万元，拟在境外上市企业首次公开发行并上市成功后，每家企业支持 200 万元；保荐券商保荐的园区企业取得《中国证监会行政许可申请受理通知书》后，每家券商支持 20 万元；主办券商推荐的园区企业取得《中国证券业协会挂牌报价文件备案确认函》后，每家券商支持 20 万元。《中关村国家自主创新示范区创业投资风险补贴资金管理办法》提出，补贴标的为创业投资企业以货币形式对企业的实际投资额，补贴额度为对某一企业实际投资额的 10%，单笔最高补贴额为 100 万元，一家创业投资企业对同一企业投资申请获得的补贴额累计不超过 100 万元，对一家创业投资企业每年的补贴金额不超过 200 万元。《中关村国家自主创新示范区科技型中小企业信用贷款扶持资金管理办法》提出，中关村管委会为实际贷款期限在 3 个月以上，并按期还本付息的试点企业，按照银行贷款基准利率的一定比例提供贷款贴息，一星级企业贴息比例为 20%，二星级企业贴息比例为 25%，三星级企业贴息比例为 30%，四星级企业贴息比例为 35%，五星级企业和百家创新型试点企业贴息比例为 40%，对单个企业的年度贴息总额不超过 60 万元。《中关村国家自主创新示范区企业担保融资扶持资金管理办法》提出，为鼓励合作的担保机构为园区"瞪羚"企业、留学人员创业企业、软件外包企业和集成电路设计企业提供贷款担保服务，中关村管委会根据其提供贷款担保的规模，每年给予新增担保额的 0.25% 的担保补贴，年度补贴额最高 1000 万元。《中关村技术标准资助资金管理办法》提出，对已立项的国际标准提案，最高资助 50 万元；对已公布的国际标准，给予最高 150 万元的资助；对已公布的国家标准，给予最高 50 万元的资助；对已公布的行业标准，给予最高 25 万元的资助。对承担国际标准化技术委员会秘书处、分技术委员会秘书处及工作组秘书处工作的企业，分别给予最高 150 万元、100 万元和 40 万元的一次性资助。对承担国家标准化技术委员会秘书处、分技术委员会秘书处、技术委员会秘书处工作的企业，分别给予最高 50 万元、30 万元和 20 万元的一次性资助。《中关村专利促进资金管理办法》对于符合园区产业发展方向的企业，按照其获得国内发明专利授权件数，每件给予 5000 元资金支持，且每家企业每年最高资助金额不超过 100 万元。

2010 年，《中关村国家自主创新示范区战略性新兴产业中小企业创新资金管理办法》规定对重点创新项目采取无偿资助方式，支持企业资助金额原则上一般不低于 20 万元，不超过 100 万元。《中关村国家自主创新示范区支持企业改制上市和并购资助资金管理办法》中规定对企业改制资助，每家企业支持 30 万元。进入股份报价转让系统挂牌的企业每家企业支持 60 万元。企业向中国证监会提交首次公开发行并上市申请并取得《中国证监会行政许可申请受理通知书》后，每家企业支持 100 万元资助。企业首次公开发行并上市成功后，每家企业支持 100 万元资助。主办券商推荐的示范区企业取得《中国证券业协会挂牌报价文件备案确认函》后，每家券商支持 20 万元。《中关村国家自主创新示范区科技型中小企业信用贷款扶持资金管理办法》提出，中关村管委会为实际贷款期限在 3 个月以上，并按期还本付息的企业，按照银行贷款基准利率的一定比例提供贷款贴息，对单个企业的年度贴息总额不超过 60 万元。

2012 年，《中关村国家自主创新示范区"十百千工程"专项资金管理办法》对于收入达到一定规模，或进入国内外具有影响力的排名榜单的企业，给予一次性的资金支持。《中关村国家自主创新示范区创业投资风险补贴资金管理办法》提出，对经认定的创业投资机构和科技企业孵化器（以下统称创业投资企业），根据其投资于园区初创企业的实际投资额，按一定比例给予补贴。《关于支持瞪羚重点培育企业的若干金融措施》以金融创新为着力点，重点支持一批快速增长、创新性强的优质企业发展壮大，从而带动战略性新兴产业的发展。

2014 年，《中关村国家自主创新示范区企业改制上市和并购支持资金管理办法》提出，中关村企业改制上市和并购支持资金从中关村示范区专项资金中列支，并按照年度预算进行安排。《关于支持中关村国家自主创新示范区瞪羚重点培育企业发展的若干金融措施（修订）》提出，对按期还本付息的瞪羚重点培育企业，以年利率 6% 为基数，按照一定比例给予贷款贴息。《中关村国家自主创新示范区中小微企业小额贷款支持资金管理办法》提出，对中关村高新技术企业给予贴息支持。《中关村国家自主创新示范区产业发展资金管理办法》对中关村示范区战略性新兴产业领域创新性强和成长性好的高新技术企业、"十百千工程"培育企业、产业技术联盟及其成员单位、中关村开放实验室、中关村科学城高校院所建设的新型产业技术研究院、特色产业园区以及应用中关村创新成果的相关单位，根据不同项目类型给予不同的资金支持。例如，支持企业、产业技术联盟围绕产业链关键环节开展重大前沿、原创技术的研发、引进转化及产业化，支持资金不超过项目总投资额的 30%，单个项目支持资金最高不超过 1000 万元；围绕年度中关村重点促进的产业领域，对上一年度获得知名创业投资机构投资的企业，给予不超过获得投资总额 10%、最高不超过 100 万元的补贴支持。

（3）对科研机构的投入

2007 年，《关于加大对公益类科研机构稳定支持的若干意见》提出对公益类科研机构承担公益科研任务给予重点支持，加大科研装备和基础设施投入。

2016 年，财政部《关于印发〈中央级公益性科研院所基本科研业务费专项资金管理办法〉的通知》提出，要进一步规范中央级公益性科研院所基本科研业务费专项资金的使用和管理，提高资金使用效益。

（4）对高校的投入

2013年，财政部、国家发改委、教育部印发《关于完善研究生教育投入机制的意见》，提出加大奖助经费投入力度。以政府投入为主，按规定统筹高等学校自筹经费、科研经费、助学贷款、社会捐助等资金，建立健全多元奖助政策体系，提高研究生待遇水平。

2014年《关于支持高等学校科技人员和学生科技创业专项资金管理办法（试行）》，提出由中关村管委会预算安排专项资金，引导高等学校开展科技成果转化和科技协同创新，支持高等学校科技人员和学生科技创业。专项资金以一次性无偿资助的方式支持高等学校科技人员和学生创办的科技企业。

2016年，教育部办公厅《关于印发〈促进高等学校科技成果转移转化行动计划〉的通知》提出，要发挥财政资金引导作用，加强高校内部资源整合，鼓励强强联合，与相关单位共同争取国家科技成果转化引导基金以及各级政府财政设立的技术创新引导专项（基金）、成果转化基地、知识产权运营和人才专项等的专项资金（基金）的支持。

（二）制定科技税收政策

（1）企业所得税

2006年，《财政部、国家税务总局关于企业技术创新有关企业所得税优惠政策的通知》对技术开发费、职工教育经费、加速折旧、高新技术企业税收优惠政策等方面进行了明确规定。自2006年1月1日起，国家高新技术产业开发区内新创办的高新技术企业，自获利年度起两年内免征企业所得税，免税期满后减按15%的税率征收企业所得税，对企业当年提取并实际使用的职工教育经费，在不超过计税工资总额2.5%以内的部分，可在企业所得税前扣除。

2007年，《中华人民共和国企业所得税法》明确在中华人民共和国境内，企业和其他取得收入的组织为企业所得税的纳税人，依照本法的规定缴纳企业所得税，企业所得税的税率为25%；符合条件的小型微利企业减按20%的税率征收企业所得税，国家需要重点扶持的高新技术企业，减按

15%的税率征收企业所得税。《中华人民共和国企业所得税法实施条例》指出，企业为开发新技术、新产品、新工艺发生的研究开发费用，未形成无形资产计入当期损益的，在按照规定据实扣除的基础上，按照研究开发费用的50%加计扣除；形成无形资产的，按照无形资产成本的150%摊销。同年，财政部、国家税务总局联合下发《关于促进创业投资企业发展有关税收政策的通知》，明确创业投资企业采取股权投资方式投资于未上市中小高新技术企业2年以上（含2年），凡符合条件的可按其对中小高新技术企业投资额的70%抵扣该创业投资企业的应纳税所得额。

2008年，《关于贯彻落实国务院关于实施企业所得税过渡优惠政策有关问题的通知》提出，根据有关规定，适用15%企业所得税率并享受企业所得税定期减半优惠过渡的企业，2008年按18%税率计算的应纳税额实行减半征税，2009年按20%税率计算的应纳税额实行减半征税，2010年按22%税率计算的应纳税额实行减半征税，2011年按24%税率计算的应纳税额实行减半征税，2012年及以后年度按25%税率计算的应纳税额实行减半征税。对原适用24%或33%企业所得税率并享受企业所得税定期减半优惠过渡的企业，2008年及以后年度一律按25%税率计算的应纳税额实行减半征税。

2009年，《国务院关于进一步促进中小企业发展的若干意见》提出，自2010年1月1日至2010年12月31日，对年应纳税所得额低于3万元（含3万元）的小型微利企业，其所得减按50%计入应纳税所得额，按20%的税率缴纳企业所得税。《国家税务总局关于技术转让所得减免企业所得税有关问题的通知》明确，享受优惠的技术转让主体是企业所得税法规定的居民企业；技术转让属于财政部、国家税务总局规定的范围；境内技术转让经省级以上科技部门认定；向境外转让技术经省级以上商务部门认定；满足国务院税务主管部门规定的其他条件可享受减免企业所得税优惠。

2011年，《关于小型微利企业所得税优惠政策有关问题的通知》提出，自2012年1月1日至2015年12月31日，年应纳税所得额低于6万元（含6万元）的小型微利企业，其所得减按50%计入应纳税所得额，按20%的税率缴纳企业所得税。

2012年，《国务院关于进一步支持小型微型企业健康发展的意见》提出，要用好现行有关税收优惠政策支持企业技术改造：增值税方面，一般纳税人购进或者自制机器设备发生的增值税进项税额可按规定从销项税额中抵扣；企业所得税法规定的固定资产加速折旧，购置用于环境保护、节能节水、安全生产等专用设备的投资额可按一定比例实行税额抵免，研发费用加计扣除所得税，技术转让减免企业所得税，被认定为高新技术企业的享受企业所得税优惠。

2013 年，《关于中关村国家自主创新示范区有限合伙制创业投资企业法人合伙人企业所得税试点政策的通知》《关于中关村国家自主创新示范区技术转让企业所得税试点政策的通知》《关于中关村国家自主创新示范区企业转增股本个人所得税试点政策的通知》规定了中关村国家自主创新示范区有关所得税的试点政策。《关于企业混合性投资业务企业所得税处理问题的公告》《关于执行软件企业所得税优惠政策有关问题的公告》对企业所得税优惠政策有关问题进行了公告。

2014 年，《财政部、国家税务总局关于小型微利企业所得税优惠政策有关问题的通知》提出，自 2014 年 1 月 1 日至 2016 年 12 月 31 日，对年应纳税所得额低于 10 万元（含 10 万元）的小型微利企业，其所得减按 50% 计入应纳税所得额，按 20% 的税率缴纳企业所得税。《国家税务总局关于扩大小型微利企业减半征收企业所得税范围有关问题的公告》提出，符合规定条件的小型微利企业（包括采取查账征收和核定征收方式的企业），均可按照规定享受小型微利企业所得税优惠政策，即企业所得税减按 20% 征收和减半征税政策。

2015 年，《关于小型微利企业所得税优惠政策的通知》提出，自 2015 年 1 月 1 日至 2017 年 12 月 31 日，对年应纳税所得额低于 20 万元（含 20 万元）的小型微利企业，其所得减按 50% 计入应纳税所得额，按 20% 的税率缴纳企业所得税。《关于进一步扩大小型微利企业所得税优惠政策范围的通知》提出，自 2015 年 10 月 1 日起至 2017 年 12 月 31 日，对年应纳税所得额在 20 万元到 30 万元（含 30 万元）之间的小型微利企业，其所得减按 50% 计入应纳税所得额，按 20% 的税率缴纳企业所得税。《国家税务总局关于贯彻落实扩大小型微利企业减半征收企业所得税范围有关问题的公告》提出小型微利企业所得税优惠政策，包括企业所得税减按 20% 税率征收。《国家税务总局关于贯彻落实进一步扩大小型微利企业减半征收企业所得税范围有关问题的公告》提出，自 2015 年 10 月 1 日至 2017 年 12 月 31 日，符合规定条件的小型微利企业，无论采取查账征收还是核定征收方式，对年应纳税所得额在 20 万元到 30 万元（含 30 万元）之间的小型微利企业，其所得减按 50% 计入应纳税所得额，按 20% 的税率缴纳企业所得税。《国家税务总局关于有限合伙制创业投资企业法人合伙人企业所得税有关问题的公告》提出，有限合伙制创业投资企业采取股权投资方式投资于未上市的中小高新技术企业满 2 年的，其法人合伙人可按照对未上市中小高新技术企业投资额的 70% 抵扣该法人合伙人从该有限合伙制创业投资企业分得的应纳税所得额，当年不足抵扣的，可以在以后纳税年度结转抵扣。《国家税务总局关于许可使用权技术转让所得企业所得税有关问题的公告》提出，居民企业的年度技术转让所得不超过 500 万元的部分，免征企业所得税；超过 500 万元的部分，减半征收企业所得税。

（2）个人所得税

2006 年，《财政部、国家税务总局关于调整企业所得税工资支出税前扣除政策的通知》就企业所得税工资支出税前扣除政策调整的有关问题规定，自 2006 年 7 月 1 日起，企业工资支出的税前扣除限额调整为人均每月 1600 元；各省、自治区、直辖市人民政府在不高于 20% 的幅度内调增计税工资扣除限额的规定停止执行；各地不得擅自提高企业工资支出的税前扣除限额，扩大实行工效挂钩办法的企业范围等。

2011 年，国务院修改《中华人民共和国个人所得税法实施条例》，税法第六条第一款第三项所说的每一纳税年度的收入总额，是指纳税义务人按照承包经营、承租经营合同规定分得的经营利润和工资、薪金性质所得；所说的减除必要费用，是指按月减除 3500 元；税法第六条第三款所说的附加减除费用，是指每月在减除 3500 元费用的基础上，再减除本条例第二十九条规定数额的费用；税法第六条第三款所说的附加减除费用标准为 1300 元。同年，财政部发布《关于调整个体工商户业主、个人独资企业和合伙企业自然人投资个人所得税费用扣除标准的通知》，提出自 2011 年 9 月 1 日起对个体工商户业主、个人独资企业和合伙企业自然人投资者的生产经营所得依法计征个人所得税时，个体工商户业主、个人独资企业和合伙企业自然人投资者本人的费用扣除标准统一确定为 42000 元/年（3500/月）。《国家税务总局关于企业年金个人所得税有关问题补充规定的公告》明确了企业为月工资收入低于费用扣除标准的职工缴存企业年金的征税问题，即企业年金的企业缴费部分计入职工个人账户时，当月个人工资薪金所得与计入个人年金账户的企业缴费之和未超过个人所得税费用扣除标准的，不征收个人所得税；个人当月工资薪金所得低于个人所得税费用扣除标准，但加上计入个人年金账户的企业缴费后超过个人所得税费用扣除标准的，其超过部分按照规定缴纳个人所得税。

2013 年，财政部、人力资源和社会保障部、国家税务总局《关于企业年金、职业年金个人所得税有关问题的通知》规定，企业和事业单位根据国家有关政策规定的办法和标准，为在本单位任职或者受雇的全体职工缴付的企业年金或职业年金单位缴费部分，在计入个人账户时，个人暂不缴纳个人所得税。个人根据国家有关政策规定缴付的年金个人缴费部分，在不超过本人缴费工资计税基数的 4%标准内的部分，暂从个人当期的应纳税所得额中扣除。

（3）营改增

• 整体层面

2008 年，《中华人民共和国营业税暂行条例》明确，在中华人民共和国境内提供规定的劳务、转让无形资产或者销售不动产的单位和个人，为营业税的纳税人，应缴纳营业税；《中华人民共和国增值税暂行条例》明确，在中华人民共和国境内销售货物或者提供加工、修理修配劳务以及进口货物的单位和个人，为增值税的纳税人，应缴纳增值税。

2009 年，全国范围内开始实施增值税转型改革。自 2009 年 1 月 1 日起，在维持现行增值税税率不变的前提下，允许全国范围内（不分地区和行业）的所有增值税一般纳税人抵扣其新购进设备所含的进项税额，未抵扣完的进项税额结转下期继续抵扣。建筑物、构筑物和其他土地附着物等不动产以及应征消费税的小汽车、摩托车、游艇等不属于增值税的抵扣范围。同时，作为转型改革的配套措施，相应取消进口设备增值税免税政策和外商投资企业采购国产设备增值税退税政策，将小规模纳税人征收率统一调低至 3%，将矿产品增值税税率恢复到 17%。

2011 年，财政部、国家税务总局修改《中华人民共和国增值税暂行条例实施细则》，将增值税起征点的幅度规定为：销售货物的为月销售额 5000~20000 元；销售应税劳务的为月销售额 5000~20000 元；按次纳税的为每次（日）销售额 300~500 元。

2016 年，国务院印发《关于实行中央对地方增值税定额返还的通知》，决定从 2016 年起，调整中央对地方原体制增值税返还办法，由 1994 年实行分税制财政体制改革时确定的增值税返还，改为以 2015 年为基数实行定额返还。财政部、国家税务总局印发《营业税改征增值税试点实施办法》、《营业税改征增值税试点有关事项的规定》、《营业税改征增值税试点过渡政策的规定》和《跨境应税行为适用增值税零税率和免税政策的规定》，确定自 2016 年 5 月 1 日起，在全国范围内全面推开营业税改征增值税（以下称营改增）试点，建筑业、房地产业、金融业、生活服务业等全部营业税纳税人纳入试点范围，由缴纳营业税改为缴纳增值税。

　　● 行业层面

　　交通运输业和现代服务业：2012 年，《关于交通运输业和部分现代服务业营业税改征增值税试点若干税收政策的补充通知》规定未与我国政府达成双边运输免税安排的国家和地区的单位或者个人，向境内单位或者个人提供的国际运输服务，符合《交通运输业和部分现代服务业营业税改征增值税试点实施办法》第六条规定的，试点期间扣缴义务人暂按3%的征收率代扣代缴增值税。《关于在北京等 8 省市开展交通运输业和部分现代服务业营业税改征增值税试点的通知》中将北京市、天津市、江苏省、安徽省、浙江省（含宁波市）、福建省（含厦门市）、湖北省、广东省（含深圳市）作为试点城市。2013 年，《关于在全国开展交通运输业和部分现代服务业营业税改征增值税试点税收政策的通知》规定纳税人提供应税服务，应当缴纳增值税，不再缴纳营业税。《关于营业税改征增值税试点有关预算管理问题的通知》提出自 2013 年 8 月 1 日起，在全国范围内开展交通运输业和部分现代服务业营业税改征增值税试点。

　　动漫产业：2013 年，《关于动漫产业增值税和营业税政策的通知》就扶持动漫产业发展的增值税、营业税进行了规定，对属于增值税一般纳税人的动漫企业销售其自主开发生产的动漫软件，按 17% 的税率征收增值税后，对其增值税实际税负超过 3% 的部分，实行即征即退政策。动漫软件出口免征增值税。

　　● 小微企业层面

　　2013 年，《关于暂免征收部分小微企业增值税和营业税的通知》《关于小微企业免征增值税和营业税的会计处理规定》《关于暂免征收部分小微企业增值税和营业税政策有关问题的公告》提出对增值税小规模纳税人中月销售额不超过 2 万元的企业或非企业性单位，暂免征收增值税；对营业税纳税人中月营业额不超过 2 万元的企业或非企业性单位，暂免征收营业税，并且做出了会计处理规定。

2014 年，《财政部、国家税务总局关于进一步支持小微企业增值税和营业税政策的通知》提出，自 2014 年 10 月 1 日起至 2015 年 12 月 31 日，对月销售额 2 万元（含本数，下同）至 3 万元的增值税小规模纳税人，免征增值税；对月营业额 2 万元至 3 万元的营业税纳税人，免征营业税。《关于继续实施支持文化企业发展若干税收政策的通知》提出 2014 年 1 月 1 日至 2016 年 12 月 31 日，对广播电视运营服务企业收取的有线数字电视基本收视维护费和农村有线电视基本收视费，免征增值税。

（4）加计扣除

2008 年，《关于促进自主创新成果产业化的若干政策》提出鼓励企业加大对自主创新成果产业化的研发投入，对新技术、新产品、新工艺等研发费用，按照有关税收法律和政策规定，在计算应纳税所得额时加计扣除。

2013 年，《关于中关村、东湖、张江国家自主创新示范区和合芜蚌自主创新综合试验区有关研究开发费加计扣除试点政策的通知》就试点地区完善了企业研究开发费用加计扣除办法：研发费用计入当期损益未形成无形资产的，允许再按其当年研发费用实际发生额的 50%，直接抵扣当年的应纳税所得额；研发费用形成无形资产的，按照该无形资产成本的 150% 在税前摊销。除法律另有规定外，摊销年限不得低于 10 年。《关于研究开发费用税前加计扣除有关政策问题的通知》对企业从事研发活动可纳入税前加计扣除的研究开发费用范围进行了规定，该范围包括：企业依照国务院有关主管部门或省级人民政府规定的范围和标准为在职直接从事研发活动人员缴纳的基本养老保险费、基本医疗保险（放心保）费、失业保险费、工伤保险费、生育保险费和住房公积金；专门用于研发活动的仪器、设备的运行维护、调整、检验、维修等费用；不构成固定资产的样品、样机及一般测试手段购置费；新药研制的临床试验费；研发成果的鉴定费用。

2015 年，《深化科技体制改革实施方案》提出统筹研究企业所得税加计扣除政策，完善企业研发费用计核方法，调整目录管理方式，扩大研发费用加计扣除政策适用范围。《财政部、国家税务总局、科技部关于完善研究开发费用税前加计扣除政策的通知》提出，企业开展研发活动中实际发生的研发费用，未形成无形资产计入当期损益的，在按规定据实扣除的基础上，按照本年度实际发生额的 50%，从本年度应纳税所得额中扣除；形成无形资产的，按照无形资产成本的 150% 在税前摊销。《国家税务总局关于贯彻落实研发费用加计扣除和全国推广自主创新示范区所得税政策的通知》提出进一步完善研发费用税前加计扣除政策，将原适用于国家自主创新示范区的有限合伙制创投企业抵扣应纳税所得额、居民企业转让 5 年以上非独占许可使用权所得减免企业所得税、中小高新技术企业向个人股东转增股本、高新技术企业对本企业相关技术人员股权奖励可以在 5 年内分期缴纳个人所得税 4 项所得税政策，在全国范围内推广实施。

2016 年，国务院办公厅印发《〈国务院关于新形势下加快知识产权强国建设的若干意见〉重点任务分工方案的通知》，指出要加大财税支持力度，落实研究开发费用税前加计扣除政策，对符合条件的知识产权费用按规定实行加计扣除。

（5）高新企业认定

2008 年，科技部、财政部、国家税务总局印发《高新技术企业认定管理办法》，规定高新技术企业指的是在国家重点支持的高新技术领域内，持续进行研究开发与技术成果转化，形成企业核心自主知识产权，并以此为基础开展经营活动，在中国境内（不包括港、澳、台地区）注册一年以上的居民企业。根据本办法认定的高新技术企业，可依照《企业所得税法》及其《实施条例》、《中华人民共和国税收征收管理法》及《中华人民共和国税收征收管理法实施细则》等有关规定，申请享受税收优惠政策。

2009 年，《国家税务总局关于实施高新技术企业所得税优惠有关问题的通知》提出，当年可减按 15% 的税率征收企业所得税或按照《国务院关于经济特区和上海浦东新区新设立高新技术企业实行过渡性税收优惠的通知》享受过渡性税收优惠的高新技术企业，在实际实施有关税收优惠的当年，减免税条件发生变化的，应当自发生变化之日起 15 日内向主管税务机关报告；不再符合减税、免税条件的，应当依法履行纳税义务。原依法享受企业所得税定期减免税优惠尚未期满同时符合前面规定条件的高新技术企业，在按照新标准取得认定机构颁发的高新技术企业资格证书之后，可以在 2008 年 1 月 1 日后，享受对尚未到期的定期减免税优惠执行到期满的过渡政策。2006 年 1 月 1 日至 2007 年 3 月 16 日期间成立，截止到 2007 年底仍未获利的高新技术企业，按照新标准取得认定机构颁发的高新技术企业证书后，免税期限自 2008 年 1 月 1 日起计算。经认定（复审）合格的高新技术企业，自认定（复审）批准的有效期当年开始，可申请享受企业所得税优惠，高新技术企业可按 15% 的税率进行所得税预缴申报或享受过渡性税收优惠。《促进生物产业加快发展若干政策》提出，对被认定为高新技术企业的生物企业，按照税法规定减按 15% 的税率征收企业所得税。

2012 年，为合理确定国家规划布局内的重点软件企业和集成电路设计企业，特制定《国家规划布局内重点软件企业和集成电路设计企业认定管理试行办法》，明确企业须符合战略性新兴产业发展规划、信息产业发展规划等国家规划部署，在全国软件和集成电路行业中具有相对比较优势，2 年认定一次，认定资格有效期为 2 年。

2013 年，《关于延长中关村国家自主创新示范区高新技术企业认定管理试点工作期限的通知》提出，对在中关村国家自主创新示范区从事文化产业支撑技术等领域的企业，按规定认定为高新技术企业的，减按 15% 税率征收企业所得税。

2014 年，《国务院关于加快发展生产性服务业促进产业结构调整升级的指导意见》提出，研发设计、检验检测认证、节能环保等科技型、创新型生产性服务业企业，可申请被认定为高新技术企业，享受 15% 的企业所得税优惠税率。《国务院关于加快科技服务业发展的若干意见》提出完善高新技术企业认定管理办法，充分考虑科技服务业特点，将科技服务内容及其支撑技术纳入国家重点支持的高新技术领域，对认定为高新技术企业的科技服务企业，减按 15% 的税率征收企业所得税。《国务院关于推进文化创意和设计服务与相关产业融合发展的若干意见》提出在文化创意和设计服务领域开展高新技术企业认定管理办法试点，将文化创意和设计服务内容纳入文化产业支撑技术等领域，对经认定为高新技术企业的文化创意和设计服务企业，减按 15% 的税率征收企业所得税。

2016 年，科技部、财政部、国家税务总局修订印发《高新技术企业认定管理办法》，新办法在"认定条件与程序""监督管理"等方面做出了较大调整，在放宽了高新技术企业认定条件的同时加强了后续监督管理力度。在扩充重点支持的高新技术领域等方面，新办法将制造业中的增材制造与应用等新技术和服务业中的检验检测认证等技术，以及文化创意、电子商务与现代物流等领域的相关技术纳入支持范围，同时剔除一批落后技术，使优惠政策发挥对科技创新的牵引作用。依据办法认定的高新技术企业可申报享受税收优惠政策。同年，科技部、财政部、国家税务总局修订印发《高新技术企业认定管理工作指引》的通知，指出 2016 年 1 月 1 日前已认定的仍在有效期内的高新技术企业，其资格依然有效，可依照有关规定享受企业所得税优惠政策。

（6）重点产业税收

●信息产业

2008 年，为鼓励软件产业和集成电路产业发展，《财政部、国家税务总局关于企业所得税若干优惠政策的通知》明确，软件生产企业、集成电路设计企业实行增值税即征即退政策所退还的税款，由企业用于研究开发软件产品和扩大再生产，不作为企业所得税应税收入，不予征收企业所得税；境内新办软件生产企业经认定后，自获利年度起，第一年和第二年免征企业所得税，第三年至第五年减半征收企业所得。同年，《财政部、国家税务总局关于嵌入式软件增值税政策的通知》规定，增值税一般纳税人随同计算机网络、计算机硬件和机器设备等一并销售其自行开发生产的嵌入式软件，满足规定的可分别核算嵌入式软件与计算机硬件、机器设备等的销售额，可以享受软件产品增值税优惠政策。

2011 年，《关于软件产品增值税政策的通知》明确增值税一般纳税人销售其自行开发生产的软件产品，按 17% 税率征收增值税后，对其增值税实际税负超过 3% 的部分实行即征即退政策；增值税一般纳税人将进口软件产品进行本地化改造后对外销售，其销售的软件产品可享受增值税即征即退政策。

2012 年，《关于进一步鼓励软件产业和集成电路产业发展企业所得税政策的通知》对集成电路企业实行所得税优惠，例如集成电路线宽小于 0.8 微米（含）的集成电路生产企业，经认定后，在 2017 年 12 月 31 日前自获利年度起计算优惠期，第一年至第二年免征企业所得税，第三年至第五年按照 25% 的法定税率减半征收企业所得税，并享受至期满为止。

2016 年，《国务院关于印发〈"十三五"国家信息化规划〉的通知》提出，要加大财税支持力度，优化资源配置。符合条件的企业，按规定享受相关税收优惠政策；落实企业研发费用加计扣除政策，激励企业增加研发投入，支持创新型企业发展。

• 服务业

2009 年，《关于技术先进型服务企业有关税收政策问题的通知》明确在 20 个服务外包示范城市对经认定的技术先进型服务企业，减按 15% 的税率征收企业所得税，对经认定的技术先进型服务企业离岸服务外包业务收入免征营业税。国家发展改革委印发《"互联网+"高效物流实施意见》的通知，要求加大资金、土地、税收、金融等政策支持力度。结合全面推开营改增试点，创新财税扶持方式，落实好无运输工具承运业务按照交通运输服务缴纳增值税政策，研究完善交通运输业个体纳税人异地代开增值税专用发票管理制度。

• 文化创意产业

2009 年，《关于扶持动漫产业发展有关税收政策问题的通知》提出，对属于增值税一般纳税人的动漫企业销售其自主开发生产的动漫软件，按 17% 的税率征收增值税后，对其增值税实际税负超过 3% 的部分，实行即征即退政策。经认定的动漫企业自主开发、生产动漫产品，可申请享受国家现行鼓励软件产业发展的所得税优惠政策。

2011 年，《动漫企业进口动漫开发生产用品免征进口税收的暂行规定》提出，经国务院有关部门认定的动漫企业自主开发、生产动漫直接产品，确需进口的商品可享受免征进口关税及进口环节增值税。

2014 年，《国务院关于推进文化创意和设计服务与相关产业融合发展的若干意见》提出，企业发生的符合条件的创意和设计费用，执行税前加计扣除政策。对国家重点鼓励的文化创意和设计服务出口实行营业税免税。落实营业税改增值税试点有关政策，对纳入增值税征收范围的国家重点鼓励的文化创意和设计服务出口实行增值税零税率或免税，对国家重点鼓励的创意和设计产品出口实行增值税零税率。

• 新能源产业

2009 年，《节能与新能源汽车示范推广财政补助资金管理暂行办法》提出，以财政政策鼓励在公交、出租、公务、环卫和邮政等公共服务领域率先推广使用节能与新能源汽车，对推广使用单位购买节能与新能源汽车给予补助。

2012 年，《节能与新能源汽车产业发展规划（2012—2020 年）》中关于新能源汽车的内容提出研究完善汽车税收政策体系。节能与新能源汽车及其关键零部件企业，经认定取得高新技术企业所得税优惠资格的，可以依法享受相关优惠政策。节能与新能源汽车及其关键零部件企业从事技术开发、转让及相关咨询、服务业务所取得的收入，可按规定享受营业税免税政策。

2014年，《能源发展战略行动计划（2014—2020年）》提出将完善能源税费政策，加快资源税费改革，积极推进清费立税，逐步扩大资源税从价计征范围。《关于免征新能源汽车车辆购置税的公告》指出，自2014年9月1日至2017年12月31日，对购置的新能源汽车免征车辆购置税。

2015年，《财政部国家税务总局工业和信息化部关于节约能源使用新能源车船车船税优惠政策的通知》提出，对节约能源车船，减半征收车船税；对使用新能源车船，免征车船税。

- 新材料产业

2012年，《关于进一步扶持新型显示器件产业发展有关税收优惠政策》提出，对符合国内产业自主化发展规划的彩色滤光膜、偏光片等属于新型显示器件产业上游的关键原材料、零部件的生产企业，经财政部会同有关部门共同确定后，可享受进口国内不能生产的自用生产性原材料、消耗品免征进口关税的优惠政策。

- 生物医药产业

2016年，《国务院办公厅关于促进医药产业健康发展的指导意见》指出要对医药产业强化财政金融支持。研究制定国内短缺、有待突破的原料药重点产品目录，对目录中化学结构清晰、符合税则归类规则、满足监管要求的原料药，研究实施较低的暂定税率。《国务院办公厅关于促进和规范健康医疗大数据应用发展的指导意见》提出要研究制定政府支持政策，从财税、投资、创新等方面对健康医疗大数据应用发展给予必要支持。

（7）股权激励

2009年，《国家税务总局关于股权激励有关个人所得税问题的通知》中对股权激励所得项目和计税方法，股票增值权应纳税所得额，限制性股票应纳税所得额，股权激励所得应纳税额等进行了确定。《关于印发股权激励改革试点单位试点工作指导意见的通知》提出中关村国家自主创新示范区内的北京市属高等院校、科研院所、院所转制企业以及国有高新技术企业，可以申请成为股权激励改革的试点单位。参加试点的高等院校和科研院所可以采取科技成果入股、科技成果收益分成以及其他激励方式；院所转制企业和国有高新技术企业可以采取科技成果入股、科技成果折股、股权奖励、股权出售、股份期权、分红权、科技成果收益分成以及其他激励方式。

2010年，《中关村国家自主创新示范区市属单位股权激励改革试点工作实施意见》和《进一步推进中关村国家自主创新示范区股权激励试点工作》提出，示范区内的市属国有及国有控股的院所转制企业、高新技术企业、高等院校和科研院所以科技成果作价入股的企业以及其他科技创新企业，可以采用股权奖励、股权出售、股票期权、分红激励的方式，并在《北京市工商行政管理局中关村国家自主创新示范区企业股权激励登记试行办法》中进行了具体规定。

2013年，《关于中关村、东湖、张江国家自主创新示范区和合芜蚌自主创新综合试验区有关股权奖励个人所得税试点政策的通知》提出，在2012年1月1日至2014年12月31日期间经有关部门批准获得股权奖励的技术人员，可享受分期纳税的优惠。

2015年，《中华人民共和国促进科技成果转化法》修订实施，第三十四条提出国家依照有关税收法律、行政法规规定对科技成果转化活动实行税收优惠。《中共中央国务院关于深化国有企业改革的指导意见》提出对党中央、国务院和地方党委、政府及其部门任命的国有企业领导人员，合理确定基本年薪、绩效年薪和任期激励收入。《科技部关于进一步推动科技型中小企业创新发展的若干意见》提出，鼓励科研院所、高校科研人员和企业科技人员创办科技型中小企业，建立健全股权、期权、分红权等有利于激励技术创业的收益分配机制。《关于推广中关村国家自主创新示范区税收试点政策有关问题的通知》提出，对示范地区内的高新技术企业转化科技成果，给予本企业相关技术人员的股权奖励，技术人员一次缴纳税款有困难的，经主管税务机关审核，可分期缴纳个人所得税，但最长不得超过5年。《中关村国家自主创新示范区股权激励代持股专项资金管理办法（试行）》指出为促进中关村国家自主创新示范区企业完善激励制度建设，进一步激发科技人员和管理人员的创新创业活力，推动科技成果转化和产业化，设立中关村示范区股权激励代持股专项资金。

2016年，《财政部、国家税务总局关于完善股权激励和技术入股有关所得税政策的通知》，指出要对符合条件的非上市公司股票期权、股权期权、限制性股票和股权奖励实行递延纳税政策；对上市公司股票期权、限制性股票和股权奖励适当延长纳税期限；对技术成果投资入股实施选择性税收优惠政策。《财政部、科技部、国资委关于印发〈国有科技型企业股权和分红激励暂行办法〉的通知》指出，国有科技型企业（可）以本企业股权为标的，采取股权出售、股权奖励、股权期权等方式，对企业重要技术人员和经营管理人员实施激励；国有科技型企业（可）以科技成果转化收益为标的，采取项目收益分红方式；以企业经营收益为标的，采取岗位分红方式。国务院关于印发实施《中华人民共和国促进科技成果转化法》若干规定的通知，提出国家鼓励企业建立健全科技成果转化的激励分配机制，充分利用股权出售、股权奖励、股票期权、项目收益分红、岗位分红等方式激励科技人员开展科技成果转化。依法对职务科技成果完成人和为成果转化做出重要贡献的其他人员给予奖励时，按照以下规定执行：以技术转让或者许可方式转化职务科技成果的，应当从技术转让或者许可所取得的净收入中提取不低于 50% 的比例用于奖励；以科技成果作价投资实施转化的，应当从作价投资取得的股份或者出资比例中提取不低于 50% 的比例用于奖励；在研究开发和科技成果转化中做出主要贡献的人员，获得奖励的份额不低于奖励总额的 50%；对科技人员在科技成果转化工作中开展技术开发、技术咨询、技术服务等活动给予的奖励，可按照《促进科技成果转化法》和本规定执行。

教育部、科技部《关于加强高等学校科技成果转移转化工作的若干意见》和《教育部办公厅关于印发〈促进高等学校科技成果转移转化行动计划〉的通知》提出，要打通科技与经济结合的通道，促进大众创业、万众创新，鼓励研究开发机构、高等院校、企业等创新主体及科技人员转移转化科技成果，推进经济提质增效升级。其中，《关于加强高等学校科技成果转移转化工作的若干意见》提出高校对其持有的科技成果，可以自主决定转让、许可或者作价投资，除涉及国家秘密、国家安全外，不需要审批或备案。高校职务科技成果完成人和参加人在不变更职务科技成果权属的前提下，可以按照学校规定与学校签订协议，进行该项科技成果的转化，并享有相应权益。高校科技成果转移转化收益全部留归学校，纳入单位预算，不上缴国库；在对完成、转化科技成果做出重要贡献的人员给予奖励和报酬后，主要用于科学技术研究与成果转化等相关工作。

（三）推进重点产业发展

（1）高技术产业

2007 年，《当前优先发展的高技术产业化重点领域指南（2007 年度）》确定了应优先发展的信息、生物、航空航天、新材料、先进能源、现代农业、先进制造、先进环保和资源综合利用、海洋九大产业中的 130 项高技术产业化重点领域，其中信息 20 项，生物 17 项，航空航天 6 项，新材料 24 项，先进能源 15 项，现代农业 14 项，先进制造 18 项，先进环保和资源综合利用 10 项，海洋 6 项。《国家高新技术产业化及其环境建设（火炬）十一五发展纲要》和《国家高新技术产业开发区十一五发展规划纲要》指出，到 2010 年，国家高新区工业增加值占全国工业增加值的份额要达到 15%，国家高新区生产总值占全国生产总值的份额达到 10%。《高技术产业发展"十一五"规划》的目标是高技术产业结构进一步优化，电子信息产业、生物产业、航空航天产业等重点领域的技术层次和产品档次大幅提升，培育一批年销售收入过百亿元的大型高技术企业，在优势区域、主要中心城市形成若干创新能力较强、产业链较完整的产业集群。

2008 年，《"十一五"重大技术装备研制和重大产业技术开发专项规划》提出，要通过调整政府投资结构和重点，设立专项资金用于支持引进技术的消化、吸收和再创新，支持重大技术装备研制和重大产业关键共性技术的研究开发。

2009 年，《关于发挥国家高新技术产业开发区作用促进经济平稳较快发展的若干意见》提出，要抓紧实施重大专项，培育战略性产业，形成产业集群。围绕新能源、生物、新材料、信息、航空航天等战略性高新技术产业，组织企业和产业技术创新战略联盟参加国家重大专项等科技计划，促进战略性产业布局和发展。大力发展创意、动漫、游戏、应用软件以及软件服务外包等新兴产业，形成产业集群。大力推进节能与新能源汽车、半导体照明等一批重大产业技术的应用，培育新的经济增长点。

2010 年，《中关村国家自主创新示范区领导小组关于印发中关村国家自主创新示范区"十百千工程"工作方案通知》明确，将对纳入中关村国家自主创新示范区统计范围的高新技术企业、中央在京企业和军工企业，主营业务属于电子信息、生物工程与新医药、能源环保、新材料、航空航天、高技术服务等战略性新兴产业领域的企业进行重点培养，集中政策资源给予重点支持，例如将企业符合条件的自主创新产品和服务纳入国家及北京市自主创新产品目录；对企业提供综合融资支持，建立信用贷款、信用保险及贸易融资绿色通道，引导金融机构加大对企业的支持力度，给予企业40%的流动资金贷款贴息支持和50%的保费补贴等。

2011 年，《国家"十二五"科学和技术发展规划》提出，必须把突破一批支撑战略性新兴产业发展的关键共性技术作为科技发展的优先任务，在节能环保、新一代信息技术、生物、高端装备制造、新能源、新材料和新能源汽车等产业领域，集中优势力量进行攻关。《国家中长期科学和技术发展规划纲要（2006-2020 年）》确定了核心电子器件、高端通用芯片及基础软件，极大规模集成电路制造技术及成套工艺，新一代宽带无线移动通信，高档数控机床与基础制造技术，大型油气田及煤层气开发，大型先进压水堆及高温气冷堆核电站，水体污染控制与治理，转基因生物新品种培育，重大新药创制，艾滋病和病毒性肝炎等重大传染病防治，大型飞机，高分辨率对地观测系统，载人航天与探月工程等 16 个重大专项，涉及信息、生物等战略产业领域，能源资源环境和人民健康等重大紧迫问题，以及军民两用技术和国防技术。同年，财政部、国家发改委印发《新兴产业创投计划参股创业投资基金管理暂行办法》，提出中央财政要从产业技术研究与开发资金等专项资金中安排资金与地方政府资金、社会资本共同发起设立的创业投资基金或通过增资方式参与的现有创业投资基金，通过直接投资创业企业、参股创业投资基金等方式具体投资于节能环保、信息、生物与新医药、新能源、新材料、航空航天、海洋、先进装备制造、新能源汽车、高技术服务业等战略性新兴产业和高新技术改造提升传统产业等领域，培育和促进新兴产业发展。

2012 年，《"十二五"国家战略性新兴产业发展规划》指出，到 2020 年，力争使战略性新兴产业成为国民经济和社会发展的重要推动力量，增加值占国内生产总值的比重达到 15%，部分产业和关键技术跻身国际先进水平，节能环保、新一代信息技术、生物、高端装备制造产业成为国民经济支柱产业，新能源、新材料、新能源汽车产业成为国民经济先导产业。

2015 年，《中国制造 2025》提出，要瞄准新一代信息技术、高端装备、新材料、生物医药等战略重点，引导社会各类资源集聚，推动优势和战略产业快速发展。加强财政资金对制造业的支持,重点投向智能制造、"四基"发展、高端装备等制造业转型升级的关键领域,为制造业发展创造良好政策环境。运用政府和社会资本合作模式,引导社会资本参与制造业重大项目建设、企业技术改造和关键基础设施建设。创新财政资金支持方式,逐步从"补建设"向"补运营"转变,提高财政资金使用效益。深化科技计划(专项、基金等)管理改革,支持制造业重点领域科技研发和示范应用,促进制造业技术创新、转型升级和结构布局调整。完善和落实支持创新的政府采购政策,推动制造业创新产品的研发和规模化应用。

2016年,《"十三五"国家科技创新规划》提出,在产业发展上,将面向2030年部署启动15个科技创新2030重大科技项目;围绕现代农业、新一代信息计划等十大领域构建现代产业技术体系;围绕生态环保、人口健康等五大领域构建支撑民生改善和可持续发展的技术体系;围绕"深空、深海、深地、深蓝"发展保障国家安全和战略利益的技术体系。在资金保障上,将壮大创业投资和政府创业投资引导基金规模,强化对种子期、初创期创业企业的直接融资支持;全面实施国家科技成果转化引导基金工作,吸引优秀创业投资管理团队联合设立一批创业投资子基金;充分发挥国家新兴产业创业投资引导基金和国家中小企业发展基金的作用,带动社会资本支持高新技术产业发展。《产业技术创新能力发展规划(2016-2020年)》提出,在产业发展上,要重点发展高效绿色的原材料工业、高端装备制造业、高附加值的消费品工业、新一代信息技术产业。在资金保障上,要深化产融结合,鼓励地方财政、金融资本、风险投资及民间资本投入产业技术创新;运用后补助等方式,支持企业自主决策、先行投入,开展重大产业关键技术、共性技术、装备和标准的研发攻关。

2016年,《中关村国家自主创新示范区集成电路设计产业发展资金管理办法》发布,中关村科技园区管委会、大兴区人民政府、北京市经济技术开发区印发《关于促进中关村智能机器人产业创新发展的若干措施》的通知,中关村科技园区管理委员会、石景山区人民政府印发《关于促进中关村虚拟现实产业创新发展的若干措施》的通知,提出要大力支持集成电路设计产业、智能机器人企业、虚拟现实产业,对于符合条件的企业,按照相关资金管理办法给予补贴支持。

表3-4集中展示了近年来我国制定的科学技术发展规划对产业的支持。

表 3-4　近年来我国制定的科学技术发展规划对产业的支持

年份	规划名称	内　容
1978 年	1978~1985 年全国科学技术发展规划	提出"全面安排，突出重点"的方针，包括奋斗目标、重点科学技术研究项目、科学研究队伍和机构、具体措施、关于规划的执行和检查几部分，确定了 8 个重点发展领域和 108 个重点研究项目。还制定了《科学技术研究主要任务》、《基础科学规划》和《技术科学规划》
1986 年	1986~2000 年国家中长期科学技术发展规划	包括 27 个行业和新兴领域 15 年发展的轮廓设想、12 个领域的技术政策、15 年科技发展规划纲要和"七五"科技发展规划
1991 年	1991~1995~2000 年科学技术发展十年规划和"八五"计划	贯彻"经济建设必须依靠科学技术，科学技术工作必须面向经济建设"的战略方针，明确十年和五年的科技发展目标和任务，选择带有全局性、方向性、紧迫性的 27 个领域，对中长期的重大科技任务进行了详细分析
1994 年	全国科技发展"九五"计划和到 2010 年长期规划	继续贯彻"经济建设必须依靠科学技术，科学技术工作必须面向经济建设，努力攀登科学技术高峰"的战略方针，在改变经济增长方式、攻克产业关键技术、发展高技术产业、合理布局基础研究等方面提出 8 项基本任务，在农业、基础设施和基础工作、支柱产业、高技术产业、高技术研究与发展、社会发展、基础性研究、国防科技等 8 方面提出发展重点
2001 年	国民经济和社会发展第十个五年计划科技教育发展专项规划	在"面向、依靠、攀高峰"的基础上，提出"有所为、有所不为，总体跟进、重点突破，发展高科技、实现产业化，提高科技持续创新能力、实现技术跨越式发展"的指导方针，并在"促进产业技术升级"和"提高科技持续创新能力"两个层面进行战略部署。规划内容主要包括形势与现状、指导方针与发展目标、战略部署与重点任务、关键措施与支撑条件等几部分
2006 年	2006~2020 年国家中长期科学和技术发展规划	提出今后 15 年科技工作的指导方针"自主创新，重点跨越，支撑发展，引领未来"。从 11 个国民经济和社会发展的重点领域选择 68 个优先主题进行重点安排；安排 16 个重大专项；安排 8 个技术领域的 27 项前沿技术，18 个基础科学问题，4 个重大科学研究计划

年份	规划名称	内　容
2006年	国家"十一五"科学技术发展规划	坚持"自主创新，重点跨越，支撑发展，引领未来"的指导方针，实现五个方面的重大突破，坚持"六个统筹"的基本原则，提升五个方面的自主创新能力，奠定三方面的基础，提出实施重大专项、攻克关键技术、超前部署前沿技术和基础研究、建设科技基础设施与条件平台、加强科技队伍建设、加强科学普及和创新文化建设、推进中国特色国家创新体系建设、维护国防安全等八个方面的重点任务
2011年	国家"十二五"科学和技术发展规划	以科学发展为主题，以支撑加快经济发展方式转变为主线，以提高自主创新能力为核心，提出实施国家科技重大专项、大力培育和发展战略性新兴产业、推进重点领域核心关键技术突破、前瞻部署基础研究和前沿技术研究、加强科技创新基地和平台建设、大力培养造就创新型科技人才、提升科技开放与合作水平、深化科技体制改革全面推进国家创新体系建设、强化科技政策落实和制定九个方面的重点任务
2016年	"十三五"国家科技创新规划	坚持自主创新、重点跨越、支撑发展、引领未来的指导方针，坚持创新是引领发展的第一动力，把创新摆在国家发展全局的核心位置，以深入实施创新驱动发展战略、支撑供给侧结构性改革为主线，全面深化科技体制改革，大力推进以科技创新为核心的全面创新，着力增强自主创新能力，着力建设创新型人才队伍，着力扩大科技开发合作，着力推进大众创业万众创新，塑造更多依靠创新驱动、更多发挥先发优势的引领型发展

（2）文化创意产业

2006年，财政部印发《关于推动我国动漫产业发展若干意见》的通知，提出加大投入力度，重点支持原创行为，推动形成成熟的动漫产业链；中央财政设立扶持动漫产业发展专项资金，建立优秀原创动漫产品评选、奖励和推广机制，鼓励动漫出版和播映机构增加国产动漫产品的出版、刊载和播出比例，采取有效措施增加对出版、刊载、播出和演出的国产动漫产品的成本补偿。

2012年，财政部印发《文化产业发展专项资金管理暂行办法》，提出由中央财政安排，专项用于提高文化产业整体实力，通过项目补助、贷款贴息、保费补贴、绩效奖励等方式支持重大项目和一般项目。

2014 年，文化部、中国人民银行和财政部印发《关于深入推进文化金融合作的意见》提出中央财政在文化产业发展专项资金中安排专门资金，不断加大对文化金融合作的扶持力度。实施"文化金融扶持计划"，支持文化企业在项目实施中更多运用金融资本，实现财政政策、产业政策与文化企业需求有机衔接。

（3）信息业

2006 年，《关于发展软件及相关信息服务出口的指导意见》提出，要完善财政金融支持政策，继续加大对国家级软件产业基地和软件出口基地的资金投入；加强资金支持和引导力度，利用中央外贸发展基金、国家高技术研究发展计划，鼓励软件企业自主创新，采用国际标准实施软件开发过程管理。

2011 年，财政部发布《物联网发展专项资金管理暂行办法》，提出设立专项资金支持物联网研发、应用和服务等，鼓励和支持企业以产业联盟组织形式开展物联网研发及应用活动。

2012 年，财政部、工信部修改《物联网发展专项资金管理暂行办法》，规定专项资金的支持采用无偿资助或贷款贴息方式。申请专项资金的项目原则上只享受一种支持方式。无偿资助方式主要支持以自有资金为主投入的项目，贷款贴息方式主要支持以银行贷款为主投入的项目。原则上，技术研发、标准研究与制订、公共服务平台类项目，以无偿资助方式为主；产业化、应用示范与推广类项目以贷款贴息方式为主。《下一代互联网"十二五"发展建设的意见》确定在资金投入方面，根据发展路线图和时间表，围绕重点任务，结合培育战略性新兴产业、实施科技重大专项等，加大国家资金投入，带动社会资金投入。

2014 年，财政部、工信部制定《国家物联网发展及稀土产业补助资金管理办法》，明确补助资金支持的物联网领域主要包括物联网技术研发与产业化、应用示范、标准研究与制订、公共服务平台建设和国家级物联网创新示范区建设。补助金支持物联网发展采用项目补助和定额补助方式，其中技术研发与产业化、应用示范与推广、标准研究与制订、公共服务平台建设等项目，采取项目补助方式。补助额度原则上不超过项目总投资的 30%；对国家级物联网创新示范区建设，采取定额补助方式。《2014—2016 年新型显示产业创新发展行动计划》指出，要加强国家科技重大专项、战略性新兴产业专项、电子信息产业振兴和技术改造专项、工业转型升级资金等专项资金的衔接，按照产业规划布局和发展需求统筹支持方向，重点支持公共服务创新平台、共性技术联合研发、前瞻性技术、重大工程建设及企业兼并重组。

2015 年，国务院印发《关于积极推进"互联网+"行动的指导意见》，提出选择重点领域，加大中央预算内资金投入力度，引导更多社会资本进入，分步骤组织实施"互联网+"重大工程，重点促进以移动互联网、云计算、大数据、物联网为代表的新一代信息技术与制造、能源、服务、农业等领域的融合创新；充分发挥国家科技计划的作用，积极投向符合条件的"互联网+"融合创新关键技术研发及应用示范；统筹利用现有财政专项资金，支持"互联网+"相关平台建设和应用示范等；加大政府部门采购云计算服务的力度，探索基于云计算的政务信息化建设运营新机制；鼓励地方政府创新风险补偿机制，探索"互联网+"发展的新模式。国务院《关于促进云计算创新发展培育信息产业新业态的意见》提出，要充分发挥国家科技计划、科技重大专项的作用，采取无偿资助、后补助等多种方式加大政府资金支持力度，引导社会投资，支持云计算关键技术研发及产业化；创新政府信息系统建设和运营经费管理方式，完善政府采购云计算服务的配套政策，发展基于云计算的政府信息技术服务外包业务；将云计算企业纳入软件企业、国家规划布局内重点软件企业、高新技术企业和技术先进型服务企业的认定范畴，符合条件的按规定享受相关税收优惠政策。《促进大数据发展行动纲要》提出要强化中央财政资金引导，集中力量支持大数据核心关键技术攻关、产业链构建、重大应用示范和公共服务平台建设等；完善政府采购大数据服务的配套政策，加大对政府部门和企业合作开发大数据的支持力度；引导创业投资基金投向大数据产业，鼓励设立一批投资于大数据产业领域的创业投资基金。

2016 年，《"十三五"国家信息化规划》提出在信息化产业发展层面，要制定十大重大任务、16 项重大工程和 12 项优先行动；在资金支持层面，要创新财政资金支持方式，统筹现有国家科技计划，按规定支持关键核心技术研发和重大技术试验验证；强化中央财政资金的引导作用，完善政府采购信息化服务配套政策，推动财政支持从补建设环节向补运营环节转变。国务院《关于深化制造业与互联网融合发展的指导意见》、国务院《关于加快推进"互联网+政务服务"工作的指导意见》、国务院办公厅《关于深入实施"互联网+流通"行动计划的意见》，国家发改委、科技部、工信部、中央网信办《关于印发〈"互联网+"人工智能三年行动实施方案〉的通知》，国家发改委、国家能源局、工信部《关于推进"互联网+"智慧能源发展的指导意见》，提出要对互联网+和人工智能产业，统筹利用中央预算内资金、专项建设基金、工业转型升级资金、国家重大科研计划等多种渠道，更好地发挥财政资金的引导作用。《推进"互联网+"便捷交通促进智能交通发展的实施方案》提出要加大资金投入力度，有效发挥政府投资的引领示范和杠杆撬动作用，充分吸引社会资本参与智能交通建设和运营，构建开放包容的发展环境，完善法律法规，鼓励规范新业态、新模式发展。

中关村层面，2015 年《中关村国家自主创新示范区集成电路设计产业发展资金管理办法》提出，从中关村示范区专项资金和海淀区产业发展专项资金中列支资金，针对集成电路设计企业从新产品研发、提升创新能力、加大研发投入、搭建孵化服务平台、鼓励集成电路创业企业发展、共建共性技术服务平台和产业促进服务平台等方面提供不同程度的资金支持。《关于促进中关村智能硬件产业创新发展的若干支持措施》针对智能硬件企业集群发展、公共服务平台建设、孵化器建设、中小微企业创业和融资、领军企业做强做大、提升创新能力等方面提供不同程度的资金支持。《国家高新区互联网跨界融合创新中关村示范工程（2015—2020 年）》，提出加大各行业对跨界融合创新的研发投入，开展十大中关村"互联网+"产业创新工程；鼓励在公共产品与服务领域、重资产行业开展政企合作、公私合营、混合所有制经营等多种形式的互联网跨界创新合作。

（4）生物医药产业

2007 年，《中医药创新发展规划纲要（2006-2020 年）》提出，国家和地方要加大中医药科技经费投入，协调用好农业、林业、生态、扶贫、外贸、产业发展等有关项目资金，同时引导企业增加研究开发的投入，积极吸引社会投资和国际合作资金，形成支持中医药创新发展的多元化、多渠道的投入体系。

2009 年，《促进生物产业加快发展若干政策》提出，要加快把生物产业培育成为高技术领域的支柱产业和国家的战略性新兴产业，在生物医药领域、生物农业领域、生物能源领域、生物制造领域、生物环保领域重点发展。《国务院关于扶持和促进中医药事业发展的若干意见》指出各级政府要逐步增加投入，重点支持开展中医药特色服务、公立中医医院基础设施建设、重点学科和重点专科建设以及中医药人才培养。

2016 年，《国务院办公厅关于促进医药产业健康发展的指导意见》指出要创新财政资金支持方式，利用奖励引导、资本金注入、应用示范补助等方式，支持应用示范和公共服务平台建设等具有较强公共服务性质的项目；运用和引导产业投资、风险投资等基金，支持创新产品研发、产业化建设等方面具有营利性、竞争性的项目，扶持具有创新发展能力的骨干企业和产业联盟，整合产业链上下游资源。

（5）节能环保产业

• 新能源汽车领域

2012 年国务院印发《关于节能与新能源汽车产业发展规划（2012 — 2020 年）的通知》，提出中央财政将安排资金，对实施节能与新能源汽车技术创新工程给予适当支持，引导企业在技术开发、工程化、标准制定、市场应用等环节加大投入力度，构建产学研用相结合的技术创新体系；对公共服务领域节能与新能源汽车示范、私人购买新能源汽车试点给予补贴，鼓励消费者购买使用节能汽车；发挥政府采购的导向作用，逐步扩大公共机构采购节能与新能源汽车的规模；研究基于汽车燃料消耗水平的奖惩政策，完善相关法律法规。新能源汽车示范城市要安排一定资金，重点用于支持充电设施建设、建立电池梯级利用和回收体系等。财政部、工业和信息化部、科技部印发《关于组织开展新能源汽车产业技术创新工程的通知》，提出要组织实施新能源汽车产业技术创新工程，中央财政从节能减排专项资金中安排部分资金，支持新能源汽车产业技术创新。

2013 年，《关于继续开展新能源汽车推广应用工作的通知》提出中央财政将安排资金对示范城市给予综合奖励，奖励资金将主要用于充电设施建设等方面。

2014 年《国务院办公厅关于加快新能源汽车推广应用的指导意见》提出中央财政将安排资金对新能源汽车推广应用规模较大和配套基础设施建设较好的城市或企业给予奖励，奖励资金用于充电设施建设等方面；《政府机关及公共机构购买新能源汽车实施方案》提出要在各级政府机关及公共机构推广和应用新能源汽车，并逐步完善相关政策和配套设施；《关于新能源汽车充电设施建设奖励的通知》提出中央财政将安排资金对新能源汽车推广城市或城市群给予充电设施建设奖励。

2015 年,《关于加快电动汽车充电基础设施建设的指导意见》和《电动汽车充电基础设施发展指南（2015-2020 年）》,提出,要加大对充电基础设施的补贴力度,加快制定"十三五"期间充电基础设施建设财政奖励办法,督促各地尽快制定有关支持政策并向社会公布,给予市场稳定的政策预期。在产业发展初期给予中央基建投资资金适度支持。《关于 2016—2020 年新能源汽车推广应用财政支持政策的通知》提出要在全国范围内开展新能源汽车的推广应用工作,中央财政对购买新能源汽车给予补助,实行普惠制。

- 其他领域

2008 年,《包装行业高新技术研发资金管理办法》提出,要支持包装行业积极开发新产品和采用新技术,促进循环经济和绿色包装产业发展,研发资金应重点支持符合国家宏观政策、环境保护和循环经济政策的项目,无偿资助的额度,每个项目一般控制在 500 万元以内,且不超过企业自筹资金投入的额度。

2011 年,财政部、科技部研究制定《中欧中小企业节能减排科研合作资金管理暂行办法》,专门用于支持国内中小企业与欧盟企业、研究单位等在节能减排相关领域开展联合研发、技术引进消化吸收再创新、成果转化等科研合作。研发项目按不超过项目投资额 40% 的比例给予资助,每个项目最高资助额不超过 300 万元;交流项目按照不超过实际发生的国际差旅费50% 的比例给予资助,每个中小企业最高资助额不超过 30 万元。

2012 年,国务院印发《"十二五"节能环保产业发展规划》,规定各级政府要安排财政资金支持和引导节能环保产业发展,安排中央财政节能减排和循环经济发展资金,采取补助、贴息、奖励等方式,支持节能减排重点工程和节能环保产业发展重点工程。

2014 年,《2014—2015 年节能减排低碳发展行动方案》提出各级人民政府要加大对节能减排的资金支持力度,整合各领域节能减排资金,加强统筹安排,提高使用效率,努力促进资金投入与节能减排工作成效相匹配。财政部、工信部制定《国家物联网发展及稀土产业补助资金管理办法》,规定补助资金要支持稀土资源开采监管、稀土采选、冶炼环保技术改造、稀土共性关键技术与标准研发、稀土高端应用技术研发和产业化和公共技术服务平台建设。补助资金支持稀土产业采用以奖代补和无偿资助方式。《重大节能技术与装备产业化工程实施方案》提出要利用中央预算内资金加大对重点节能技术与装备产业化项目的支持。

2016年，《能源技术革命创新行动计划（2016-2030年）》提出，要完善技术创新投融资机制，加强中央预算内资金和政府性基金对能源技术创新的支持力度。

（6）农业

2012年，财政部印发《中央财政农业技术推广与服务补助资金管理办法》，规定由中央财政预算安排的专项补助资金，用于支持推广先进适用、高产优质、安全环保的农业技术，具体包括农业技术推广、农业高产创建、旱作农业技术、农产品产地初加工、基层农技推广体系改革与建设、测土配方施肥、土壤有机质提升等补助资金，以及国家政策确定的其他相关补助资金。国务院《关于支持农业产业化龙头企业发展的意见》提出中小企业发展专项资金要将中小型龙头企业纳入重点支持范围，国家农业综合开发产业化经营项目要向龙头企业倾斜。

（7）服务业

2012年，《中关村国家自主创新示范区现代服务业试点扶持资金管理办法》规定，对现代服务业的资金支持方式包括财政补助、股权投资、贷款贴息、以奖代补等，扶持项目原则上只采用一种支持方式，具备条件的项目优先采用股权投资方式支持。

2013年，财务部、商务部印发《中央财政促进服务业发展专项资金管理办法》，确定中央财政从公共财政预算中安排专项资金支持商贸流通领域服务业项目建设和发展，重点支持民生商贸服务业项目，与生产流通直接相关的服务业项目，与节能减排、环境保护相关的服务业项目，与公共服务直接相关的项目和其他经财政部、商务部确认的商贸流通领域服务业项目。专项资金以补助、以奖代补和贴息等方式安排到具体项目，其中采取补助方式的，除必须由财政负担的公益性项目外，对单个项目补助额不超过项目总投资的30%；采取以奖代补方式的，按照先建设实施后安排补助的办法，对已竣工验收项目予以补助，对单个项目补助额不超过项目总投资的30%；采取贴息方式的，对上年实际发生的银行贷款利息予以补贴。贴息率不得超过同期中国人民银行发布的一年期贷款基准利率，贴息额不超过同期实际发生的利息额，贴息年限最长不超过3年。

2015 年，国务院印发《关于加快发展服务贸易的若干意见》，提出要充分利用外经贸发展专项资金等政策，加大对服务贸易发展的支持力度，进一步优化资金安排结构，突出政策支持重点，完善和创新支持方式，引导更多社会资金加大对服务贸易发展的支持力度，拓宽融资渠道，改善公共服务。

2016 年，《国务院关于北京市服务业扩大开放综合试点总体方案的批复》，提出要强化首都全国科技创新中心的核心功能，聚焦中关村建设具有全球影响力的科技创新中心，大力发展基于信息技术的新兴服务业、科技服务业、电子商务、现代物流和节能环保等产业。

此外，《国务院关于创新重点领域投融资机制鼓励社会投资的指导意见》，提出在公共服务、资源环境、生态建设、基础设施等重点领域，政府投资主要投向公益性和基础性建设。在同等条件下，政府投资优先支持引入社会资本的项目，根据不同项目情况，通过投资补助、基金注资、担保补贴、贷款贴息等方式，支持社会资本参与重点领域建设。

（四）开展科技计划改革

"十二五"伊始，国家科技计划改革又有新动向，科技部根据"十一五"时期科技计划管理改革中出现的问题和困难，进一步深化改革，一方面针对专项管理修订了原有的管理办法，另一方面大力进行科研经费理改革。"十二五"国家科技计划体系主要由国家科技重大专项、国家重点基础研究发展计划（973 计划）、国家高技术研究发展计划（863 计划）、国家科技支撑计划、政策引导类计划、国际科技合作、创新人才推进计划、重大科技创新基地建设与其他专项组成。

2014 年，国务院先后印发了《关于改进加强中央财政科研项目和资金管理的若干意见》和《关于深化中央财政科技计划（专项、基金等）管理改革的方案》，提出要建立公开统一的国家科技管理平台，优化科技计划（专项、基金等）布局，整合现有科技计划（专项、基金等），成为"十三五"时期我国科技体制改革的重要抓手。"十三五"时期国家科技计划体系分为五大类：国家自然科学基金、国家科技重大专项、国家重点研发计划、技术创新引导计划、基地和人才专项。其中，国家重点研发计划主要包括科技部管理的国家重点基础研究发展计划（973 计划）、国家高技术研究发展计划（863 计划）、国家科技支撑计划、国际科技合作与交流专项，发展改革委、工业和信息化部管理的产业技术研究与开发资金，有关部门管理的公益性行业科研专项等；技术创新引导专项（基金）主要是将发展改革委、财政部管理的新兴产业创投基金，科技部管理的政策引导类计划、科技成果转化引导基金，财政部、科技部、工业和信息化部、商务部共同管理的中小企业发展专项资金中支持科技创新的部分，以及其他引导支持企业技术创新的专项资金（基金）等进行分类整合；基地和人才专项主要是对科技部管理的国家（重点）实验室、国家工程技术研究中心、科技基础条件平台，发展改革委管理的国家工程实验室、国家工程研究中心等合理归并，并加强有关部门科技人才计划的顶层设计和相互衔接。

图 3-2 具体展示了我国"十二五"以来的科技计划改革内容。

（五）实施知识产权战略

随着知识经济和经济全球化深入发展，知识产权日益成为国家发展的战略性资源和国际竞争力的核心要素，成为建设创新型国家的重要支撑和掌握发展主动权的关键。

2006 年，国务院发布的《实施〈国家中长期科学和技术发展规划纲要（2006-2020）〉的若干配套政策》中关于创造和保护知识产权的内容包括：掌握关键技术和重要产品的自主知识产权；积极参与制定国际标准，推动以我为主形成技术标准；切实保护知识产权。建立健全知识产权保护体系，加大保护知识产权的执法力度，营造尊重和保护知识产权的法治环境；缩短发明专利审查周期；加强技术性贸易措施体系建设。2007 年胡锦涛在中共十七大报告中明确提出"实施知识产权战略"。2008 年国务院常务会议审议并通过了《国家知识产权战略纲要》，标志着我国知识产权工作进入一个全新的历史发展阶段。《纲要》从完善知识产权制度，促进知识产权创造和运用，加强知识产权保护，防止知识产权滥用，培育尊重知识、崇尚创新、诚信守法的知识产权文化五个方面提出了国家知识产权战略重点；明确了专利、商标、版权、商业秘密、植物新品种、特定领域知识产权、国防知识产权等专项任务，提出了提升知识产权创造能力、鼓励知识产权转化运用、加快知识产权法制建设、提高知识产权执法水平、加强知识产权行政管理、发展知识产权中介服务、加强知识产权人才队伍建设、推进知识产权文化建设、扩大知识产权对外交流合作 9 项战略措施。

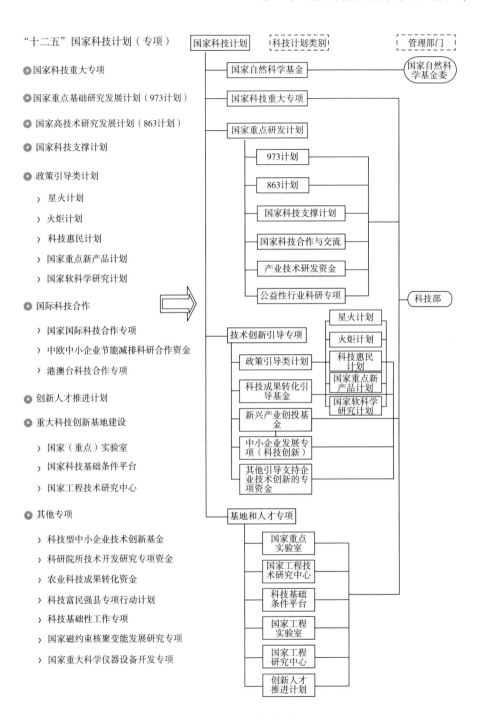

图 3-2 科技计划改革

从 20 世纪 80 年代起，我国制定了《专利法》《商标法》《著作权法》《知识产权海关保护条例》等一系列与知识产权有关的法律法规，还在《民法通则》《海关法》《外贸法》《刑法》等相关法律和相关行政法规中规定了知识产权的内容。2014 年，《深入实施国家知识产权战略行动计划（2014—2020 年）》提出要通过促进知识产权的创造和运用，支撑产业转型升级；加强知识产权保护，营造良好市场环境；强化知识产权管理，提升管理效能；拓展知识产权国际合作，推动国际竞争力提升几个方面全面提升知识产权综合能力，实现创新驱动发展，推动经济提质增效升级。2016 年，《国务院关于新形势下加快知识产权强国建设的若干意见》指出要加大金融支持力度，运用财政资金引导和促进科技成果产权化、知识产权产业化。同年，《关于全面组织实施中小企业知识产权战略推进工程的指导意见》指出，要充分发挥各类促进中小企业发展资金的作用，积极探索采用多渠道、多种方式资金支持推进工程实施工作。国家支持产业发展的资金和基金要向促进科技成果产权化、知识产权产业化方向倾斜。

三　政策影响

（一）确立新的科技发展战略

中共中央、国务院于 2006 年召开全国科学技术大会，颁布了《国家中长期科学和技术发展规划纲要（2006—2020 年）》，对未来 15 年中国科技改革发展做出全面部署和安排，明确提出了"自主创新，重点跨越，支撑发展，引领未来"的新时期科技工作方针，这是在中国科技和经济发展 30 年多年来，国家根据国内外的新形势和针对一些突出问题做出的新决策。

2006 年，《国家中长期科学和技术发展规划纲要（2006—2020 年）》要求各级政府把科技投入作为预算保障的重点，年初的预算编制和预算执行中的超收分配，都要体现法定增长的要求。2007 年修订的《中华人民共和国科学技术进步法》明确规定国家财政用于科学技术的经费的增长幅度，要高于同期财政经常性收入的增长幅度。这两个政策在法制层面上为财政科技投入稳定增长机制的形成提供了有力的保障。

在科技财政投入的带动及相关配套政策的鼓励下，2006 年以来，我国政府 R&D 经费投入一直处于增长状态，由 2006 年的 3003.1 亿元增长到

2015 年的 14169.9 亿元（见表 3-5 和图 3-3），增长了近 4 倍，年平均增长率达到 19.0%。基础研究、应用研究和试验发展三个方面的支出也在逐年增加，分别从 2006 年的 155.76 亿元、488.97 亿元、2358.37 亿元增长到 2015 年的 716.1 亿元、1528.6 亿元、11925.1 亿元（见表 3-5）。从 R&D 经费投入绝对值上看，试验发展的经费投入增长速度最快，基础研究其次，应用研究增长最少。

表 3-5　R&D 经费投入表

单位：亿元

年度	R&D 经费支出	基础研究	应用研究	试验发展
2006	3003.10	155.76	488.97	2358.37
2007	3710.24	174.52	492.94	3042.78
2008	4616.02	220.82	575.16	3820.04
2009	5802.11	270.29	730.79	4801.03
2010	7062.58	324.49	893.79	5844.30
2011	8687.01	411.81	1028.39	7246.81
2012	10298.41	498.81	1161.97	8637.63
2013	11846.60	554.95	1269.12	10022.53
2014	13015.63	613.54	1398.53	11003.56
2015	14169.90	716.10	1528.60	11925.10

数据来源：《中国统计年鉴》。

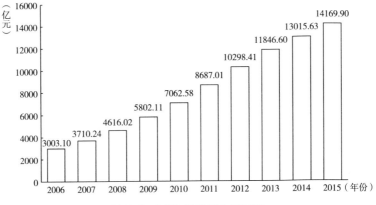

图 3-3　R&D 经费投入趋势图

（二）规范和完善中央财政经费管理体制

为全面贯彻落实《国家中长期科学和技术发展规划纲要（2006—2020年）》及其配套政策，在确保财政科技投入稳定增长的同时，必须进一步规范财政科技经费管理，提高经费使用收益。《关于改进和加强中央财政科技经费管理的若干意见》（2006年）（以下简称《意见》）在完善科技资源配置的统筹协调和决策机制，优化中央财政科技投入结构，创新财政经费支持方式，推动产学研相结合，健全科研项目立项及预算评审、评估制度，强化科研项目经费使用的监督管理等五大方面都提出了明确的方向性意见。例如，财政科技投入应主要用于支持市场机制不能有效配置资源的基础研究、前沿技术研究、社会公益研究、重大共性关键技术研究开发等公共科技活动，《意见》还将中央财政科技投入分为国家科技计划经费、科研机构运行费、基本科研业务费、公益性行业科研经费、科研条件建设经费等类别。在决策机制上，《意见》要求新设立国家科技计划以及涉及国民经济、社会发展和国家安全的重大科技事项时，要在科学论证的基础上，报请国家科教领导小组或国务院决策。在经费投入和支持方式上，《意见》要求要综合运用无偿资助、贷款贴息、封信投资等多种投入方式，加大对企业、高等院校、科研院所开展产学研合作的支持，积极推动产学研的有机结合。

为进一步加强国家科技计划和专项经费的管理，建立和完善经费管理与监督制度体系，提高资金使用效益，财政部、科技部等部门又制定并颁布了《公益性行业科研专项经费管理试行办法》（2006）、《关于改进加强中央财政科研项目和资金管理的若干意见》（2014）、《关于进一步完善中央财政科研项目资金管理等政策的若干意见》（2016）等一系列科技经费管理办法，进一步规范和加强专项经费的管理。例如，明确要优化整合各类科技计划，建立健全统筹协调与决策机制，建设国家科技管理信息系统；试行科研项目分类管理，基础前沿科学项目要突出创新导向，公益性科研项目要聚焦重大需求，市场导向类项目要突出企业主体，重大项目要突出国家目标导向；政府各部门不再直接管理具体项目，要充分发挥专家和专业机构在科技计划具体项目管理中的作用；通过风险补偿、后补助、创投引导等方式发挥财政资金的杠杆作用，运用市场机制引导和支持技术创新活动，促进科技成果转移转化和资本化、产业化等。

（三）税收政策推动高新技术企业创新发展

这一时期，高新技术企业认定总数及所得税减免额创新高，政策对推动区域经济转型升级起到重要作用。2008~2011 年，全国对 6 万多家高新技术企业减免税总共 2259 亿元，同期这些企业上缴的税收是 2.1 万亿元，其专利和新产品占有率都占了 1/3 以上，政策效益是非常明显的。2010 年度，全国高新技术企业因享受 15% 税率优惠而减免的企业所得税为 687.71 亿元，26 个省（区、市）享受 15% 税率优惠的高新技术企业数量较上年增长了 43.8%；6 个省（区、市）享受税率优惠的高新技术企业超过 1000 家，占全国高企总数的一半以上；15 个省（区、市）减免企业所得税额超过 10 亿元。① 高新技术企业认定及税收优惠政策对加快经济发展方式转变起到了重要作用，成为新兴产业发展和经济转型升级的重要力量。

高新技术企业相关政策的实施，促使高新技术企业自主创新能力不断增强。全国高新技术企业各项指标整体呈现上升态势。2008~2015 年，全国高新技术企业数由 51476 个增至 76141 个，增长了 47.9%；从业人员由 1275.0 万人增至 2045.2 万人，增长了 60.4%；企业总收入、净利润分别由 105115.2 亿元、5853.6 亿元增至 222234.1 亿元、14894.8 亿元（见图 3-4），年均增长率分别为 12.9% 和 15.4%。

（四）高技术产业稳步发展

2007 年以来，国家先后出台了《当前优先发展的高技术产业化重点领域指南》《"十二五"国家战略性新兴产业发展规划》《中国制造 2025》《"十三五"国家科技创新规划》《产业技术创新能力发展规划（2016-2020年）》等一系列高技术产业相关政策，从资金、专项、税收等角度促进高技术产业发展及其产业化，高技术产业效能持续提升。

从整体数据来看，高技术产业效能稳步提升。2012~2015 年，国家高技术产业的企业总数由 24636 个增至 29631 个，增长了 20.3%；从业人员由 1269 万人增至 1354 万人，增长了 6.7%；主营业务收入由 102284 亿元增至

---

① 方重：《企业自主创新与税收政策相关性研究》，合肥工业大学，2010。

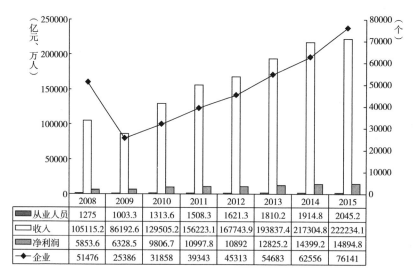

	2008	2009	2010	2011	2012	2013	2014	2015
从业人员	1275	1003.3	1313.6	1508.3	1621.3	1810.2	1914.8	2045.2
收入	105115.2	86192.6	129505.2	156223.1	167743.9	193837.4	217304.8	222234.1
净利润	5853.6	6328.5	9806.7	10997.8	10892	12825.2	14399.2	14894.8
企业	51476	25386	31858	39343	45313	54683	62556	76141

图 3-4　高新技术企业发展情况（2008~2015）

数据来源：科技部火炬高技术产业开发中心统计数据。

139969 亿元，增长了 36.8%。每万名从业人员贡献的收入由 80.6 亿元增至
103.4 亿元（见图 3-5）。

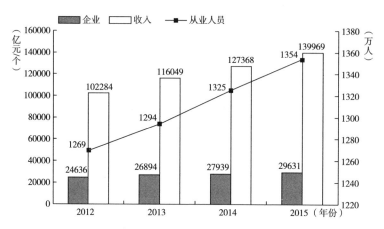

图 3-5　高新技术产业发展情况（2012~2015）

数据来源：中国高技术产业统计年鉴（2016）。

从行业数据来看，不同类别的高技术产业产能差距明显。2015 年，医
药制造业、航空航天器及设备制造业、电子及通信设备制造业、计算机及

办公设备制造业、医疗仪器设备及仪器仪表制造业和信息化学品制造业的从业人员分别为 2229376 人、387006 人、8142256 人、1467024 人、1147356 人和 170207 人；主营业务收入分别是 25729.5 亿元、3412.6 亿元、78309.9 亿元、19407.9 亿元、10471.8 亿元和 2636.8 亿元。信息化学品制造业每万名从业人员贡献的收入最高，为 154.9 亿元；航空航天器及设备制造业每万名从业人员贡献的收入最低，仅为 88.2 亿元（见图 3-6）。

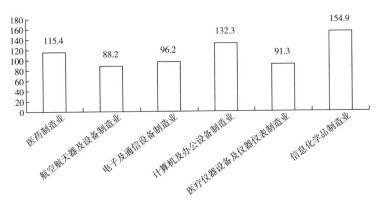

图 3-6　不同类型高新技术产业人员效能（2015）

（五）科技创新能力显著提升

"十一五"期间，在相关部门、地方政府和广大科研人员的共同努力下，我国科技重大专项紧紧围绕"核高基、集成电路装备、宽带移动通信、数控机床"等 16 个信息、能源资源环境等领域开展工作，取得显著进展：共部署 3000 余个项目和课题，其中，中央财政投入 500 亿元，带动全社会资金投入约 1000 亿元。该时期，各项科技计划顺利实施，基础研究得到加强，高技术产业快速发展，科技投入持续增加，科技实力不断增强，我国已跻身世界科技大国之列。取得了"嫦娥"卫星奔月、"神舟"七号载人飞行、"天河一号"超级计算机等一系列举世瞩目的重要成就，奏响了自主创新、建设创新型国家的时代强音。

"十二五"期间，科技创新能力持续提升，战略高技术不断突破，基础研究国际影响力大幅增强。取得载人航天和探月工程、载人深潜、深地钻探、超级计算、量子反常霍尔效应、量子通信、中微子振荡、诱导多功能干细胞等重大创新成果。2015 年，全社会研究与试验发展经费支出达 14220 亿元；国际科技论文数稳居世界第 2 位，被引用数升至第 4 位；全国技术合同成交金额达到 9835 亿元；国家综合创新能力跻身世界第 18 位。经济增长的科技含量不断提升，科技进步贡献率从 2010 年的 50.9% 提高到 2015 年的 55.3%。高速铁路、水电装备、特高压输变电、杂交水稻、第四代移动通信（4G）、对地观测卫星、北斗导航、电动汽车等重大装备和战略产品取得重大突破，部分产品和技术开始走向世界。科技体制改革向系统化纵深化迈进，中央财政科技计划（专项、基金等）管理改革取得实质性进展，科技资源统筹协调进一步加强，市场导向的技术创新机制逐步完善，企业的技术创新主体地位不断增强。科技创新国际化水平大幅提升，国际科技合作深入开展，国际顶尖科技人才、研发机构等高端创新资源加速集聚。全社会创新创业生态不断优化，国家自主创新示范区和高新技术产业开发区成为创新创业重要载体，企业研发费用加计扣除等政策落实成效明显，科技与金融结合更加紧密，全社会创新意识和创新活力显著增强。

第四章　德国和日本的科技创新
政策及国际比较

第一节　德国科技创新政策的发展历史

　　总体而言，德国过去 60 年发展的特点是，科技创新政策形式一旦选定便不会被其他形式取代，而是在先前既定的结构上增加新的内容要素或机制安排。根据 Gassler 等（2006）的研究，大致有四种不同的研究和技术政策范式。虽然各范式都起源于某个特定时期，但其要素在当前的政策中仍然拥有不同的重要性和权重。德国繁荣的主要基础可以归结为：知识和创新能力是产生新思想、提供更好解决方案以及实现可持续经济增长背后的核心因素。德国创新体系中科学界与工业界之间活跃的社交活动是这一过程的重要推动力。为了支持经济繁荣，仅有研究和开发（简称研发/R&D）本身是不够的。必须挖掘知识，在可持续的产品、服务等创新方面进行自我证实。相较于其他国家，德国在过去几年中促进知识和技术的政策开始从研究转向应用。越来越多的企业正开放其研究部门，邀请客户、供应商和科研机构开发和改进其产品及流程等。在该层面现有的商业和科学合作形式正迅速发展，适应创新过程的新要求，塑造"开放式创新"的新文化。所有这些趋势都加速了从构思到市场生产成熟产品的过程。基于已经取得的成就，联邦政府的目标是更好地结合现有的科学和工业优势，释放新的力量，为创新领域提供有吸引力的条件（BMBF，2014）。近年来，重点活动领域主要围绕集群和网络的形成，以及将中小企业（SMEs）融入创新系统的不同部分。

　　从历史来看，创新政策最早在 15 世纪已经出现，其印迹包括对解决某些科学问题的奖励、创建科学院以及知识产权保护（特权）的早期形式。

然而，把创新政策视为第二次世界大战后才出现的一项政府任务更为恰当，尽管创新政策经过一段时间后才被特别重视。在 1950 年代，当国家最为迫切的问题得到解决后，创新政策的重要性逐渐提高（Gassler 等人，2006）。

一 德国科技创新政策的发展

一是典型的任务导向。现代研究和技术政策的起点是第二次世界大战，在此期间德国开始协调大型科研设施的建设，用于发展核技术、材料技术、推进技术及航空航天等战争技术。战后时期的研究和技术政策对于所谓的"任务导向"起到了重要作用。在这类政策中，政府机构先确定要实现的目标（比如"把人送上月球"），然后直接将必要的技术发展委托给相关机构（比如 NASA）。原子能使用和航天这两种"大规模技术"对于政府至关重要，特别是西方强国（最初是美国、法国、英国）和苏联都积极推动这些技术。受军队需求的导向和驱动，为了在短时间内完成开发并实施新技术的目标，它们不得不采取新的研究组织形式。科学家、技术人员和用户聚到一起协作，确保推动技术所需的科学新成果得到迅速开发并转化为技术应用。第二次世界大战期间发展起来的研究基础设施、技术方案和政治治理机制在战争结束后依然存在，并且研究项目中特别导入的目标设定、实施及监测方法得到广泛应用。一方面，来自竞争对手的高要求推动了进一步发展，另一方面，已产生的许多科技成果尚待充分挖掘，已建立的机构当然有兴趣继续开展其活动。

战后典型的任务导向的研究和技术政策可被认为是一种成功，因为其能够很快达成目标：在 1940 年代中后期军事和民用核能利用已经实现，在 20 世纪 50 年代末期第一艘载体系统和飞船发射升空。普遍认为成功因素包括：与充沛的资金资助源相结合、与基础科学研究和应用导向的技术开发相结合、创建大型研究基础设施，以及与明确的时间和内容目标相结合。自 20 世纪 60 年代以来，这一任务导向的技术政策的概念已经被陆续扩展到其他技术领域，并被其他国家所采用（Gassler 等，2006）。

二是产业政策和关键民用技术。技术特定研究政策的新阶段始于 20 世纪 60 年代，当时任务导向的概念延伸到了不再仅仅支持有特定公共野心，也仍具有商业潜力的技术领域，首先聚焦在由电子半导体开发而产生的"新型信息和通信技术"上。紧接着这一原则迅速延伸到了其他新兴和动态发展的领域。对技术的支持向关键民用应用领域的延伸主要受三大因素所驱动：首先，任务导向的技术政策在 20 世纪 40 年代和 50 年代"大规模技术"领域的成功，表明这种模式应该也适用于其他领域。其次，为促进以及实施研发而诞生的体制结构迅速发展，并产生了一定的政治影响。相关机构（如 NASA 或技术与能源部）正寻求扩大其活动领域。随着核研究和航天技术的逐步式微，其他技术领域的评定成为将现有设施和预算投入新的生产性用途的合适杠杆。最后，德国、日本等国认为针对技术领先国家形成的技术积压，（特别是美国对技术导向研究的高投入被德日认为是对自身工业前景的威胁），通过扩大自己的研究能力，可以赶上当时的技术先行者。这种"赶超"政策具有强大的产业政策特征，因此超出了纯粹的研究和技术政策的目标。

这类政策与典型任务导向的政策的本质区别在于程序领域（识别有明确优先性的方法）、机制设定（规划，权力下放）的不同以及其日益扩散的商业化导向。而且，国家干预技术发展所需要的理由不同于直接针对公共任务的典型任务导向的技术政策。因此有人认为，通过捆绑公共和私人资源，可以发掘规模优势，在定性（技术发展更快）和定量（单位成本减少）方面提升国家的竞争力和地位。

此外，各国希望通过快速有力地进入有潜力的技术来获得"先发"优势，从而在未来产品市场上建立永久的垄断地位。最后，将资源集中在特定技术领域，可以更好地利用知识溢出效应和其他积极的外部因素，从而为国家产业带来动态的增长动力（Gassler 等，2006；Kaiser，2008）。

三是体系方法和集群政策。政府符合前述条件的技术决策的效率日益受到质疑，因此在 20 世纪 80 年代，逐渐形成了创新研究的新型概念方法。

多年来，对于政府是否能够有效地确定未来市场发展，并在此基础上选择某些技术加以支持的质疑越来越多。在此背景下，20 世纪 80 年代和 90 年代在创新研究方面一些人提出了新的概念和方法。其中，创新系统方法和集群方法尤其具有影响力。创新系统方法旨在解释个别国家或地区在新技术的开发和商业化应用方面高于平均水平的表现。

在 20 世纪 80 年代，日本、美国加利福尼亚州和斯堪的纳维亚各国成为世界关注的焦点。它们的发展活力和竞争力无法被传统模型所理解。而创新系统方法侧重于"系统"因素，比如互补的利益相关者之间不同联盟合作的重要性、国家兼具监管者和赋能者的角色，以及创业过程可以促进创新过程等。另一个推动力来自集群方法（Porter，1990），该方法指出了空间集聚能力、垂直合作、特定产业资源和基础设施在创造外部效应方面累积的重要性，从而最终解释了各国家和地区在研究和创新政策上的产业竞争力差异。

在20世纪90年代，越来越多的政府受两种方法启发，为其政策支持增加了通用功能。某些国家的情形已经完全改变。相比突出特定的技术，一种新型的创新政策如今着眼于支持创新体系中的特定"功能"，比如通过支持高科技初创企业的创业，通过支持网络和集群产生区域外部性。在某些情况下，其他技术可根据现有的技术导向计划得到支持，在某些情况下，新计划将结合某些通用工具进行跨部门实施，而在其他情况下，除了现有的专题研究经费之外，全新的、主题开放式的计划得以启动，通过通用手段来增加专题支持，成功驳回了对"宗教式"国家干预的批评。与此同时，系统性的方法为政策制定者提供了向更多利益相关者发表意见的机会，并能够应对更广泛的目标群体。首先，该方法适用于在科技与产业背景下科技机构和中小企业就科技与创新的合作日益深入的情况。其次，该方法适用于风险投资基金、信贷提供者等金融市场机构的参与（Gassler等，2006；Alecke等，2011）。

四是新的任务导向。在新型研究和技术政策措施聚焦于功能目标一段时间之后，过去的20年间又（重新）出现了一种主题导向的类型。然而，与20世纪60~90年代的技术推广形成对比，（政策的）目标和资格条件现在很少基于技术之间的界限来定义，而是越来越基于社会经济问题。政府越来越多地立法将研究和技术资金用于帮助克服社会困难和应对社会挑战。因此，许多计划不再指向具体技术，而是指向解决问题和应对现有或潜在的社会挑战。由于在形式和方法上存在显著相似性，而目标上存在显著差异，这种新的趋势现在通常被称为"新的任务导向"。

一个重要的诱因就是对现代工业化社会可持续性的争论加剧，20世纪90年代的研究和技术政策也提出了这个问题，相关政策提高了公众的政治意识，例如流动性、人口变化、安全和保障的新维度，以及在不断变化的环境中的健康和福利越来越受到关注。尽管如此，新方法的一些中心特征明显不同于"关键技术"的典型的任务导向的技术计划——这些差异使新方法并非新瓶装旧酒。

首先，专题领域从矩阵的视角呈现为社会目标与科学技术解决方案之间的接口。开发新技术的需求更多基于未来用户，而非科学和技术的可能性。技术开发项目的资格条件取决于对解决问题的贡献，而非技术风险。其次，选择和决策过程考虑到了大量利益相关群体，这些群体远远超出了传统的技术政策专家的范围，尤其包括技术的未来用户以及其他政策领域的参与者（如环境政策、卫生政策、社会政策）。再次，成果得到迅速和广泛的传播，以及与其他政策领域谋求最大一致性是中心目标，技术发展本身也应关注技术的可转移性和适应性。最后，注重渐进式创新的重要性，即强调现有技术的微改进，而非以主要和关键技术的发展为核心的激进式创新（且需要系统性创新），即必须由更多参与者同时实施创新和行为的变革。这部分偏离了"大科学"的旧模式——清晰可辨并可取得的一次性目标（例如"将人类送上月球"），在一定程度上也是科学驱动技术发展的总体思路（Gassler 等，2006；Reiljan 和 Paltser，2012）。对这种新的任务的理解也反映在德国高新技术战略的发展中。

二　德国高新技术战略的发展

10 年前，德国联邦政府首次提出了德国新的高新技术战略（HTS），一项综合的德国研究和创新战略。该战略由联邦研究和教育部（BMBF）的战略管理局制定和领导，但涉及多个其他联邦部门和联邦总理府。其主要目标是横跨各联邦部门和政策领域建立起总体的政策协调机制。

2014 年，高新技术战略以"德国创新-高新技术战略"为标题发布了最新版本。2006 年启动的研究与创新政策（R&I 政策）的战略进程则刚刚进入第三个周期。从一开始，战略的目的就是保证已被证实的支持计划的连续性，同时更好地协调和连接前后，找出当前支持体系中的漏洞，来设计未来以及相应的附加行动。因此该战略并不意味着范式的突然变化，而是作为一项更好地协调现有支持的努力，并补充新的、额外的计划。

从一开始，联邦政府已经把 HTS 设计为一个持续学习和不断发展的战略。基于三个选择期间的持续发展，有可能建立一个连贯可靠的研究和创新政策。伴随三个阶段的不同聚焦，战略成功地紧跟时代的重大社会议题。从其第一个版本的技术导向方法开始，在其第二个版本中转为面向需求和社会挑战的方法，又在其第三个版本中实现了一个集成的、网络化的方法，反映了政治趋势以及最近的学术洞见，以期提供创新的开放式和启发式观点。

（一） 第一个高新技术战略

2006 年 8 月 29 日，德国联邦教育和研究部与其他联邦部门合作，向联邦内阁提交了"德国高新技术战略"。这一战略的核心目标是改善所选择的经济领域的科学和商业之间的联系。对于 17 个"未来领域"，制定了单独策略。此外，该战略旨在综合研究资金与监管、标准化和知识产权保护等问题。因此，德国的研究和创新政策仍围绕着主要从技术上划定的三个"创新领域"：① "安全健康的生活"（医学科学和医药技术、安全技术、植物、能源技术、环境技术）；② "通信和移动"（ICT、汽车和运输技术、航空航天、航海技术和服务）；③ "跨领域技术"（纳米技术、生物技术、微系统技术、光学技术、新材料、生产技术）。

因此，第一个高新技术战略仍然沿用一个相当传统的、技术导向的方法，同时也没有推动有力的战略选择。其强调与德国科学和工业可能有关的所有相关技术领域。因此，该战略的最重要的亮点即打造一个创新政策的共同愿景，协调活跃在各领域的各联邦部门的政策制定，并确保所有相关机构之间相关信息的持续流动。此外，该战略强调了几个跨领域目标，部分应在高新技术战略的后续版本中维持。为确保快速实施，第一个高新技术战略包含了明确定义的预算和里程碑计划。

（二） 第二个高新技术战略

2010 年，德国联邦政府推出了高新技术战略的新版本，即"高新技术战略 2020"，标题为"创意、创新、繁荣"。与更加以技术为导向的先前版本相比，新战略的制定围绕着五个全球性的关键挑战，并转化为五个主要的行动领域：气候和能源、健康和营养、流动性、安全、通信。

第二个高新技术战略真正以挑战为导向，标志着联邦政府就研究和创新政策的一次重要的战略再定位，该政策目前旨在"将研究和创新政策引向一系列关键任务"（即行动领域）。以新的挑战和任务导向为核心，"高新技术战略 2020"变得更有选择性和综合性。联邦政府对五个挑战中的每一个都定义了具体的"行动路线",并启动了几个前瞻性项目。除主要挑战之外,重要的跨领域问题被定为"设立企业的条件""中小企业""创新资助/风险投资""创新导向的采购"等。这些领域中现有的部分长期支持政策仍会继续。

(三) 第三个高新技术战略

第三个高新技术战略旨在合并前两个阶段的"线索",新的高新技术战略将进一步发展成为"综合的跨部门的创新战略"。此外,该战略应用了被认为是创新的更宽泛的概念,包括社会创新将社会作为发展创新和引导研究过程的核心参与者(BMBF,2014a)。具体而言,其目的是"优先考虑与繁荣和生活质量相关的未来挑战""整合资源并促进转移""加强工业创新的活力""为创新创造有利条件"。

根据联邦政府的解释,当前高新技术战略的雄心可用五个主要标题进行总结。

1. 优先的挑战确定政策指引

与其先前版本类似,第三个高新技术战略为研究和创新政策设定了六个专题的优先项,强调以创新动力为特征的领域,并考虑为经济增长和繁荣以及解决全球挑战提供杠杆作用,从而提高公民的生活质量。

六项挑战任务如下:

①数字经济和社会(迎接数字化挑战)。

②可持续的经济和能源(减少足迹生产和消费)。

③创新的工作环境(应对日常工作环境中的挑战)。

④健康的生活(使所有年龄的人都能健康、积极和自由地生活)。

⑤智能移动(优化不同交通工具的综合表现)。

⑥公民安全(保障能源供应、ICT、流动、医疗保健和物流)。

除了"创新的工作环境"以外,这些优先挑战强烈呼应了第二个高新技术战略提出的五个"行动领域"。在该战略的详细版中,六个优先挑战的每一个都进一步被分为3~8个子领域或目标。在财政资源有限的条件下,问题是能否达到每一项的相关规模的积极效应。很有可能需要一个综合的方法。在此背景下,全国创新政策专家委员会敦促联邦政府继续将服务类似目标的支持计划捆绑一起,并将这些支持计划合并到一个共同的行政框架下。此外，还建议在有限挑战（BMBF，2014a；EFI，2015）中确定清晰的目标层次结构。

2. 网络和传输领域的新型资助方式

在"网络与转移"的战略标题下，加强企业、高校和研究机构之间的合作仍然是一个主题式跨领域的国家目标，自 20 世纪 90 年代中期的"创新政策的系统化转向"便是如此。在主题公开的竞争中，高校提出方案并获得支持以加强和战略性地发展与工业和社会的合作，从而可加大科研成果的开发力度，鼓励试点合作形式。此外，联邦政府支持建立全球联系，以及扩大和加强领先集群和可比网络现有的国际合作（BMBF，2014a；EFI，2015）。

3. 广泛的行业创新激励措施

在"加强工业创新活力"的战略标题下，高新技术战略着重加强创新型中小企业的长期计划，包括中小企中央创新计划（ZIM）、中小企业产业合作研究计划（IGF）、"KMU 创新"资助尖端研究计划，以及支持创新管理的"go-Inno"计划，并通过诸如"中小企业数字"计划等新举措加以补充。此外，该战略还鼓励参与"地平线 2020"（Horizon 2020，欧盟的资助研究和创新框架计划）提供的机会。同时，联邦政府通过长达 15 年之久的大型非特定技术的计划如"EXIST—基于高校的商业初创企业"，以及像"GO-Bio"和"IKT Innovativ"这样小型聚焦特定技术的计划，来支持初创企业。为了让德国的创新型初创企业更容易获得风险投资，联邦政府通过其资助计划"INVEST-风险投资补贴"和"高新技术创业基金"（High-Tech-Start-up Fund）为资本密集型、新成立的技术企业提供初始资助，并为其提供技术诀窍和相关的联系。此外，德国政府大力投资关键技术的产生和转移（BMBF，2014a；EFI，2015）。

4. 改善创新的框架条件

在"改善框架条件"的标题下，联邦政府承诺通过不同于直接项目支持的方式来支持创新友好型框架，从而为创新、卓越和创业精神打造一个积极鼓励的环境。在此背景下，必须以新措施保证劳动力的技术熟练，例如在 MINT 部门，增加职业培训的吸引力和渗透度，改善德国外籍劳工的福利等。此外，政府部门努力协调技术法规和标准，以确保德国在相关国际组织中的代表性。最后，将制定公开可参与的战略，以确保有效及可持续地获得公共资助（BMBF，2014a；EFI，2015）。

5. 透明度和参与度日益重要

在"透明度和参与度"的标题下，联邦政府承诺支持旨在更广泛地将创新活动扎根社会的努力。作为基准，该战略的创新指导理念已经不同于包括社会和组织创新的技术一对一的理念。而且，感兴趣的公民应该有更多机会通过市民对话和公众参与研究等新的参与形式来塑造创新政策。最后，获得研究经费的机会将更加透明，并建立新的战略前瞻程序（BMBF，2014a；EFI，2015）。在新的"高新技术战略"的框架下，联邦政府定义了首要目标，并概述了国家或地方相关政府部门可以引导实践的实施方向。尽管相关机构在政策计划的具体定义方面拥有较高的自由度，但高新技术战略历经 15 年，已经成为重要的共同参考。

整体而言，联邦政府通过资助工具的独立评估和通过专门机构对支持计划的专业管理来确保资助拨款的效益。在此基础上，"高新技术战略"保持持续学习来协调战略导向及具体政策，建立在既定及经验证的结论的基础上，同时接受来自科学界、工业界和社会广泛代表的意见和启发。

第二节　日本科技创新政策的发展历史

日本通过政策促进创新的背景在于当时的日本必须改变长期以来的经济发展方式，而新的经济增长引擎就是寻求创新。泡沫经济崩溃之前，日本通过引进欧美的高水平技术应用到自己的生产中来实现整体技术水平的提高。当时的中央研究所等大企业的研究开发机构起到了很大作用。一方面研究如何使欧美的先进技术能够更好地应用于本公司的生产，另一方面通过民间主导的基础研究的积累，实现了科学技术水平的提高。然而泡沫经济崩溃之后，民间研究不再活跃、与欧美技术水平差距缩小以及欧美实行知识产权保护等多种因素导致日本必须转变以往的经济发展方式，由此开始了政府主导的创新政策。1996 年开始推出第一个 5 年创新政策，即第一期科学技术基本计划，到目前为止已经推出 5 个 5 年基本计划。

一　第一期科学技术基本计划

以 1996 年出台的科学技术基本法为准则，在同一年第一期科学技术基本计划开始实施。第一期科学技术基本计划政策的文件中规定了与研究开发相关的综合方针及具体措施的开展等事项。文件开头政策的基本方向中写道：在推动丰富人类活动的科学技术发展的同时，应该认识到自然科学及其他领域内的未知发现是人类的共有资产（以下摘自第一期科学技术基本计划政策文件[①]）。

我国以科学技术创造立国为目标，为了"在提高我国科学技术水平、推动我国经济社会的发展、提高国民福祉的同时，为世界科学技术的发展以及人类社会的持续发展做贡献"（科学技术基本法第1条），重点投入我国的研究与开发，为应对下述社会、经济需求而大力推动科学技术的研究开发。

即推动科学技术的研究与开发，实现有活力的丰富的国民生活，实现经济边界的扩大以及高水平社会经济基础的完善，推动独创的、革新技术的发展以应对新产业的创造及信息通信的飞跃性进步等课题。

另外，为了使人类在同地球、自然共存的同时实现可持续发展，为了促进人类活动扩大、以发展中国家为中心的人口大幅增加等导致的地球环境、粮食、能源、资源等地球规模诸问题的解决而进行相关科学技术的研究与开发。为应对人类的生活需求、构建安心富足的社会，为了增进人类健康，解决疾病预防、灾害防止等诸问题而进行相关科学技术的研究与开发。

同时，以物质的根源、宇宙诸现象、生命现象的研究，新法则及原理的发现、独创性理论的构建、未知现象的预测及发现等为目标的基础研究成果是人类能够共享的知识资产，有其自身价值。这些资产一方面能够为人类文化的发展做出贡献，另一方面也能够给国民带来梦想与自豪感。而且这种新研究成果有时还会使技术体系的面貌发生革命性变化、产生全新的技术体系，对社会产生各种各样的波及效应。对自然和人类的深刻理解也是保持人类与自然和谐、实现可持续发展的大前提。我们依据这些重要性来积极推动基础研究的振兴。

此外，构建新的研究开发体系能够促进研究者研究环境的健全以及各部门之间、地区间、国家间的合作与交流，有助于对研究成果进行适当的

---

① 《科学技术基本计划》（正文），http://www.mext.go.jp/b_menu/shingi/kagaku/kihonkei/kihonkei.htm。

评价。

为了大力推进上述研究开发的展开，面向新时代，在构建有助于研究者发挥创造性的以基础研究活动为中心的新型研究开发系统的同时，要加强并扩大大学、研究所等研究开发机构之间，国家、民间、地方公共团体等部门间乃至国际的合作与交流，同时通过对研究开发进行严格公正的评价来从根本上促进我国整体研究开发的繁荣发展。

如此一来，我们不仅能够把有志于从事科学技术的年轻人当作光明未来的创造者，也能使我国真正实现科技立国，进而走向国际，实现振兴（上述摘自第一期基本计划政策文件）。

为了建设应有的研究开发基础环境，政策文件中还规定要完善研究设施与设备，扩大教育、政府研究开发投资等。

为实现这一方向性目标，政策文件从以下几个方面就不同的措施进行了说明。

1. 人才培养体系

这一领域最重要的政策是"博士后等1万人支援计划"，该计划包括确保修完博士课程者的就职、在产业界改善博士待遇等。除博士后等1万人支援计划外，还规定了根据需求合理引导大学生数量的方针以及提供奖学金等经济方面的支持等。

2. 从设施与设备方面完善研究环境

当时日本的国立大学有很多老化建筑，因此需要从设施方面进行改善。除大学外还对国立研究机构的建筑、设备等进行财政支援改善老化问题。此外，作为向先进研究设备进行转换的一项，还要求研究设施实现信息化。也就是研究机构的互联网、机构内网的建设以及信息数据库的建设等。

3. 从研究资金方面给予支持

对研究者研究资金方面的支持包括改变以往科学研究经费公开募集、竞争外部资金的方式，加强财政补助，以及增加新型研究开发资金等。

4. 扩充私立大学与民间研发部门的研究

对于私立大学，同国立大学的信息化相同，搭建网络、为吸引多种多样的民间资金而完善研发条件。对于民间的研究开发部门采取的措施是免除研究费税金、对于公共性较高的研究引进补助金政策、加强知识产权的保护等。

5. 国际合作

把国际宇宙空间站及核领域、国际深海挖掘计划项目等需要国际合作的研究项目作为大型科学研究项目，切实推进国际共同研究开发。另外，国际合作的内容也包括针对发展中国家的研究开发合作以及对国际研究者流动动向的把握等。

6. 地区研究开发

地区研究开发是基于地区特性及地区需求，以提高居民生活水平等为目的的研发。政策文件中规定针对这类研发将加强对其研究课题的支援、完善公共研究机构的研修制度、促进人才及信息的交流等。

二 第二期科学技术基本计划

2001~2006 年时日本实施了第二期科学技术基本计划。第二期基本计划的政策文件中规定其政策理念有 3 个，即把日本打造成为"通过对知识的创造和运用对世界做出贡献的国家""具备国际竞争力、能够持续发展的国家""放心、安全、拥有高质量生活的国家"（以下摘自第二期基本计划政策文件）。

（1）成为通过对知识的创造和运用对世界做出贡献的国家

—新知识的创造—

所谓"通过对知识的创造和运用对世界做出贡献的国家"就是通过科学研究未知现象、发现新的法则和原理等来创造新的知识，并运用新知识解决各种问题，进而向世界分享创造出来的新知识和新智慧，帮助世界解决人类的共通问题，获得全世界信赖的国家。具体来说，例如发表多篇适合投资的高质量论文、国际评价较高的论文比率实现增长、以诺贝尔奖为代表的国际科学奖项获得者像欧洲主要国家那样多（50 年诺贝尔奖获得者30 人左右）、拥有相当数量的聚集很多优秀外国研究人员的研究中心等。目标就是创造出世界水平的高质量研究成果，扩大在世界上的影响力。

（2）成为具备国际竞争力、能够持续发展的国家

—通过知识创造活力—

"具备国际竞争力、能够持续发展的国家"即通过克服当前经济社会的诸问题、创造高附加价值的产品和服务、保证充分的就业机会来保持我国在国际竞争环境中的经济活力，实现持续发展，提高国民生活水平的国家。

具体来说，例如从质和量两个方面增加 TLO 等技术转移机构、推动专利从公共研究机构转移出来、公共研究机构建立更多的投资企业等，以多数公共研究机构的研究成果向产业转移、提出多个国际标准、国际专利登记数量增加、产业生产率提高等具备强有力的国际竞争力为目标。

（3）成为放心、安全、拥有高质量生活的国家

—通过知识创造富足社会—

"放心、安全、拥有高质量生活的国家"即为了在真正到来的老龄化社会中国民能够健康生活而飞跃性提高疾病的治疗及预防能力、自然及人为灾害发生时控制受灾程度到最小、构成人类活动基础的粮食及能源等资源能够稳定供给、开展与地球环境相适应的产业活动实现经济发展，以及在世界中保持稳定国际关系的同时人们可以过上放心、满足的高质量生活的国家。具体来说，例如弄清各种各样疾病遗传因子的奥秘并形成据此能够提供定制化医疗的科学与技术基础，将地震、台风等自然灾害的受灾程度控制在最小，通过对生物科技等的运用来保证优质粮食的稳定供给，降低科学技术的风险等。也可以据此来帮助发展中国家解决疾病感染、进行灾害应对等。

第二期基本计划的重要政策有：有侧重地、战略性地推动科学技术发展，进行科学技术体系改革来创造和运用优秀成果，推动科学技术活动的国际化。其中有侧重地、战略性地推动科学技术发展部分中，对于有利于促进国民生活水平提高的特殊领域，即 4 个重点领域，将推动研究开发资金的投入（以下摘自第二期基本计划政策文件）。

为了通过有活力的经济及产业来实现可持续的经济发展，为了让国民能够放心安全地生活，需要在重点领域进行积极的、战略性的投资，推动研发的发展。"有侧重地"方针是指为了实现我国的最终目标，从必要的科学技术领域中就以下几个方面：

- 创造作为新的发展源泉的知识（知识资产的增加）；
- 在世界市场实现持续增长、提高产业技术能力、创造新产业及就业（经济效果）；
- 保证国民健康、提高生活质量、保障国家安全及防止灾害等（社会效果）。

选出作用更大的一项，针对下面 4 个领域：

①有助于解决少子老龄化社会中疾病预防、治疗及食物问题的生命科学领域；

②与飞速发展、高度信息通信社会的构筑和信息通信产业及高新技术产业的扩大直接相关的信息通信领域；

③保持人类健康、保护生活环境、保护人类生存基础方面不可或缺的环境领域；

④在广泛领域拥有很大波及效应、且是我国优势的纳米技术及材料领域。

进行重点扶持，优先分配研究开发资源。

同时除了上述 4 个领域外，也指出能源、制造技术、社会基础、前沿领域①也是国家必须采取措施的 4 个领域。

对于重要政策中为创造、运用优秀成果而进行科学技术体系改革的部分将扩大竞争性资金，同时也包含引进间接经费（以下摘自第二期基本计划政策文件）。

扩大竞争性资金将直接导致用于研究的经费得到增加。而为了更有效、更高效地使用研发经费，就需要向研究机构提供伴随研究活动所产生的管理等必要经费。因此，对于获得竞争性资金的研究人员所属的研究机构将再按照研究经费的一定比例提供间接经费。

间接经费的比例参考美国做法，设定为 30% 左右。根据实施状况如有必要也可进行变更。间接经费将被用于改善获得竞争性资金的研究人员所属的研究开发环境改善以及整体提高研究机构的功能。获得多个竞争性资金的研究机构将会整合相关间接经费高效灵活使用，通过间接经费的运用来促进研究机构间的竞争，提高研究质量。但是，为保证相应研究机构对间接经费使用的透明性，需要向分配竞争性资金的机构报告经费的使用结果。而对于国立大学等高校，将在国立学校特别会计中把间接经费返还给取得竞争性资金的大学。

三　第三期科学技术基本计划

第三期科学技术基本计划的政策理念由 3 部分构成，其中既有基本继承

① 2009 年科学技术白皮书中对前沿领域的定义如下：前沿领域是指探求未知的宇宙、海洋等，推动研究开发以对新的领域进行开发、利用的领域。

第二期科学技术基本计划理念的部分，也有基于国内外形势变化的部分以及对未来展望的部分。第三期科学技术基本计划的理念是创造人类的智慧、创造提升国力的源泉、守护健康与安全。为实现这些理念设定了 6 个大目标、12 个中期目标。第一个理念创造人类的智慧指出虽然日本在科学技术领域有了一定发展，但还远不及欧美各国，因此今后有必要培养有能力的研究人员（以下摘自第三期基本计划政策文件）。

理念 1　创造人类的智慧

—成为通过对知识的创造和运用对世界做出贡献的国家—

目标 1　知识的飞跃性发现、发明，积累、创造多种多样的知识，开创未来

（1）新原理、新现象的发现、究明

（2）非连续的技术革新的源泉——知识的创造

目标 2　突破科学技术的界限——挑战并实现人类的梦想

（3）用世界最高水平项目引领科学技术

为了成为创造人类智慧为世界做贡献的国家，首先要实现厚重且多种多样知识的积累，才能持续创造飞跃性的知识。基础研究的目标是发现和究明新原理、新现象，在以此为中心进行知识积累的同时，也需要实现知识的飞跃。知识的飞跃是实现非连续的技术革新的源泉，进而对于近年来在原子、分子级别飞速发展的生命科学和材料科学等进行不断的研究。然而我国尚不能与欧美各国比肩，拥有实现这一飞跃的知识储备。

为实现这些目标就需要培养对知识的创造怀有热情并不断孜孜追求的研究者，并且需要促进这些研究者不断进行研发。而世界公认的优秀研究者的辈出就是之后的人才目标，并且要不断促进他们进行新的挑战。第二期基本计划中提出了国际科学奖获得者要像欧洲主要国家那样多的目标，即大约 50 年出现 30 位诺贝尔奖获得者。为了使第三期基本计划的科学技术政策能够促进这一目标的实现，还将以人为本推动基础研究等的发展。

如果说第一个理念是对基础研究层面研究开发环境的改善的话，那么第二个理念就是与产业相关的目标，即加强与新兴国家相比较的产业竞争力（以下摘自第三期基本计划政策文件）。

理念 2　创造提升国力的源泉

—成为具备国际竞争力、能够持续发展的国家—

目标3　环境与经济兼顾——环境与经济兼顾，实现可持续发展

（4）克服全球变暖、能源问题

（5）实现与环境相和谐的循环型社会

目标4　创新日本——实现能够持续革新的强韧经济、产业

（6）实现在世界上独具魅力的无所不在的网络社会

（7）建设世界第一制造业大国

（8）加强科学技术，实现能在全世界脱颖而出的产业竞争力

为了克服人口减少、少子老龄化及全球变暖、能源等问题的制约，在激烈的国际竞争之中实现可持续发展，作为提升国力的源泉，科学技术的发展是不可或缺的。在确保日本经济繁荣的同时，如何实现在国际上承诺的我国温室气体排放到2012年削减1990年的6%的目标也是一个较大的政策课题。

另外，如果能够创造出这些具备国际竞争力的新产业的话，不仅高质量的就业会随之产生，国民收入也会随之增加。与此同时为实现环境和经济兼顾，把温室气体等对环境造成的负荷控制在最小也是科学技术应挑战的重大课题。

第三个理念的目标：执行第二期基本计划期间世界经历了美国同时多发性恐怖袭击、严重急性呼吸综合征（SARS）、牛脑海绵状病（BSE）及禽流感等威胁生活的问题。第三个理念的目标是利用科学技术解决这些问题，确保国民放心、安全生活（以下摘自第三期基本计划政策文件）。

理念3　守护健康与安全

—成为放心、安全、拥有高质量生活的国家—

目标5　健康活跃的生活——实现从孩子到老年人都健康的日本

（9）攻克使国民痛苦的疾病

（10）实现人人健康生活的社会

目标6　值得骄傲的安全国家——把日本建设成为世界上最安全的国家

（11）确保国土和社会安全

（12）保证国民生活安全

施行第二期基本计划期间，国民一方面对身边的科学技术产生不安，另一方面也强烈希望能够解决健康和安全的问题。在这期间发生了SARS（重急性呼吸综合征）、BSE（牛脑海绵状症）、禽流感等跨越多国的传染性

疾病，同时这些疾病又引起人们对食品安全不信任感的增加，另外还有花粉症等免疫疾病问题的加重，地震、海啸、台风等大规模自然灾害及列车事故等大规模事故的发生，美国同时多发性恐怖袭击发生后更加复杂的国际安全保障环境，对信息安全威胁的增加，依然严峻的治安形势等，威胁国家可持续发展基础的必要条件——安全、放心——的事态层出不穷。另外，人们对于充分适当利用前沿科技来保卫生活健康及安全的期待不断高涨。即通过细胞、分子级别生命科学研究的显著进步实现划时代疗法、预防医学及食品功能的增加，实现健康生活，应对地震等自然灾害，应对事故、犯罪等问题。

在这种情况下，攻克困扰全体国民（从孩子到老人）的疾病、实现人人都能健康生活的社会，乃至于把日本从国家、社会层面到国民生活层面都建设成为世界最安全的国家就成为此次科学技术政策的目标。

施行此政策理念需要做到两点：实现科学技术的战略性侧重以及科学技术体系的改革。前者推动科学技术领域发展，后者是为了推动科学技术领域的发展而进行环境构建和人才培养。战略性侧重部分除了继续针对第二期基本计划中划分的 4 个重点领域投入研究开发资源外，还划分了 4 个新的推进领域进行特定领域的研究开发（以下摘自第三期基本计划政策文件）。

第二期基本计划中从解决国家、社会问题的研究开发中划分出了 4 个领域优先分配资源，进行重点研发。这 4 个领域分别为：生命科学、信息通信、环境、纳米技术及材料。这 4 个领域在后续的基本计划中按照以下观点也被作为特殊重点推动研发领域（"4 个重点推动领域"），按照下述领域内侧重点的评定方法优先分配资源（略）。

除上述 4 个重点推进领域以外，能源、制造业技术、社会基础、前沿领域 4 个领域是国家生存之本，也是国家必须对研发课题提供支持的领域，因此在第三期基本计划中被定义为需重点推进研究开发的领域（"4 个重点推进领域"），按照下述领域内侧重点的评定方法合理分配资源（略）。

科学技术体系改革的内容之一是增强大学的竞争力。其目标是建立引领世界科学技术发展的研究教育基地（以下摘自第三期基本计划政策文件）。

大学之间形成健康有序的竞争环境是建设具有国际竞争力的大学的必要条件。因此，无论是国立大学、公立大学还是私立大学，都要进一步促进优良竞争环境的形成，进一步推动人才的流动。

为了建设与世界优秀大学比肩的，甚至引领世界科学技术发展的大学，在良性竞争的原理之下将重点投资以建立世界顶级研究教育基地为目标的组织，推动其进一步发展。

通过以上一系列措施，在我国的大学中建立能够通过研发活动相关各种评价指标的世界顶级研究基地。例如建成 30 处各领域论文的被引用数在 20 以上的基地。

四　第四期科学技术基本计划

第四期科学技术基本计划的背景是，发生东日本大地震之后，与之相伴的确保能源稳定供给等科学技术的相关重要课题逐渐凸显。第四期科学技术基本计划的政策理念由 2 部分构成，第一，国家明确未来社会的发展方向，由分别追求各领域的发展转向集中力量解决现存问题。第二，采取能够消除国民不安（如通过风险管理领域应对大地震及核电站事故），能够取得国民理解和支持的举措。在这两个政策理念的指导下提出了 5 个政策目标和 3 个基本方针（以下摘自第四期基本计划政策文件）。

（1）国家的发展方向

科学技术有助于我国实现国民生活富足、国民生活安全的目标，也有助于促进以经济为首的国力基础的构建，同时科学技术也是开拓知识边界、帮助攻克人类面临的问题的手段。

为了满足国民对于科学技术的期望和要求，国家需要在今后的科学技术政策中明确中长期发展方向。因此，在第四期基本计划中以下 5 点就是国家的中长期发展目标，并以此推动政策的施行。

①成为完成震后重建和复兴、实现社会持续不断发展的国家。渡过东日本大地震带来的前所未有的灾害难关，实现重建复兴是我国未来发展、经济增长的大前提。另外，从中长期来看我国面临的资源能源问题、国家安全稳定的确保、老龄化等问题不仅仅是我国亟待解决的问题，也是世界各国需要应对的重大问题。因此，在震后重建、复兴的同时，我国要先于世界各国解决当今世界面临的共通问题，创造新的产业，增加就业，实现未来经济的持续增长以及社会的不断发展。

②成为拥有安全且富足的高质量国民生活的国家。保护国民的生命及财产不受到地震、海啸等自然灾害及重大事故等的破坏，让国民过上物质

丰富及精神富足的生活是国家的责任也是需要解决的重要课题。在构成国民生活基础的社会经济基础设施等不断复杂化多样化发展的背景之下，我国要建成国民拥有高质量生活且安全富足的、能够让国民觉得骄傲的国家。

③成为领先于世界的致力于解决大规模自然灾害等地球性问题的国家。对于全球变暖及大规模自然灾害、新现与再现传染病等地球性的重大问题，我国应在国际社会的协调与合作之下，充分利用我国此前积累的经验及实际成绩，充分利用我国特有的知识资产及创造力进行积极应对，成为领先于世界的国家。

④成为保有构成国家生存基础的科学技术的国家。保有构成我国生存基础的基础科学技术并进一步推动基础科学技术的发展，在确保国家及国民安全的同时开拓未知的、人类从未涉足过的新的知识边界。

⑤成为持续创造知识资产、把科学技术作为文化进行培育的国家。在持续创造多样且独特的最先进"知识"资产的同时，把包括研发活动、相关人员、研究机构以及研究基础和研究环境等在内的我国科学技术本身作为文化来培育。

（2）今后科学技术政策的基本方针

为了实现（1）中5个国家的未来发展目标，在继续创造世界最高水平的优秀知识资产的同时，也要明确我国需要应对的课题，持续综合系统地推进科学技术政策的施行，促进创新。而要想使政策能够切实施行，优秀人才的作用是非常重要的，这一点毋庸赘言。另外，为了实现"解决社会及公共问题的政策"，还需要进一步推动国民对政策的参与。

第四期基本计划从这样的观点出发，并在第三期基本计划的实际成绩和课题的基础上制定了下述3个今后科学技术政策的基本方针。

①科学技术创新政策的一体化开展。第三期基本计划中也强调了创新的重要性，但是尚未完全实现通过创新把科学技术的成果应用于新价值的创造。（中略）推进科学技术创新政策有两种方法。第一，预先设定我国应解决的课题，为达成目标而从整体上综合推进从研究开发的促进到研究开发成果的利用及运用的相关科学技术；第二，创造独创性的研究成果，并充分利用这些成果创造新的价值。

②加强人才和对人才提供支持的组织的作用。日本缺乏天然资源，而且今后人口将持续减少，为了大力推动科学技术创新政策的施行，不可或

缺的一个环节就是确保并不断培养相关的优秀人才。因此，国家应该重点进行优秀人才的培养。（中略）为了能够充分发挥这些优秀人才的能力，让他们能够大展拳脚，就必须加强大学及公共研究机构等从组织方面对人才的支持功能，并在研究人员之间以及组织间形成网络。

③同社会共同制定并施行政策的实现。1999 年 7 月于匈牙利布达佩斯召开的世界科学大会通过了科学与利用科学知识世界宣言，提出了"社会的科学与为了社会的科学"的观点。如今经过 10 多年的发展，科学技术同社会的关系越来越紧密，国民对于科学技术创新的期待也越来越高。另外，东日本大地震发生之后，社会希望重新构筑科学技术同社会的关系，其中包括科学技术的可能性及潜在风险相关信息的共享方式等。对国家来说，准确把握这种国民期待以及社会的要求，在将其适当灵活运用于政策制定及政策推行的同时，向国民明确且广泛地展示政策施行的成果以及效果，回馈社会变得越来越重要。因此，为了实现同社会共同制定并施行政策，国家需要进一步采取加深社会同科学技术创新关系的措施，同时还需进一步明确实施主体、达成目标、成果等，通过加强与国民的对话以及信息提供，努力取得国民的理解、信赖与支持。

为了建成这样的社会，实现经济持续增长以及社会不断发展的目标，基本计划提出了解决各种具体问题及实现震后重建与复兴、促进绿色创新、促进生活创新、促进科学技术创新等具体的体系改革政策。

例如，为了实现震后重建及复兴提出了如下实施方案：进行一系列研究开发来改善土壤及水质以重振产业、恢复海洋生态系统、提高初级产品的安全性等；以及为应对不断高涨的对于基础设施建设的需求，投资基础设施建设，提高新建社会基础设施的功能性、便利性以及安全性等。

促进绿色创新方面提出了如下方针：进行相关研发提高技术水平以促进对可再生能源的充分运用；促进从技术方面及管理方面对分布式能源体系的研究开发等。另外还指出需要进行研发以实现火力发电的零废弃物化，以及同时进行原子能发电站的事故模拟和事故处理。

生活创新是指从实现国民健康长寿的观点来探讨和研究老龄化社会中的医疗及看护方式。实现这一目标的举措有：通过对国民健康状态的长期观测（Cohort）及分析来推动与疾病预防相关的研究，在受灾地区长期进行健康调查，进行疾病的预防研究。此外还包括疾病的早期发现相关研究、研究开发疾病全新疗法的 iPS 细胞领域的研究，即不仅限于疾病治疗阶段的研究，通过疾病的预防、早期发现、安全疗法等措施来实现国民健康长寿的研究和开发也在不断推进着。

促进科学技术创新的举措有：以加强产官学合作为目的，设立科学技术创新战略协商会议、促进大学技术转移（Technology Licensing Organization：TLO）制度的发展、引进中小企业技术革新制度（Small Business Innovation Research：SBIR）等。科学技术创新战略协商会议是指在明确重要课题未来愿景的基础之上，在基础研究、应用、开发、产业化、实用化等各个阶段提供支持的机构。具体来说就是从总体上对大学、研究机构、资金分配机构、产业界规划参与机构、相关方进行调整的机构。TLO 制度是指为了促进大学持有的技术和专利适当广泛应用于产业界，协助办理专利转移手续、办理法律手续以及同产业界签订合约的机构。希望通过对 TLO 制度的充分利用来促进大学开发的技术得到广泛应用。SBIR 制度是为了使中小企业开发、持有的技术能够实现产业化而提供支援的制度，这一制度的目标也是为了促进企业开发技术能够在全社会得到广泛应用。我们可通过这一系列的举措加强产官学的合作。

五　第五期科学技术基本计划

第五期科学技术基本计划是人们在认识到社会变革的发展速度正在急速增加的基础上实行的计划。具体是指信息通信技术急速发展，把全世界的信息、金融、物流瞬间结合在一起，人们追求生活方式发生变化，寻求产生新附加价值的方式。为了适应这种社会的变化，第五期科学技术基本计划中使用了超智能社会这一词语，提出了未来社会的发展目标。

第五期科学技术基本计划对超智能社会进行了定义（以下摘自第五期基本计划政策文件）。即能够细分并掌握社会的种种需求，将必要的物品和服务在必要时以必要的程度提供给需要的人，让所有人都能享受优质服务，超越年龄、性别、地区、语言差异，快乐舒适生活的社会。

超智能社会中，首先要建立利用机器人同 AI 的共生以及信息通信先行发掘顾客需求的环境。未来，从组织机构的经营管理、劳动力的提供到创业想法都与信息通信技术相结合，产生更大的价值。

计划中也提出了实现超智能社会的必要举措（以下摘自第五期基本计

划政策文件）。

国家应该脚踏实地先行开发综合战略 2015 中制定的解决经济和社会课题的 11 个系统,① 通过升级其中各个系统,阶段性地推进联合协调。

在分别开发 11 个系统的同时,在多个系统间推进联合协调,分阶段地构筑一个能够灵活运用包括当前尚未出现的新服务在内的各种服务的共通平台。特别从与多个系统联合促进以及提升产业竞争力的观点,把高速道路交通系统、能源价值链系统以及新的制造业系统作为核心系统进行重点开发,尽早实现与地区综合护理系统、智能食品链系统以及智能生产系统等其他系统的联合协调,在经济及社会方面创造出新的价值。（中略）与此同时,要培养能够推动超智能社会服务平台构筑的研究开发人才以及能够利用这一平台创造新价值和新服务的人才。

另外,实现超智能社会不仅要构建必要的开发环境,也需要提升竞争力,加强基础技术开发与应用。这里所说的竞争力是指研究开发领域的竞争力,日本要率先在信息通信及物联网（Internet of Thing：IoT）领域进行开发,建立世界性研究开发基地。实现这一目标的必要举措就是先行推进知识产权化战略和国际标准化战略（以下摘自第五期基本计划政策文件）。

随着企业活动的不断全球化发展以及开放创新的深化,对研究开发成果的产权进行隐匿、适当区分使用的开放和封闭战略（Open and Close 战略）的重要性不断增加。特别是为了加强产业竞争力以及推动科学技术的发展,进一步提高知识产权管理的质量,企业等不能仅仅利用自己掌握的知识产权和技术资产,还应该在自己的商业模式中引进其他人的知识产权,形成包括国际标准化以及知识产权隐匿在内的创造最大化价值的知识产权战略是非常重要的。

第五期科学基本计划中追加了地方发展一项,地方发展是科学技术基本计划的一个全新角度,这也是第五期科学基本计划的特征之一。地方发展与之前开展的利用地方特色建立研究开发基地（集群策略）的观点不同,是指通过创造集群,在少子老龄化以及人口减少的同时激发地方都市的活

---

① 能源价值链的优化、地球环境信息平台的搭建、高效且有效的基础设施维护管理与更新的实现、能够有力应对自然灾害的社会的实现、高速道路交通体系、新的制造业体系、综合型材料开发体系、地区全面关护体系的推进、服务体系、智能食品链体系、智能生产体系。

力（以下摘自第五期基本计划政策文件）。

人口减少和老龄化是我国面临的一大问题，特别是在地方，切实应对少子老龄化的发展，创造地区新的商业，激发地区经济活力是非常必要的。而创新所需的要素和萌芽又存在于各个地区之中。为了发挥这些地区的魅力，创造新产品和新服务，提高已有产业的附加价值，在各地区构建自律的、持续的创新系统是非常重要的。

此前，日本实施了以地区大学的技术种子以及考虑到各地区特性的集群战略为核心的地区政策。但这些政策往往局限于地区内部，不利于对区域外资源的利用；由于是全国统一开展的政策，并不能完全激发地区活力；缺乏持续扎根于地区的举措。国家需要注意这些问题，支持地区主导的科学技术创新，推动地方发展。

第三节　中、德、日科技创新政策对比

一　科技战略、政策与计划制定国际对比

德国、日本和中国三国科技发展方向、科技战略与科技计划的制定，均是依据本国经济与社会发展需求来确定的，并针对国内外变化和科技发展新局势，对原有科技方向、政策与计划进行调整和完善。

德国从德意志帝国统一到现在100多年的时间里，科技发展方向虽然因为国情多变有过几次大的变化，科技发展也有过起伏，但政府一直都随着国际国内社会、经济和科技环境的变化而不断调整、创新科技政策与计划。从德国的科技体制演变来看，二战后德国开展战后重建与调整振兴阶段（1949~1969年），主要是重建被战争摧毁的基础设施和大学研究中心，恢复并建立新的科研促进机构；巩固发展阶段（1970~1989年），德国联邦教育与研究部成立，负责国家科技政策与规划，并设立教育、科学和技术委员会，负责协调联邦政府内部各职能部门间的科技政策；统一发展阶段（1990年以来），主要是重建东部新联邦州的教育与科技体制，建设具有强大国际竞争力的德国研究体系。从科技政策制定来看，2006年德国联邦政府首次提出了德国高新技术战略。从一开始，联邦政府就将高新技术战略设计为一个持续学习和不断发展的战略，根据不同发展阶段紧跟时代的重

大社会议题。第一个高新技术战略以技术为导向，使研究和创新政策主要围绕安全健康的生活、通信和移动、跨领域技术 3 个创新领域；第二个高新技术战略，即高新技术战略 2020，则以需求和挑战为导向，将原先的 3 个创新领域转化为气候和能源、健康和营养、流动性、安全和通信 5 个行动领域；第三个高新技术战略，是综合跨部门的创新战略，主要包括有关价值创造和生活质量的优先挑战、网络和转移、产业创新的节奏、创新友好型框架、透明度和参与度 5 方面，其中有关价值创造和生活质量的优先挑战除了创新的工作环境以外，数字经济和社会、可持续的经济和能源、健康的生活、职能移动、公民安全这些优先挑战强烈呼应了第二个高新技术战略提出的 5 个行动领域。该战略的目的就是保证已证实的支持计划的连续性，同时更好地协调和连接前后，找出当前支持体系中的漏洞，来设计未来以及相应的附加行动。由此可见，德国的科技计划具有明确的目标性和针对性，希望能够增强本国的经济实力，能创造更多的就业机会，能保持本领域在国际上的领先水平。此外，还具有相对稳定的特点，会根据变化进行不断调整和完善。

日本的科技政策以技术为关键，在不同阶段实现从技术引进到技术创造，再到科学技术全面发展的有序转变。从科技政策演变来看，二战后很长一段时期，日本在科技和经济上属于后发国家，制定了一系列有利于技术引进的政策，注意对技术的消化、吸收和再创新。20 世纪 60 年代提出消除技术差距与自主开发技术，70 年代又转向强调科学技术的综合性和社会性，80 年代提出技术立国战略，90 年代提出科学技术创造立国的战略，并相继推出了第一期至第四期"科学技术基本计划"，21 世纪日本将科学技术创造立国的重心转移到了知识产权立国上来。日本科技政策完成了从依赖国外到技术自主创新再到重视科学技术全面发展的有序转变。从科技计划制定来看，第二期科学技术基本计划规定了 3 个政策理念，即把日本打造成为"通过对知识的创造和运用对世界做出贡献的国家""具备国际竞争力、能够持续发展的国家""放心、安全、拥有高质量生活的国家"。第三期科学技术基本计划的理念是"创造人类的智慧""创造提升国力的源泉""守护健康与安全"，其中创造人类的智慧旨在成为通过对知识的创造和运用对世界做出贡献的国家，创造提升国力的源泉旨在成为具备国际竞争力、能够持续发展的国家，守护健康与安全旨在成为放心、安全、拥有高质量生活的国家。第四期科学技术基本计划是明确未来国家的发展方向和采取能够消除国民不安、能够取得国民理解和支持的举措，明确提出通过震后重建和复兴成为实现社会持续不断发展的国家，成为拥有安全且富足的高质量国民生活的国家，成为领先于世界的致力于解决大规模自然灾害等地球性问题的国家。由此可见，连续三期科学技术基本计划均围绕贡献国家、持续发展、高质量生活这些目标而设置。

中国科技政策的制定始终围绕科技、经济和社会发展的需要而展开。20世纪50年代，我国科技政策转向支持向苏联学习和引进苏联先进技术，并提出发展科技的方针是"重点发展，迎头赶上"。后来为适应经济建设的"大跃进"运动，科技界也掀起"大跃进"运动，给科技事业造成重大损失。拨乱反正之后，为更好推动科学技术发展，编制了《1986－2000年中国科学技术发展长远规划》，并制定了一系列加快科技发展的科技计划。1985年发布的《中共中央关于科学技术体制改革的决定》提出"经济建设必须依靠科学技术，科学技术工作必须面向经济建设"的战略方针。20世纪90年代科技体制改革的目标是建立以商品经济体制为基本制度安排的国家科技系统。21世纪以来，我国科技工作的重心转向建设国家创新体系。2005年，国务院正式发布的《国家中长期科学和技术发展规划纲要（2006－2020年）》提出未来15年科技工作的指导方针是"自主创新，重点跨越，支撑发展，引领未来"，就是要充分发挥科技支撑和引领未来经济社会发展的功能。

二　科学技术发展重点领域国际对比

德国、日本和中国三国均根据各国的科技发展水平和未来发展需求，在各阶段科技发展战略及政策中，明确其技术发展重点领域，但三国技术发展的侧重点有所不同。

德国第一个高新技术战略主要从技术上划定3个创新领域，分别是"安全健康的生活"（医学科学和医药技术、安全技术、植物、能源技术、环境技术），"通信和移动"（ICT、汽车和运输技术、航空航天、航海技术和服务）以及"跨领域技术"（纳米技术、生物技术、微系统技术、光学技术、新材料、生产技术）。第二个高新技术战略真正以挑战为导向，通过项目来带动技术发展，仍侧重于能源技术、生物技术、通信技术等领域。联邦政府对气候和能源、健康和营养、流动性、安全和通信五个挑战中的每一个都定义了具体的"行动路线","并启动了几个前瞻性项目",比如"二氧化碳中性:节能和适应气候变化的城市""可再生资源替代石油""独立安享晚年",以及"更有效地利用个体化药物治疗疾病"。第三个高新技术战略明确了各领域的科技计划,侧重安全、交通、医学、环境、可持续经济和能源、信息通信技术等领域,例如安全领域的安全研究计划,交通领域的电动汽车信息通信技术资助计划,医学领域的个性化医疗行动计划,创新工作环境领域的未来生产,服务与工作创新研究计划,可持续经济和能源领域的第六能源研究计划和信息通信技术领域的职能数据计划等。

日本在第二期科学技术基本计划中把生命科学、信息通信、环境、纳米技术和材料作为4个重点技术领域,在这些领域进行重点扶持,优先分配研究开发资源。此外也提出能源、制造技术、社会基础、前沿领域也是国家必须采取措施的4个领域。第三期科学技术基本计划继续对生命科学、信息通信、环境、纳米技术和材料作为优先分配资源领域,持续进行重点研发。此外也明确能源、制造业技术、社会基础、前沿领域4个领域是国家生存之本,也是国家必须对研发课题提供支援的领域,需按照领域内侧重点的评定方法合理分配资源。第四期科学技术基本计划明确完成震后重建和复兴、解决大规模自然灾害等地球性问题、促进绿色创新、促进生活创新等政策,并针对相关的技术性研究进行开发。第五期科学技术基本计划提出超智能社会的概念,重点发展通信及物联网、人才智能等技术领域。

中国在调整创新阶段围绕重点产业制定了不同的科技计划,重点支持农业科学、能源科学、信息科学、资源环境科学、健康科学、材料科学、制造与工程科学、综合交叉科学、重大科学前沿等面向国家重大战略需求领域的基础研究,围绕纳米研究、量子调控研究、蛋白质研究、发育与生殖研究、干细胞研究、全球变化研究等方向实施重大科学研究计划。在深入调整阶段,重点推动高技术产业、文化创新产业、信息业、生物医药产业、节能环保产业、服务业发展,分别在不同产业领域制定实施了一系列规划与意见。

三 创新动力来源国际对比

德国、日本和中国三国的创新动力来源有所不同,德国创新主要来源于企业，科学界与经济界结合紧密；日本官产学研结会效果显著；中国推动企业发展的政策较多，但产学研结合仍存在不少问题。

中小企业是德国创新体系的重要支柱之一，德国中小企业的数量占德国全部企业的比重超过95%，联邦政府高度重视中小企业创新发展。联邦政府制定了广泛的促进企业创新的政策措施，一是高技术战略着重各类创新型中小企业的长期计划，包括中小企业中央创新计划（ZIM）、中小企业产业合作研究计划（IGF）、"KMU创新"资助尖端研究计划、支持创新管理的"go-Inno"计划和"Horizon 2020"计划等；二是为企业提供技术相关计划，例如制定大型非特定技术的计划如"EXIST—基于高校的商业初创企业"，以及像"GO-Bio"和"IKT Innovativ"等小型聚焦特定技术的计划来支持初创企业；三是为让德国的创新型初创企业更容易获得风险投资，联邦政府通过其资助计划"INVEST-风险投资补贴"和"高新技术创业基金"（High-Tech-Start-upFund）为资本密集型、新成立的技术企业提供初始资助，并为其提供技术诀窍和相关的联系。除了各种企业支持计划，联邦政府还推动科学界与经济结构的战略研究合作，一是推出"主导项目计划"和重点领域的科研工作；二是通过杰出计划、高校公约等措施来加强科学界与企业家之间的合作。例如2006年的高技术战略在保持科学界和经济界协调一致和紧密合作的前提下，拟订了德国尖端集群（研发集群）建设的共同战略；推出了鼓励公共研究机构与中小企业开展集约性研发合作的"科研奖"及公益性研究机构的"科研奖金"；通过联邦教研部和德国科学基金联合会的"高等院校和企业间的技术转移"竞争机制，加大了科学界和经济界的创新潜力。有趣的是，联邦政府尚没有制定任何具体的与研发或创新相关的税收政策，因为许多决策者坚持认为，税收政策更多有利于那些具有丰厚利润和正式研发部门的规模企业和老牌企业，而那些尚未赢利至少尚未建立正式研发部门的小型和年轻企业并不会从中受益。而德国的增长模式和创新体系正是依赖于中小企业。

日本非常重视官产学研结会，以加强产官学合作为目的，通过设立科学技术创新战略协商会议、促进大学技术转移（Technology licensing Organization：TLO）制度的发展、引进中小企业技术革新制度（Small Business Innovation Research：SBIR）等来促进科学技术创新。

中国在20世纪80年代启动科技体制改革后，如何实现经济与科技的结合、促进科技成果转化，成为发展和完善科技创新政策的重要命题。我国制定了各种促进科技成果转化的政策，例如产业技术联盟、产业集群政策等结构性政策，和中小企业创业扶持、搭建创新平台等功能性政策。虽然当前面向科技成果转化的科技体制改革和政策实践总体向好，很多政策试点贴近市场需求，但仍存在未从战略层面对技术转移予以重视、科技创新管理体制仍需完善、技术转移体系存在条块分割、中介服务体系不健全等问题。

四 人才培养国际对比

德国、日本与中国均重视对人才的培养，但日本侧重对博士后、年轻研究人员的培养，德国侧重对人才的职业教育培养，中国则侧重引进和培养高层次人才。

日本第一期科学技术基本计划，明确提出完善人才培养体系，制定了博士后等 1 万人支援计划，该计划包括确保修完博士课程者的就职、在产业界改善博士待遇等。除博士后等 1 万人支援计划外，还规定了根据需求合理引导大学生数量的方针以及提供奖学金等经济方面的支持等。第二期科学技术基本计划提出要拥有相当数量的聚集很多优秀外国研究人员的研究中心，以诺贝尔奖为代表的国际科学奖项获得者像欧洲主要国家那样多，改善任期制度为培养新人型任期制（把任期从原则上 3 年延长到原则上 5 年），开拓多种晋升路径，增加优秀外国研究人员的活跃机会，改善女性研究人员的环境。第三期科学技术基本计划提出支持年轻研究人员的自立、抑制本校毕业研究人员比例、女性研究人员采用目标定为 25%。第四期科学技术基本计划提出一个新录用女性研究人员的目标值：占到自然科学领域新录用研究人员的 30%。但这一目标并未实现。第五期科学技术基本计划提出了一个具体的目标，即使 40 岁以下的大学教员人数增加 10%，并且在未来实现 40 岁以下的教员人数占比达到 30% 以上。为实现上述目标，在 2016 和 2017 年度的《科学技术创新综合战略》中，政府提出了一些具体的措施，包括：从 2016 年起引入"卓越研究员事业"，为那些 40 岁以下的优秀任期制教员、博士后研究员提供稳定的工作岗位和独立的研究环境，首次募集选出了 83 名卓越研究员，这些人员没有任期，属终身雇用，同时还可从政府获得一定的科研经费支持。政府的计划是每年支持 100~200 名青年人，而且岗位不限于大学，研究开发法人和企业也可以因需设立这样的岗位。与此同时，政府也极力扩大了针对大学教员和研究人员的公正且透明的评价和育成体系的导入范围，力图使非升即离制度在更多的大学等机构得到普及，从而使资深的人员也流动起来，为青年教员进入职业轨道提供机遇。此外，政府也极力提高促进青年研究人员尽早独立的竞争性资金的可获得性，支持富于独创性的青年研究人员尽快进入职业轨道。

德国职业教育是创新发展的主要动力，是成就"德国制造"全球声誉的重要因素。德国政府强调以职业为导向，推崇"双元制"职业教育，通过校企合作的形式，将职业能力培养作为核心，推动职业教育与技术创新的有机互动。德国政府宏观调控职业教育的特色包括以下 4 点：①构建完善的政策法规体系。德国从国家战略的高度制定了《职业教育法》，并在职业教育顶层框架下形成了《劳动促进法》等劳动法，为德国规范开展"双元制"职业教育提供保障；②针对职教师资队伍、入学学生及培训企业建立严格的资格准入制度。针对未达标的初中毕业生开展过渡阶段教育，保证职业教育的质量及其与普通教育的衔接；设置高标准、高门槛的职教教师条件，并提供优越的待遇；建立企业参与职教资质制度，由商会开展考核，并建立跨企业培训中心对未达标企业开展企业职教能力提升培训的制度；③建立规范的职业教育标准。首先由相关部门制定职业人才培养计划及毕业标准，再由学校和企业细化实施方案，最后通过商会组织监控方案实施并考核。职业教育标准制定者、执行者、监控者三者间相互共存又相互监督，保证了职业教育的质量，保障了职业资格证书在劳动力市场上的可信度；④开展职业教育信息发布和监测评价，保证职业教育可持续发展。在政府层面，建立了职业教育信息统计和发布系统，及时公布培训职业、培训岗位等职业教育信息；在职业教育社会组织层面，拥有大量职业教育研究机构，形成丰富的研究成果，并向全社会提供职业教育参考信息。

中国侧重于对高层次创新型人才的引进和培养。例如国家的千人计划，旨在围绕国家发展战略目标，重点引进一批自然科学、工程技术、哲学社会科学等领域高层次创新创业人才。国家的万人计划，旨在重点遴选一批自然科学、工程技术和哲学社会科学领域的杰出人才、领军人才和青年拔尖人才。通过对顶尖、领军、青年等不同层级高层次人才的引进和培养，带动我国科技与经济快速发展。

五 基础研究投入国际对比

基础研究为应用研究与试验发展提供支持和保障，基础研究投入比例决定了国家的中长期竞争力。德国和日本重视基础研究投入，而我国的基础研究投入有待提升。

德国侧重于基础研究，自由探索类基金占其他科技计划经费的比例为20%左右。2013年，德国联邦政府和州政府对科研机构与项目的联合资助为123.51亿欧元，其中分别资助马普学会（MPG，致力于基础研究）和德国科学基金会（DFG，主要资助大学和公共研究机构的基础研究）14.22亿欧元和21.17亿欧元，[①] 基础研究总额占政府对科研机构与项目资助的28.7%。德国基础研究型项目主要是通过德国科学基金会（DFG）提供资金；联邦教育与研究部（BMBF）、联邦经济与技术部（BMWi）、联邦国防部（BMVg）、联邦食品部、农业及消费者保护部、联邦环境部、自然保护及核能安全部和联邦卫生部等部级单位则为各自职责范围内的研究提供项目资金，这类资金绝大多数都是以应用为导向的，通常资金与专题计划相捆绑。2016年，DFG项目资助共计31亿欧元，[②] 联邦政府各部门的研发支出预计158.02亿欧元，[③] 自由探索类基金占其他科技计划与项目的19.6%。

日本也比较重视基础研究。第一期科学技术基本计划提出要推动基础研究的振兴，构建有助于研究者发挥创造性的以基础研究活动为中心的新型研究开发系统。第二期科学技术基本计划提出，要以人为本推动基础研究的发展，改善基础研究层面的研究开发环境。第四期科学技术基本计划，不仅加强基础研究，还推动促进创新政策，通过震后复兴以及生活创新等方式来提高与人们生活息息相关领域的国民生活品质。数据显示，2013年日本的研发投入中，基础研究投入占比为12.6%。

中国基础研究投入不足。2015年我国基础研究投入占研发投入的比例

① 数据来源：Federal Report on Research and Innovation 2016.
② 数据来源：Facts and Figures 2016. DFG Flyers. http：//www.dfg.de/download/pdf/dfg_ im_ profil/geschaeftsstelle/publikationen/flyer_ zahlen_ fakten_ en. pdf.
③ 数据来源：Federal Report on Research and Innovation 2016.

仅为 5.1%，而发达国家这一指标大多数都在 18% 以上。我国试验发展的经费比例过高，占比为 84.1%，[①] 这也反映了我国科技投入巨大但效率不高的问题。

六　区域创新发展国际对比

德国高度重视地区创新均衡发展，日本逐渐认识到区域发展的重要性，中国还有待协调不同地区的均衡发展。

从德国科技政策来看，联邦教育和研究部相继制定了一些专门针对德国东部的创新支持计划"创业区域"（Unternehmen Region），旨在建立和扩大德国东部地区的独特技术、科学和经济能力，激励来自当地企业、大学和研究机构的参与者以及知道其区域优势的行政和社会代表之间形成联盟。具体实施"InnoRegio"，目标是发展自我维持的创新网络并将德国东部创造成具有长期竞争力的地区；实施创新区域增长核心计划（Innovative Wachstumskerne），旨在支持德国东部企业、研究机构和大学的区域合作，提供平台技术，并在其各自能力领域展现独特的优势；实施"创新论坛"（Innovationsforen），目的是与当地伙伴建立长期可持续的创业合作关系，加强受支持地区的能力和竞争力；实施"创新能力中心：创造卓越-保障人才"，持续在德国东部建立具有国际影响力的研究中心，并重点资助国际青年研究人员；实施"InnoProfile"计划及其后续计划"InnoProfile-转移"，将初级研究人员与地区企业联系起来，强化了德国东部的经济创新能力；实施"Twenty20-创新伙伴关系"，旨在通过区域间和跨领域的合作，系统地扩大在德国东部形成的出色的经济和科技竞争力。从日本科技政策来看，第五期科学基本计划中追加了地方发展一项，地方发展是科学技术基本计划的一个全新角度，这也是第五期科学基本计划的特征之一。地方发展与之前开展的利用地方特色建立研究开发基地（集群策略）的观点不同，而是通过创造集群，在少子老龄化以及人口减少的同时激发地方都市的活力。而中国需立足国家总体发展方针和区域经济发展的态势，针对区域发展中存在的东西部、南北发展不均衡的问题，从国家层面设计、制定促进各区域经济协调发展的有效政策及措施。

---

① 数据来源：《中国科技统计年鉴 2016》。

七 科技政策评估国际对比

德国与日本重视对科技政策的评估，并根据评价结果进行政策调整或改进；而中国则没有对科技政策进行有效评估。

德国的创新政策形成了强大的评估文化，德国对科技创新政策及计划的评估主要强调的不是单纯的影响力评估，而是理解计划与策略的契合程度，如何使它们变得更有效以及如何对它们进行进一步改进。例如，政策制定者会尝试确定他们是否接触到了正确的目标群体，受益者是否认可该计划，以及有些方面是否应该进行进一步改进。政策评估的重点是学习，而不是控制或性能监控。科技政策评估一般会遵循一种有效的逻辑模型，具体包括五个阶段：项目的设计、支持行动的选择、产出、产生的成果和整体影响（见图4-1）。阶段1的问题是某个具体项目的设计是否符合其在政府总体战略中的预期角色；阶段2即对项目从过程和内容方面进行整体事前评估；阶段3评估支持行动是否顺利完成并达到了直接确定的目标，例如产品数量、专利数量等；阶段4评估支持行动所形成的成果，例如经济影响、网络纳入等；阶段5评估政策项目及其所支持的措施是否产生了预期影响。根据不同阶段采用不用的评估方法，例如一般应用同行评议、前瞻性研究、访谈和案例研究、建模和仿真等方法进行事前评估，应用调查法、访谈和案例法、计量经济模型和对照组方法、网络分析法等进行事后或形成性评估。

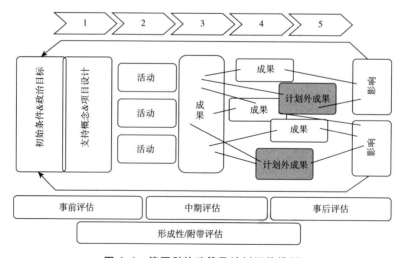

图4-1 德国科技政策及计划评估模型

　　日本的科技政策体系以政府出台的《国家研究开发评价指南》作为评价依据，并根据社会发展的要求和政策评价的结果进行动态调整，这既包括对于总的中长期科技发展战略的调整，也包括对年度科技计划的调整。日本综合科学学术会议于 1997 年出台《国家研究开发通用评价方法实施指南》，评价第一期科学技术基本计划；之后与第二、三、四期科学技术基本计划配套，日本又不断改进国家研究开发的评价方法，不断完善修订这一评价指南，并更名为《国家研究开发评价指南》（具体包括研发制度评价、研发计划评价、研发项目评价、研发人员业绩评价和研发机构评价），实施监督评价直到现在（见图 4-2）。日本政府还曾根据其第三期科学技术基本计划实施过程中出现的问题，对科技政策进行动态调整，在第四期科学技术基本计划中提出了新的改进措施。一般来讲，日本政府在科技政策制定及项目立项前，要求与内阁各部门的行政决策结合，与法律兼容，与社会方方面面沟通；在科技项目课题执行中，要求实施 PDCA（计划、执行、检查、处理）循环，要加强第三方评价和社会监督；在科技项目课题实施完成后，要面向社会加强公众参与和媒体宣传，加快成果的推广和应用。

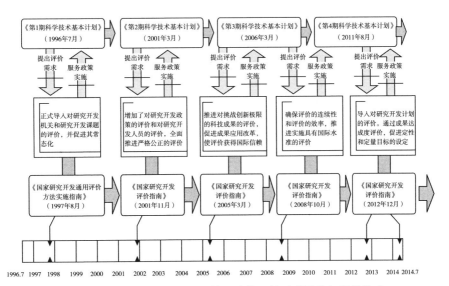

图 4-2　日本现行科技创新政策评价体系的形成及其与科学技术
基本计划的配套关系

第五章　科技创新研发经费支出的国际比较

第一节　全球科技创新研发经费变化情况

研究与发展（R&D）活动是科技创新活动的核心，R&D 经费是测度一个地区 R&D 活动规模、评价其科技实力和创新能力的重要指标。本节利用全球 R&D 经费统计数据，比较分析全球各区域研发活动状况。本章所使用数据根据 2005 年的购买力评价换算为美元。

2005~2015 年，全球 R&D 经费总量持续稳定增长，年均增速为 4.7%，2015 年达到 1.6 万亿美元，是 2005 年的 1.6 倍。从五大洲情况看，亚洲表现最为抢眼：增速最快、贡献最大、实现翻番。亚洲年均增速为 7.8%，高出全球平均水平 3.1 个百分点，其次是非洲高出全球平均水平 2 个百分点。2015 年亚洲 R&D 经费总量超过 7000 亿美元，较 2005 年实现了翻番。从全球 R&D 经费增长贡献看，近 2/3 的增长由亚洲拉动，贡献率高达 63.7%（见图 5-1、表 5-1）。

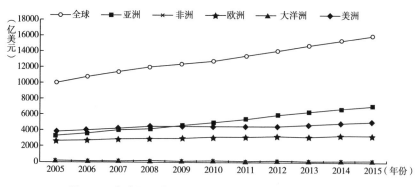

图 5-1　全球及五大洲 R&D 经费情况（2005~2015 年）

数据来源：联合国教科文组织统计研究所。

注：1. 数据基于购买力平价原则（PPP）折算。

　　2. 数据为 2005 年不变价。

表 5-1　全球和五大洲 R&D 经费增长情况

单位：亿美元

	2015 年 R&D 经费	年均增速	比 2005 年增长量	2015 年/2005 年	增长贡献率
亚洲	7071.4	7.8%	3721.7	2.1	63.7%
非洲	217.0	6.7%	103.7	1.9	1.8%
欧洲	3431.1	2.8%	823.8	1.3	14.1%
大洋洲	185.4	2.4%	39.2	1.3	0.7%
美洲	4995.3	2.7%	1157.0	1.3	19.8%
全球	15900.2	4.7%	5845.4	1.6	—

数据来源：联合国教科文组织统计研究所。

从全球 R&D 经费在各洲的分布结构看，整体呈现亚洲份额持续扩大、美洲和欧洲份额持续缩小、非洲和大洋洲基本保持稳定的局面。2005~2015 年，亚洲占全球比重从 33.3% 升至 44.5%，提高 11.2 个百分点；美洲从 38.2% 降至 31.4%，下滑 6.8 个百分点；欧洲从 25.9% 下降至 21.6%，下滑 4.4 个百分点；非洲和大洋洲的份额始终在 1%~2% 之间，变化很小（见图 5-2）。

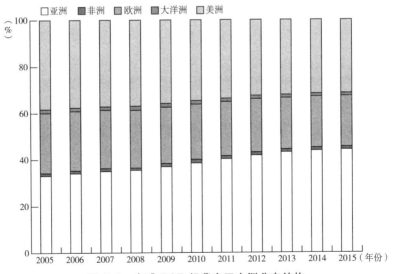

图 5-2　全球 R&D 经费在五大洲分布结构

数据来源：联合国教科文组织统计研究所。

从发达国家和发展中国家 R&D 经费的变化情况看，二者均呈平稳增长态势，但增速差距较大（年均增速分别为 2.3% 和 10.1%），差距不断缩小。

从对全球 R&D 经费增长的贡献看，发展中国家贡献率高达 66.6%，发达国家为 32.5%，基本为 2:1（见图 5-3）。

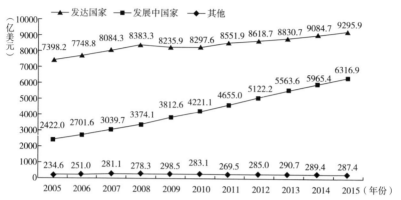

图 5-3　发达国家和发展中国家 R&D 经费变化情况（2005~2015 年）
数据来源：联合国教科文组织统计研究所。

从发达国家和发展中国家 R&D 经费占全球份额的变化情况看，二者呈现完全相反的发展趋势：发达国家份额逐年持续下降，发展中国家则稳定上升。2005~2015 年，发达国家比重从 73.6% 降至 58.5%，下滑 15.1 个百分点；发展中国家比重从 24.1% 升至 39.7%，提高 15.6 个百分点（见图 5-4）。

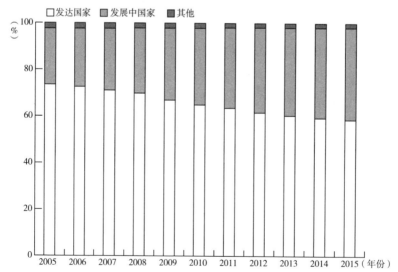

图 5-4　全球 R&D 经费在发达国家和发展中国家的分布情况（2005~2015 年）
数据来源：联合国教科文组织统计研究所。

第二节 重点国家研发投入经费比较

本节选取 2015 年 R&D 经费规模排名前 10 的国家①进行比较。2005～2015 年，各国 R&D 经费均呈增长趋势。其中，美国一直是 R&D 经费投入最多的国家，其 R&D 经费从 3281.3 亿美元增加到 4205.5 亿美元，年均增长 2.5%。中国、韩国和法国 3 个国家的 R&D 经费保持 10 年稳定增长，其中，中国增速显著，从 868.4 亿美元增加到 3425.1 亿美元，年均增长 14.7%，并于 2009 年突破 1700 亿美元，超越日本，成为研发投入第二大国。韩国和法国的 R&D 经费年均增长率分别为 8.6% 和 1.7%，但增速呈下降趋势。印度 R&D 经费增长较快，从 265.3 亿美元增加到 420.4 亿美元，年均增长 4.7%。德国、英国、俄罗斯、意大利的 R&D 经费均呈现波动上涨趋势，年均增长率分别为 3.2%、2.0%、2.9%、2.0%（见图 5-5）。

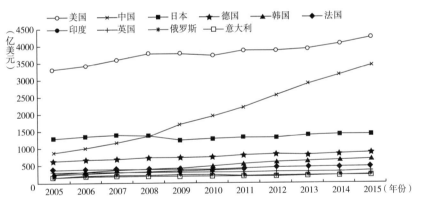

图 5-5　R&D 经费排名世界前 10 的国家 R&D 经费变化情况（2005～2015 年）
数据来源：联合国教科文组织统计研究所。

2005～2015 年，美国是全球 R&D 经费最多的国家，占全球 R&D 经费的份额最高，但呈下降趋势，由 32.6% 降至 26.4%。随着中国对创新重视程度的增加，中国 R&D 经费占全球份额迅速增加，2005 年仅为 8.6%，10 年中逐年上升，2009 年达到 13.8%，超过日本（10.2%），2015 年达到

---

① 2015 年研发经费支出排名世界前 10 位的国家分别为：美国、中国、日本、德国、韩国、法国、印度、英国、俄罗斯和意大利，这 10 个国家研发经费支出之和占全世界研发经费支出总量的 77.6%。

21.5%，仅次于美国。2015 年，仅中国与美国的 R&D 经费就占全球份额的 48.0%，将近全球 R&D 经费的一半。

韩国 R&D 经费占全球份额呈上升趋势，由 3.0% 上升至 4.4%，提高 1.4 个百分点。2005 年印度 R&D 经费占全球份额为 2.6%，逐年上升，2011 年达到峰值 3.2%，随后回落至 2.6%。日本、德国、法国、英国、俄罗斯、意大利 R&D 经费占全球份额均呈波动下降趋势。其中日本下降迅速，从 12.8% 降为 8.8%，下降了 4 个百分点；法国下降了 1 个百分点，德国、英国、俄罗斯、意大利下降较为缓慢，均下降了不足 1 个百分点（见图 5-6）。

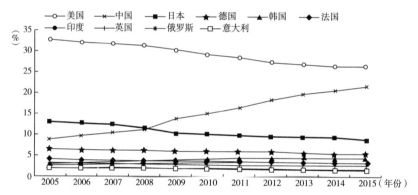

图 5-6　R&D 经费排名世界前 10 的国家 R&D 经费占全球份额（2005~2015 年）
数据来源：联合国教科文组织统计研究所。

第三节　重点国家研发投入经费支出强度比较

R&D 经费强度（R&D/GDP）是评价一个国家或地区 R&D 活动水平的重要相对指标，也是显示其科技实力和核心竞争力的重要标志。因不同国家或地区的经济总量不同，仅用 R&D 经费规模等绝对指标无法准确衡量其 R&D 活动水平，因此国际上通用 R&D 经费强度反映一个国家或地区对 R&D 活动的经费投入力度，也一定程度上反映了一个国家或地区的科技创新潜力和经济发展后劲。

2005~2015 年，中国 R&D 经费强度持续稳定增长，2015 年达到 2.07%，在进行比较的 11 个国家中排名第 7 位，较 2005 年提升了 0.76 个百分点，增幅排名第 2 位，与第 1 位的韩国相差 0.85 个百分点。全球排名第一的以色列 R&D 经费强度基本保持在 4% 以上，2015 年为 4.27%，高出

中国 2.2 个百分点，是中国的 2 倍多。韩国 R&D 经费强度表现最为抢眼，
10 年间从 2.63% 飙升至 4.23%，直接逼近排名首位的以色列（见图 5-7）。

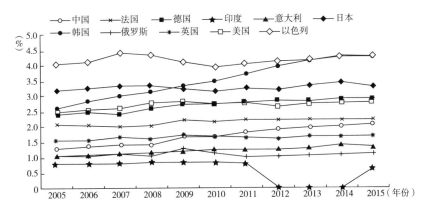

图 5-7　中国与世界主要国家 R&D 经费强度比较（2005～2015 年）

数据来源：联合国教科文组织统计研究所。

注：1. 选取 2015 年 R&D 经费排名前 10 的国家以及 R&D 强度排名全球首位的以色列。

　　2. 印度 2010 和 2011 年数据为国家估计数，2012～2014 年数据缺失。

中国 R&D 经费强度整体表现为：缩小与发达国家平均水平的差距，拉大
与发展中国家平均水平的差距。2005～2015 年，发达国家、发展中国家和中国
的 R&D 经费强度分别提升 0.25、0.39 和 0.76 个百分点。发达国家自 2011 年
起进入平稳阶段，稳定在 2.4%～2.5% 之间。发展中国家始终呈现平稳增长态
势，各年增速均保持在 0.02～0.04 个百分点之间。中国在 2009～2013 年期间
经历较快增长，四年累计提升 0.33 个百分点，之后增速放缓（见图 5-8）。

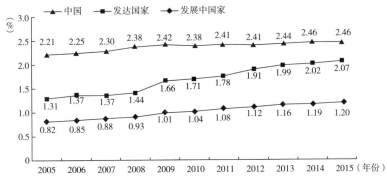

图 5-8　中国与发达国家、发展中国家 R&D 经费强度比较（2005～2015 年）

数据来源：联合国教科文组织统计研究所。

第四节　重点国家研发投入经费结构比较

一　重点国家研发经费资金来源结构比较

本部分选取中国、美国、日本、德国、英国、韩国和法国七个国家进行 R&D 经费来源结构的比较。从 R&D 经费来源结构看，各国都是以企业为主体，除英国（48.4%）和法国（55.7%）外，其他国家企业经费比重基本在65%以上，中国为74.7%，仅低于日本（78.0%）。

从发展趋势看，中国、英国和法国来自企业的经费比重整体呈增长趋势，尤其中国这一趋势最为明显，十年间累计提升7.7个百分点；德国来自企业的经费比重整体下降，累计缩小1.8个百分点；其他国家来自企业的经费比重波动比较明显。

美国、德国、英国和法国来自政府的经费比重相对较高，基本在25%以上，除德国保持相对稳定外，其他国家政府经费比重呈下降趋势，尤其美国最为明显，十年间累计下滑6.8个百分点；中国政府经费比重始终保持在20%以上，但这一比重逐年下滑，十年间累计下降5.0个百分点。

从海外经费比重看，欧美国家占比明显高于亚洲国家，中国、日本和韩国这一比重均在2%以下，英国常年保持在15%以上（见图5-9）。

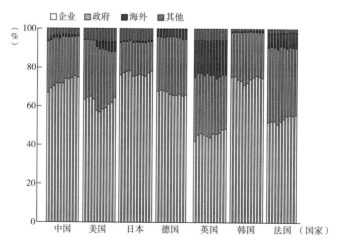

图 5-9　重点国家研发经费资金来源结构（2005~2015 年）

数据来源：联合国教科文组织统计研究所。

二 重点国家研发经费执行部门结构比较

本部分选取中国、美国、日本、德国、英国、韩国和法国七个国家进行 R&D 经费执行部门结构的比较。从 R&D 经费执行部门结构看，各国都是以企业为主体，2015 年企业执行经费占比均在 65% 以上，中国为 76.8%，低于日本（78.5%）和韩国（77.5%）。

从发展趋势看，各国企业执行经费占比都呈现扩大态势，中国在这一趋势上表现得最为显著，十年间累计扩大 8.5 个百分点。中国政府机构执行经费比重相对较高，2017 年为 16.2%，高于其他国家，主要由政府属科研院所执行，但是这一比例在逐渐下降，十年间累计下滑 5.6 个百分点。中国高校执行经费比重最低，2015 年为 7.1%，与比例较高的英国（25.6%）和法国（20.3%）差距较大（见图 5-10）。

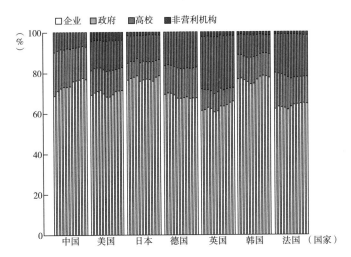

图 5-10 重点国家 R&D 经费部门执行结构（2005~2015 年）
数据来源：联合国教科文组织统计研究所。

三 重点国家研发经费按活动类型分布比较

根据数据获取情况，本部分选取中国、美国、日本、英国、韩国、法国和以色列七个国家进行 R&D 经费按活动类型分布的比较。

从 R&D 经费在活动类型分布情况看，除英国和法国外，其他国家均以试验发展经费为主,试验发展经费比重均在 60% 以上,中国和以色列超过 80%,分别为 84.2% 和 80.8%。英国应用研究经费比重最高,2014 年为 43.3%,法国试验发展经费和应用研究经费比重基本相当,都在 35% 左右。

从基础研究经费比重看,法国遥遥领先,稳定在 23%~26% 之间。美国、韩国和英国水平相当,在 15%~19% 之间,波动不大。日本也保持稳定,在 11%~13% 之间。以色列是唯一呈下滑趋势的国家,从 2005 年的 15.4% 降至 2014 年的 9.8%,降幅为 5.6 个百分点。中国是基础研究经费比重最低的国家,长期保持在 5% 左右,与其他国家差距较大(见图 5-11)。

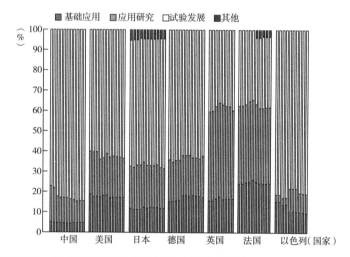

图 5-11 重点国家 R&D 经费按活动类型分布情况(2005~2015 年)
数据来源:OECD 网站。

第六章　中、德、日全要素生产率 测算的国际比较

中国特色社会主义进入新时代，中国经济发展的基本特征是由高速增长阶段转向高质量发展阶段。推动高质量发展已成为遵循经济发展客观规律、适应我国社会主要矛盾变化、决胜全面建成小康社会、建设社会主义现代化国家的必然要求。而全要素生产率是分析经济增长质量的重要工具，准确测算全要素生产率可以识别经济是投入型经济还是效率型经济，从而确定经济增长的可持续性，为政府制定长期可持续发展的经济政策提供重要依据。

全要素生产率（TFP）是指各要素投入（如资本与劳动）之外的技术进步和能力实现等导致产出增加的程度。对全要素生产率的分析可以从时间维度进行，也可以从空间维度进行，即国家（或地区）间的 TFP 比较，这在国际竞争力的研究中占有重要地位。TFP 的国际比较可分为两个部分：一是 TFP 水平的国际比较，即研究国家间的 TFP 水平的差距；二是 TFP 增长率的国际比较，即研究 TFP 增长速度的差距。本章将利用 C-D 生产函数以及中国、日本、德国的经济数据，测算三个国家、北京市和上海市的 TFP 水平以及 TFP 增长率情况。

选择日本、德国与中国进行对比，主要是因为：日本与德国是亚洲与欧洲科技发展水平较高的代表性国家，都是在 20 世纪 80 年代技术水平迅速提高，经济快速发展，且两国均重视工匠精神，贸易结构与产业结构类似；同时，日本与德国和中国一样，都是产品输出国。将中国、日本、德国进行 TFP 水平与增长速度的比较，会对中国未来的经济发展提供借鉴，对探索中国 TFP 的发展方向以及中国经济增长将要面临的问题具有重要意义。

第一节　模型构建及数据说明

一　模型构建

（一）基本模型

测算 TFP 的方法比较多，方法总体分为参数法与非参数法，参数法和非参数法相比较，更加直观，容易理解，测算角度也比较全面。有从总体测算 TFP 的研究，如张军扩（1991），也有从企业层面测算 TFP 的研究，如杨汝岱（2015）、张少华与蒋伟杰（2014）。本书将采用参数法，从国家层面测算中国、日本、德国总体经济的 TFP 水平以及增长率，并进行比较研究。

利用 C-D 生产函数测算相应经济指数的方法，在 20 世纪六七十年代曾广泛应用于分析西方国家各要素对经济增长的贡献，尽管近年来经济理论界对这种方法提出不少的批评，认为它"是一种非常'专横'的简单化"，并提出了更为复杂的计量模型，但作为一个对整体经济高度概括的经济模型，其理论性质基本是正确的，所以这一简单的模型更便于对一个国家的整体经济情况进行分析。

本章假设生产函数为柯布－道格拉斯（C-D）生产函数，将实际经济数据带入生产函数测算 TFP。假设市场为完全竞争市场，生产为规模效应不变的，资本和劳动的产出弹性之和等于 1，[①] 设定生产函数中的生产要素为资本与劳动力，其形式为：

$$Y_t = A_t \cdot K_t^\alpha \cdot L_t^\beta \tag{6-1}$$

其中，Y_t 为 t 时刻的总产出，A_t 为 t 时刻的全要素生产率，K_t 为 t 时刻的资本投入，L_t 为 t 时刻的劳动投入，α 和 β 分别为资本和劳动的产出弹性。所以历年的 A_t 就可以通过计算 $A_t = Y_t / (K_t^\alpha \cdot L_t^\beta)$ 来得到了。

---

① 本章假设中国、日本、德国的生产行为不存在规模效应，这个假设当然与实际情况有偏差，但如果要估计生产行为是否存在规模效应，需要利用计量的方法，而表示 *GDP*、*K* 与 *L* 的时间序列常常为不平稳序列且不一定存在协整关系，无法估计，所以本章假设三个国家的生产不存在规模效应，也是无奈的。

（二）主要指标

对于 Y_t，我们选取国家的生产总值数据作为衡量 Y_t 的指标，并且利用 GDP 平减指数将每年的名义 GDP 转化为以 1990 年为基期的实际 GDP。

对于 K_t，我们选取固定资本存量数据作为衡量资本投入 K_t 的指标，固定资本存量数据我们是利用永续盘存法来进行盘存的：

$$K_t = K_{t-1} \cdot (1-\delta) + I_t \tag{6-2}$$

其中，K_t 代表 t 时刻的固定资本存量，δ 代表 t 时刻的固定资本存量折旧率，I_t 代表 t 时刻的固定资产投资。对于基准年份资本存量的确定主要有两种方法：直接普查法和折旧-贴现法。直接普查法调查出的资本存量往往具有较高的准确性，但是由于各国在可利用调查资源上的差异，在数据调查方法、数据整合工具等方面也存在不一致的地方，因此，采用直接普查方法在历史和国际比较方面往往是不可信的。不过，由永续盘存法的公式可以发现，如果时间序列较长而且只是分析最近一段时期的生产函数，那么实际上基年资本存量估计的准确性并不是什么大问题，只要经过 $1/\delta$ 年，基年资本存量都将被折旧掉而没有任何的影响。由于盘存固定资本存量是从 1978 年开始的，盘存到 1990 年的时候，1978 年固定资本存量是多少的假设对 1990 年的固定资本存量几乎没有影响，而本章测算时所使用的是 1990~2015 年的固定资本存量数据，所以 1978 年的固定资本存量的假设对最终的测算结果几乎没有影响。另因为折旧-贴现法是估计基年资本存量常用的方法，所以在估计各国 1978 年的资本存量时，将采用该方法确定固定资本存量，即取 1978 年的投资与 1978~1983 年各国投资的几何平均增长率（g）与资本折旧率 δ 之和的比值作为 1978 年的固定资本存量数据：

$$K_{1978} = \frac{I_{1978}}{\bar{g}_{1978-1983} + \delta} \tag{6-3}$$

本章选择固定资本形成总额作为衡量中国与德国的固定资产投资数据的指标，而日本没有固定资本形成总额数据，因此选择日本的固定资产投资额作为衡量日本的固定资产投资的数据。此外，还需要通过固定资产投资价格指数将名义量转化为实际量。需要说明的是，中国和日本公布了固定资产投资价格指数，但德国并没有公布该项指数，所以选择德国的工业出厂品价格指数（PPI）来代替该项指标。[①]

对于固定资本存量折旧率 δ，中外学者根据不同的研究内容和方法取的值也各不相同，例如，胡（Hu）等将折旧率设为 3.6%；王（Wang）等采用的折旧率为 5%；哈勒（Hall）等假定折旧率为 6%；厄兹尤尔特（Ozyurt）假定为 7%；龚六堂等假设折旧率为 10%；宋海岩等在官方公布的名义折旧率 3.6% 基础上加上经济增长率作为实际折旧率。本章取折旧率为 10%。[②]

对于劳动投入数据 L_t，我们选择全社会就业人数作为中国的劳动投入数据。相应地，选择日本每年 12 个月平均就业人数作为当年日本的劳动投入数据，选择德国的国内劳动人口数作为德国的劳动投入数据。

二　数据来源及处理

（一）国内生产总值（GDP）数据

1990 年中国名义 GDP 为 18774.32 亿元人民币，2015 年增至 685505.80 亿元，而实际 GDP 为 200457.33 亿元，增长了 967.72%，年均增长率为 19.94%。1990 年日本名义 GDP 为 4415891 亿日元，2015 年增至 5321914 亿日元，而实际 GDP 为 5870907 亿日元，增长了 32.94%，年均增长率为 1.15%。1990 年德国名义 GDP 为 13066.8 亿欧元，2015 年增至 30328.2 亿欧元，而实际 GDP 为 20981.4 亿欧元，增长了 60.57%，年均增长率为 1.91%。从 GDP 的实际增长速度来看，中国的 GDP 增长速度最快，而德国与日本的 GDP 增长速度较接近。[③]

---

① U. S. Bureau of Labor Statistics（Producer Price Index for All Commodities［PPIACO］, retrieved from FRED, Federal Reserve Bank of St. Louis; https: //fred. stlouisfed. org/series/PPIACO, July 10, 2017.）公布了德国从 1913 年至 2016 年月度的 PPI 数据，本文将每年 12 个月的 PPI 数据取算数平均值作为每年的 PPI 指数。

② 为了考察测算结果对折旧率的敏感性，本章分别取折旧率为 5% 和 20% 重新盘存固定资本存量以及根据固定资本存量测算的 TFP，发现结果变化不大，没有本质的区别。

③ 中国、日本、德国的数据都来源于三个国家的官方统计部门。中国数据来源于《中国统计年鉴》，日本、德国数据来源于世界银行以及统计部门的官网。http: //www. e-stat. go. jp/SG1/estat/GL08020103. do? _ toGL08020103_ &listID = 000001037389&requestSender = search，德国数据来源于：https: //www. destatis. de/DE/ZahlenFakten/GesamtwirtschaftUmwelt/VGR/Inlandsprodukt/Tabellen/BruttoinlandVierteljahresdaten_ xls. html。

事实上，从 1990 年到 2015 年，中国只有 1998 年、1999 年、2009 这三年通货紧缩，其他年份都通货膨胀，而日本从 1994 年到 2013 年，除 1997 发生轻微通货膨胀外，其他年份都通货紧缩。德国与中国的情形较类似，只有 1998 年和 2000 年出现了通货紧缩，其他年份都存在通货膨胀。

（二）固定资产投资数据

中国的名义固定资本形成总额 1990 年为 4527.8 亿元人民币，2015 年增至 301960.75 亿元人民币，而实际值为 90465.74 亿元人民币，实际增长 18.98 倍。日本的名义固定资产投资额 1990 年为 1400858 亿日元，2015 年增至 1238614 亿日元，而实际值为 1382353 亿日元，实际减少 1.32%。德国的名义固定资本形成总额 1990 年为 3546 亿欧元，2015 年增至 6024 亿欧元，而实际值为 3678.5 亿欧元，实际增长 3.74%。

中国与德国的名义固定资本形成总额总体呈上升趋势，而日本的名义固定资产投资额总体呈下降趋势。德国实际的固定资本形成总额在 1999~2005 年也是下降的。中国的固定资本形成总额增长率总体高于日本与德国，年均增长率为 12.49%，而日本与德国的固定资本形成总额增长率较为接近，日本的年均增长率为-0.05%，这意味着日本的固定资产投资额的增长几乎停滞。德国的年均增长率为 0.145%，虽然是正增长，但增长的速度非常缓慢。

（三）劳动数据

劳动数据显示，中国 1990 年全社会就业人数为 40152 万，2015 年增长到 77451 万，增长了 92.9%，年均增长率为 2.66%。日本 1990 年就业人数为 5407.75 万，2015 年增长到 6401.5 万，增长了 18.38%，年均增长率为 0.68%。德国 1990 年就业人数为 2645.7 万，2015 年增长到 4305.7 万，增长了 62.74%，年均增长率为 1.99%，然而 1991 年由于东西德的合并，德国的劳动人口数出现了大幅增长，如果不考虑 1991 年，德国 1991 年到 2015 年的劳动人口只增长了 11%，年均增长率为 0.436%。由于历史原因以及统计口径变化，中国和德国的劳动数据都出现了突然的增加情况，由于我们是测算 TFP 而不是根据计量来估计 TFP，所以这些年度的数据突变对测算结果没有大的影响。

（四）数据单位的统一

在国际比较过程中首先遇到的是对不同国家的价值量进行换算以实现可比性的问题，我们在测算三个国家的 TFP 水平之前，要将产出与资本数据的单位统一，这样才能将三个国家的 TFP 水平进行比较。我们要将这三个国家的货币根据购买力平价指数来进行换算，而不是根据三种货币的汇率进行换算。因为外汇市场上的各国货币汇率并不能反映真正的货币之间的价值比率，利用购买力平价指数就更加合理了。购买力平价（Purchasing Power Parity，PPP）在经济学上，是一种根据各国不同的价格水平计算出来的货币之间的等值系数，以便能够对各国的国内生产总值进行合理比较，这种理论汇率与实际汇率可能有很大差距，但与实际汇率相比，更能体现出各国货币之间的真实价值关系。

世界银行公布了以国际元为单位来表示的、基于购买力平价的中、日、德三国现价 GDP，我们可以通过计算找出每年三种货币基于购买力平价的汇率。比如，1990 年，中国的名义 GDP 为 18774.32 亿元人民币，表示为国际元为 11199.37 亿国际元，日本的名义 GDP 为 208780.9 亿日元，表示为国际元为 24033.4 亿国际元，所以 1 国际元等于 1.676 人民币，也等于 8.687 亿日元，即人民币与日元基于购买力评价的汇率为 1∶5.183。利用这种方法（见表 6-1），我们可以将日本与德国的 GDP 数据与固定资本存量数据都换算为以人民币为单位的数据，重新计算日本与德国的 TFP 水平。

表 6-1 1990~2015 年日元、欧元对人民币的基于购买力平价理论的汇率

	1 日元兑换人民币的数量	1 欧元兑换人民币的数量
1990	0.091	1.979
1991	0.095	2.049
1992	0.102	1.888
1993	0.116	2.089
1994	0.136	2.467
1995	0.154	2.751
1996	0.166	2.911

	1 日元兑换人民币的数量	1 欧元兑换人民币的数量
1997	0.169	2.912
1998	0.167	2.867
1999	0.166	2.832
2000	0.173	2.854
2001	0.181	2.897
2002	0.186	2.914
2003	0.190	2.983
2004	0.207	3.180
2005	0.215	3.208
2006	0.225	3.328
2007	0.247	3.534
2008	0.274	3.817
2009	0.267	3.827
2010	0.294	4.076
2011	0.321	4.397
2012	0.334	4.425
2013	0.343	4.521
2014	0.336	4.522
2015	0.336	4.473

可以看出，基于购买力评价的汇率和实际汇率差别比较大，比如 2015 年，按照购买力评价汇率计算，1 欧元在欧洲购买的商品与 4.473 元人民币在中国购买的同质商品数量上是相同的，而欧元对人民币的汇率是 6.79，就是说在外汇市场上，1 欧元能够兑换 6.79 元人民币。在这里我们需要指出，并不能因为基于购买力评价的汇率与外汇市场上的汇率存在差异就怀疑汇率的合理性，影响汇率的因素很多，考虑到汇率不是本书要研究的内容，所以这里不做过多说明。

（五） 资本与劳动的产出弹性取值

由于利用计量的方法估计 C-D 生产函数中的资本与劳动的产出弹性存在一系列问题，所以本章将根据相关文献直接对资本与劳动的产出弹性赋值。

国际经验一般认为发达国家大多属于资本密集型经济，因而资本产出弹性系数一般较高，劳动产出弹性系数一般较低，资本与劳动产出弹性系数之比约为 0.6∶0.4；而发展中国家大多数属于劳动密集型经济，因而资本产出弹性系数较低，劳动产出弹性系数较高，两者比例关系约为 0.4∶0.6。世界银行中国经济考察团分别假定中国资本、劳动的产出弹性为 0.4 和 0.6、0.6 和 0.4 两组方案进行增长因素分析。

然而这是理论上的取值，实际情况是否与理论相符合，这个问题仍需要探讨。张军扩（1991）认为，中国存在剩余劳动力的情况，大量的剩余劳动力没有表现为失业人口从社会劳动者中剔除，而是作为潜在剩余劳动力存在于企业内部或农村生产单位中，因而算入了社会劳动者总数。同时大量潜在的剩余劳动力使劳动投入的增长缺乏必要的资本投入增长与之结合，因此对产出增长的贡献十分有限，如果用现实经济中的劳动与资本的结合比例计算产出弹性系数，就会大大高估劳动的产出弹性。他认为中国的资本与劳动的产出弹性系数之比设定为 0.7∶0.3 比较符合我国的实际情况。赵志耘、刘晓路、吕冰洋（2006）估计出了中国资本的产出弹性为 0.56，劳动的产出弹性为 0.44，并且资本产出弹性有下降的趋势，劳动产出弹性有上升的趋势。辛永荣、陈欣、肖俊哲（2009）估计出中国制造业资本的产出弹性和劳动的产出弹性在 1986~1995 年分别为 0.662 和 0.338，在 1996~2006 年分别为 0.618 和 0.382，这也说明资本产出弹性有下降的趋势，劳动产出弹性有上升的趋势。并且这些研究所估计的资本与劳动的产出弹性处于 0.6∶0.4 这个比例左右。考虑到我国劳动力价格低廉这一特点在渐渐改变，劳动力价格渐渐提高，甚至一些企业出现用工荒等劳动力缺乏等问题，所以资本产出弹性会下降，劳动产出弹性会上升，从 0.6∶0.4 向 0.5∶0.5 转变，因此本章假设我国的资本产出弹性为 0.5，劳动产出弹性为 0.5。

对于日本的劳动产出弹性，杨东亮（2011）估计其为 0.593，比较接近 0.6。德国的劳动收入份额在 1991~2015 年的平均值为 0.64，[①] 所以本章将日本与德国的劳动收入份额设为 0.6，资本收入份额设为 0.4。测算时会取多组资本与劳动的产出弹性值，这是为了通过结果对比发现问题。

第二节 全要素生产率的测算与分析

（一）中、日、德三国全要素生产率的估计

当生产函数为 C-D 形式时，可以将 TFP 表示为 $A_t = Y_t / (K_t^{\alpha} \cdot L_t^{\beta})$，等式右边各变量的值已用相应的数据指标衡量，对于资本的产出弹性 α 与劳动的产出弹性 β，中国分别取 0.7 与 0.3、0.6 与 0.4、0.5 与 0.5、0.4 与 0.6，日本与德国取 0.3 与 0.7、0.4 与 0.6、0.5 与 0.5、0.6 与 0.4、0.7 与 0.3。这些 α 与 β 的取值组合，既包括理论上的组合，也包括实际上的组合。

从 TFP 水平的测算结果（见表 6-1）可以得出以下几点：第一，无论资本与劳动的产出弹性取哪一组，中国的 TFP 水平都低于日本与德国。第二，资本产出弹性 α 越小，则 TFP 平均增长率的测算结果越大，TFP 平均水平越高，因为 α 较小，会压缩资本的经济增长贡献，从而夸大 TFP 的增长贡献。本章取德国和日本的 α 与 β 值为 0.4 和 0.6，中国的 α 与 β 值为 0.5 和 0.5 的结果进行比较。

（二）北京与上海全要素生产率的估计

本章利用与测算中、日、德三国 TFP 相同的模型与方法来估计北京与上海的 TFP。对于固定资本存量的盘存，也是利用永续盘存法从 1978 年开始盘存的，基期的固定资本存量的测算方法也相同。对于资本收入份额与劳动收入份额，北京与上海都取 α 与 β 值为 0.4 与 0.6，这种组合值与日本、德国相同。

---

① 在生产函数是 C-D 形式的假设下，劳动产出弹性等于劳动收入份额。

表6-2 中、日、德三国的 TFP 水平值

年份	中国					日本					德国				
	α=0.7 β=0.3	α=0.6 β=0.4	α=0.5 β=0.5	α=0.4 β=0.6	α=0.3 β=0.7	α=0.3 β=0.7	α=0.4 β=0.6	α=0.5 β=0.5	α=0.6 β=0.4	α=0.7 β=0.3	α=0.3 β=0.7	α=0.4 β=0.6	α=0.5 β=0.5	α=0.6 β=0.4	α=0.7 β=0.3
1990	0.489	0.462	0.437	0.414	0.39	2.911	2.234	1.714	1.315	1.01	3.317	2.423	1.770	1.293	0.94
1991	0.508	0.482	0.457	0.434	0.41	3.007	2.291	1.746	1.330	1.33	2.918	2.154	1.590	1.174	0.87
1992	0.528	0.500	0.473	0.447	0.42	3.114	2.351	1.775	1.340	1.34	3.102	2.290	1.691	1.249	0.92
1993	0.555	0.530	0.506	0.484	0.46	3.398	2.524	1.875	1.393	1.39	3.358	2.459	1.801	1.318	0.97
1994	0.575	0.555	0.536	0.517	0.50	3.915	2.854	2.081	1.517	1.52	3.825	2.745	1.969	1.413	1.01
1995	0.583	0.569	0.556	0.543	0.53	4.389	3.147	2.257	1.618	1.62	4.215	3.000	2.135	1.520	1.08
1996	0.588	0.580	0.572	0.565	0.56	4.715	3.345	2.373	1.684	1.68	4.458	3.165	2.247	1.595	1.13
1997	0.593	0.591	0.589	0.587	0.58	4.698	3.322	2.348	1.660	1.66	4.497	3.190	2.263	1.605	1.14
1998	0.592	0.595	0.598	0.602	0.60	4.609	3.252	2.294	1.618	1.62	4.465	3.159	2.236	1.582	1.12
1999	0.593	0.601	0.610	0.618	0.63	4.614	3.249	2.288	1.611	1.61	4.437	3.141	2.223	1.574	1.11
2000	0.599	0.613	0.627	0.641	0.66	4.855	3.397	2.377	1.664	1.66	4.551	3.233	2.297	1.632	1.16
2001	0.603	0.623	0.643	0.664	0.69	4.978	3.463	2.409	1.676	1.68	4.735	3.371	2.400	1.709	1.22
2002	0.609	0.635	0.663	0.691	0.72	5.150	3.567	2.471	1.711	1.71	4.831	3.450	2.464	1.760	1.26
2003	0.614	0.648	0.684	0.721	0.76	5.352	3.695	2.551	1.761	1.76	5.026	3.604	2.584	1.853	1.33
2004	0.619	0.660	0.705	0.752	0.80	5.750	3.934	2.692	1.842	1.84	5.411	3.882	2.785	1.998	1.43

续表

年份	中国 $\alpha=0.7$ $\beta=0.3$	中国 $\alpha=0.6$ $\beta=0.4$	中国 $\alpha=0.5$ $\beta=0.5$	中国 $\alpha=0.4$ $\beta=0.6$	中国 $\alpha=0.3$ $\beta=0.7$	日本 $\alpha=0.3$ $\beta=0.7$	日本 $\alpha=0.4$ $\beta=0.6$	日本 $\alpha=0.5$ $\beta=0.5$	日本 $\alpha=0.6$ $\beta=0.4$	日本 $\alpha=0.7$ $\beta=0.3$	德国 $\alpha=0.3$ $\beta=0.7$	德国 $\alpha=0.4$ $\beta=0.6$	德国 $\alpha=0.5$ $\beta=0.5$	德国 $\alpha=0.6$ $\beta=0.4$	德国 $\alpha=0.7$ $\beta=0.3$
2005	0.628	0.679	0.734	0.793	0.86	6.001	4.090	2.787	1.899	1.90	5.582	4.025	2.902	2.092	1.51
2006	0.643	0.704	0.771	0.844	0.92	6.245	4.236	2.874	1.949	1.95	5.838	4.181	2.995	2.145	1.54
2007	0.670	0.743	0.824	0.913	1.01	6.698	4.504	3.029	2.037	2.04	6.177	4.396	3.129	2.227	1.59
2008	0.667	0.747	0.836	0.936	1.05	6.976	4.642	3.089	2.055	2.06	6.670	4.750	3.383	2.410	1.72
2009	0.666	0.757	0.861	0.980	1.11	6.802	4.536	3.025	2.017	2.02	6.316	4.501	3.207	2.286	1.63
2010	0.672	0.774	0.891	1.027	1.18	7.543	4.986	3.296	2.179	2.18	6.868	4.868	3.451	2.446	1.73
2011	0.676	0.787	0.918	1.069	1.25	8.078	5.296	3.472	2.276	2.28	7.423	5.226	3.680	2.591	1.82
2012	0.673	0.793	0.934	1.100	1.30	8.412	5.494	3.588	2.343	2.34	7.407	5.211	3.666	2.579	1.81
2013	0.674	0.802	0.954	1.135	1.35	8.728	5.688	3.707	2.416	2.42	7.526	5.287	3.715	2.610	1.83
2014	0.677	0.813	0.975	1.171	1.40	8.513	5.562	3.634	2.374	2.37	7.510	5.259	3.683	2.579	1.81
2015	0.682	0.825	0.998	1.207	1.46	8.601	5.620	3.671	2.399	2.40	7.307	5.076	3.526	2.449	1.70
平均增长率	0.013	0.023	0.034	0.043	0.05	0.044	0.037	0.031	0.02434	0.035	0.032	0.030	0.028	0.025	0.024
平均水平	0.614	0.657	0.706	0.76	0.83	5.694	3.890	2.670	1.834026	1.82	5.299	3.771	2.684	1.91	1.36

国家统计局公布了北京市与上海市的名义 GDP 与 GDP 价格指数、固定资本形成总额与固定资本形成价格指数、就业人数，以及将名义量转化为以 1990 年的价格水平来衡量的实际量。数据显示 1990 年，北京市的名义 GDP 为 4527.8 亿元，2015 年增至 23014 亿元，实际增加了 10.23 倍，平均增长率为 9.75%；上海市的名义 GDP 为 756.45 亿元，2015 年增至 25123.45 亿元，实际增长了 11.45 倍，平均增长率为 10.24%，略高于北京 0.5 个百分点。

为确保数据的有效性，本章在盘存固定资本存量时是从 1978 年开始盘存的，这里需要说明一下 1978 年的固定资本形成总额数据。1978 年北京市固定资本形成总额 24.84 亿元，2015 年增至 8155.36 亿元，实际增加了 52.11 倍，平均增长率为 11.27%；1978 年上海市的固定资本形成总额 31.69 亿元，2015 年增至 8999.87 亿元，实际增加了 50.96 倍，平均增长率为 11.21%。

1990 年北京市就业人口为 645.50 万人，2015 年增至 1206.22 万人，平均增长率为 2.5%；上海市就业人口为 763.8 万人，2015 年增至 1254.96 万人，平均增长率为 2.0%，略低于北京 0.5 个百分点。

本章对北京、上海的 TFP 水平进行测算，结果如表 6-3 所示，1990 年北京市 TFP 水平为 1.335，这意味着投入 1 单位的劳动和 1 单位的资本，能生产出来 1.335 单位的产品，如果固定资产折旧率按每年 10% 计算的话，说明消耗 1 单位的劳动和 0.1 单位的固定资产，能够生产出 1.335 单位的产品。2015 年北京市 TFP 水平增至 4.171。1990 年上海市 TFP 水平为 0.817，这意味着投入 1 单位的劳动和 1 单位的资本，能生产出来 0.817 单位的产品，2015 年上海市 TFP 水平增至 2.722。

表 6-3　北京市和上海市的 TFP 水平值

年份	北京 TFP 水平	上海 TFP 水平	年份	北京 TFP 水平	上海 TFP 水平
1990	1.335	0.817	1995	1.676	1.206
1991	1.403	0.840	1996	1.779	1.248
1992	1.494	0.944	1997	1.894	1.285
1993	1.601	1.074	1998	2.066	1.438
1994	1.662	1.148	1999	2.221	1.496
2000	2.401	1.601	2008	3.128	2.424
2001	2.575	1.675	2009	3.209	2.468

续表

年份	北京 TFP 水平	上海 TFP 水平	年份	北京 TFP 水平	上海 TFP 水平
2002	2.399	1.720	2010	3.323	2.620
2003	2.442	1.818	2011	3.601	2.557
2004	2.604	1.947	2012	3.825	2.574
2005	2.741	2.013	2013	3.917	2.566
2006	2.957	2.156	2014	4.054	2.605
2007	3.070	2.338	2015	4.171	2.722

第三节　主要结论

通过测算与对比中、日、德三个国家，北京、上海两个城市的 TFP 水平，可以得出以下结论。

（一）从所有的 TFP 水平值对比来看

中、日、德与北京、上海的 TFP 水平趋势如图 6-1 所示。

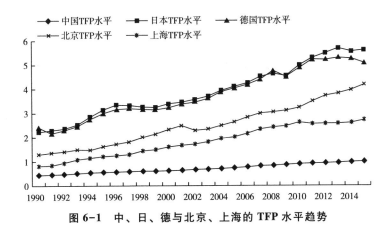

图 6-1　中、日、德与北京、上海的 TFP 水平趋势

（1）中国的 TFP 水平低于日本与德国，并且随着时间的推移，差距逐渐加大

根据测算结果，1990 年中国的整体 TFP 水平为 0.437，日本为 2.234，德国为 2.423。日本与德国的 TFP 水平比较接近，但中国与日本、德国的

TFP 水平差距较大。1990～2015 年，中国 TFP 平均增长率为 3.35%，日本为 3.75%，德国为 3%。2015 年中国 TFP 水平增至 0.998，日本增至 5.62、德国增至 5.076，中国的 TFP 水平与日本、德国的差距随着时间的推移差距拉大。这说明经过 25 年的快速发展，虽然中国的 GDP 总量已经超过了日本和德国，中国经济的发展速度很高，但是发展的质量并不是很理想。

（2）北京的 TFP 水平高于全国，但低于日本和德国

根据测算，北京市的 TFP 水平在 1990 年为 1.297，高于全国的 0.437，此后 25 年这种优势持续扩大，经济发展质量优于全国平均水平。但是，北京的 TFP 水平仍低于日本与德国，不过这个差距有减小的趋势。

（二）从城市的 TFP 水平变化趋势图来看

北京与上海的 TFP 变化趋势见图 6-2。

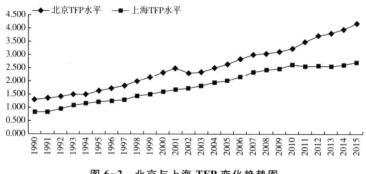

图 6-2　北京与上海 TFP 变化趋势图

（1）1990～2015 年北京 TFP 水平一直高于上海，并且近 5 年来 TFP 差距加大

将北京和上海单独进行对比，北京市的 TFP 水平从 1990 年的 1.335 开始，一直高于上海的平均水平，且这个差距在近 5 年逐渐增大。作为中国两个最具代表性的科创中心城市，北京市的创新驱动发展效果更好。

（2）1990～2015 年北京和上海的 TFP 值波动年份不一致

北京和上海的 TFP 水平值在过去 25 年间都有一个明显的下降，但是下降的年份不一样。北京的 TFP 水平下降的年份是 2001 年，那一年中国申奥成功，北京市由奥运带来的转型契机出现。大量的基础建设提上日程，庞

大的投资涌入北京，投资的明显增长挤占了整体发展中的部分科技份额；而北京市规划中的新产业还需要一定的时间去替代旧产业，一系列的产业转移和搬迁也造成效率暂时的下降。所以北京的 TFP 水平有一个大幅下滑。

上海的 TFP 水平波动最大的年份是 2010 年，那一年全球尚未走出金融危机的影响，日本与德国在 2008 年 TFP 因为全球金融危机，已经应声下降。由于中国整体的经济环境较好，上海的 TFP 下降晚出现了两年，但此后长期影响也较为明显，此后 5 年 TFP 恢复乏力。2010 年是上海世博会之年，世博会的建设体量和周期都比奥运会要小，也不涉及大量产业转移，所以上海此次的下降幅度也比北京在 2001 年的小。

（三） 从国家的 TFP 增长率的平均值来看

中、日、德三国 TFP 水平按时间段划分的平均增长率见图 6-3。

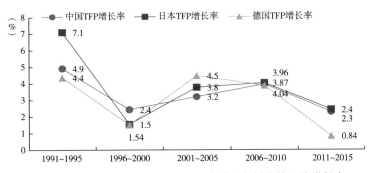

图 6-3 中、日、德三国 TFP 水平按时间段划分的平均增长率

（1）中、日、德 TFP 增长率的变化趋势基本一致

本章将 1991~2015 年划分为 5 个时间段，每个时间段 5 年，数据显示出，除 2006~2010 年德国平均 TFP 的变化趋势与其他两国不一致以外，在其他所有时间段，中国、日本、德国这三个国家的平均 TFP 增长率的变化趋势完全一致，而且中国的波动幅度小于德国和日本。而德国在 2006~2010 年阶段增长率出现明显下降的原因，主要是德国在此阶段为整个欧盟背负了不属于自己国家范畴的责任和债务，拉低了德国的 TFP 水平和发展效率。

（2）中、日、德 TFP 增长率的总体趋势在下降

1991~1995 年，中国的 TFP 增长率为 4.9%，日本为 7.1%，德国为

4.4%，但到 2011~2015 年，中、日、德 TFP 增长率分别下降到 2.3%、2.4%、0.8%。随着时间的推移，中、日、德的 TFP 增长势头放缓，符合经济学一般的边际递减规律。这也说明，常规的发展手段、正常的科技发展速度不能源源不断地为全球经济增长提供可持续发展动力，亟须创新发展模式，培育发展新动能。

（四）从上海与三国的 TFP 增长率平均水平来看

中、日、德和上海 TFP 水平按时间段划分的平均增长率见图 6-4。

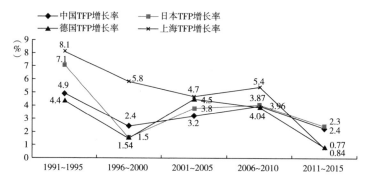

图 6-4　中、日、德和上海 TFP 水平按时间段划分的平均增长率

（1）上海 TFP 增长率的变化与中、日、德基本一致，也存在逐步降低的趋势

1991~1995 年，上海的 TFP 平均增长率为 8.1%，高于中、日、德三国。除 2001~2005 年上海市 TFP 平均增长率下降，与三个国家变化趋势不同外，其他阶段的变化趋势与中国、日本、德国基本一致。

（2）2010 年之前上海的 TFP 平均增长率几乎都高于三个国家的平均增长率

除 2011~2015 上海的 TFP 增长率低于中国和日本外，其他时间段上海的 TFP 增长率都高于中、日、德三国。1991~1995 年，上海的 TFP 平均增长率为 8.1%，高于日本的 7.1%，中国的 4.9% 和德国的 4.4%。到 1996~2000 年，三个国家和上海的 TFP 平均增长率均下降，但上海依然高于三个国家。只有 2011~2015 年，上海 TFP 平均增长率为 0.77%，略低于德国的 0.84%，低于中国的 2.3% 与日本的 2.4%。

（五）从北京与三国的 TFP 增长率平均水平来看

中、日、德三国和北京 TFP 水平按时间段划分的平均增长率见图 6-5。

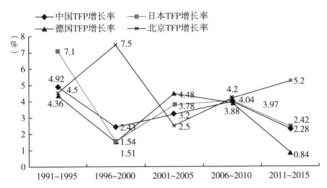

图 6-5　中、日、德和北京 TFP 水平按时间段划分的平均增长率

（1）北京 TFP 五年平均增长趋势与中、日、德增长趋势基本相反

1991~1995 年，北京的 TFP 平均增长率为 4.5%，到 1996~2000 年，在中、日、德三国 TFP 平均增长率都出现下降的情况下，北京却上升到 7.5%，远高于全国与日、德。而到 2001~2005 年，中、日、德三国的 TFP 平均增长率都上升的情况下，北京却下降到 2.5%。2010~2015 年，三国 TFP 平均增长率都出现下降的情况下，北京却上升到 5.2%。

（2）2010~2015 年，北京的 TFP 表现出强劲增长趋势

2010 年，北京市 TFP 水平为 3.23，2015 年增至 4.171，增长了 29.15%，而全国在这五年增长了 11.951%，日本和德国增长了 12.7% 和 4.26%，上海增长了 3.9%。近五年来北京市的 TFP 水平增长强劲。

第四节　原因分析

（一）中国要实现从要素驱动到创新驱动的转变，还需要漫长的道路

经过长期的努力，我国的经济发展已经取得了举世瞩目的成就，但从中、日、德三国的全要素生产率估算值来看，中国的 TFP 水平不仅没有追

上日本和德国，反而差距在逐年增大。2008 年诺贝尔经济学奖获得者克鲁格曼曾说过不存在所谓的"东亚奇迹"，因为东亚在 20 世纪 90 年代的经济增长完全可以用要素投入的增加来解释，全要素生产率没有贡献，在东亚经济的增长中没有技术进步的成分。难道过去 30 多年高速发展筑成的"中国奇迹"也不存在？显然不是，因为在科技发展方面，中国在一些领域已接近或达到世界先进水平，科技创新水平正在加速迈向国际第一方阵，进入了"三跑"并存、"领跑并跑"日益增多的历史性新阶段。在以习近平同志为核心的党中央的坚强领导下，全国科技界和社会各界在科技创新方面持续发力，加速赶超跨越，实现了历史性、整体性、格局性重大变化，重大创新成果竞相涌现，科技实力大幅增强，中国已成为具有全球影响力的科技大国。

中国 TFP 水平偏低的根本原因是我们还没有充分发挥科技的核心引领作用，还没有完全利用科技实现我国从传统要素驱动向创新驱动和效率驱动的转变，科技作用于经济社会的力量还有待深度挖掘。在有中国特色的社会主义新时代，只有真正用好科学技术，才能走出一条从人才强、科技强到产业强、经济强、国家强的发展路径，才能形成以创新为主要引领和支撑的经济体系和发展模式，推动我国经济社会持续健康发展。

（二）中国发展质量在缓慢提升，尤其是北京和上海提升幅度较大

从三个国家的 TFP 增长率来看，中国发展质量在逐年提高，但是提升速度缓慢，虽然平均增速大于日本和德国，但 TFP 的实际差距还在增大。原因是我国现有的科研体系和国家创新体系是在追赶发达国家过程中建立的，是在从计划经济向市场经济转型过程中改进的，长期以来一直以"跟跑者"的姿态存在，没有形成充满动力的独立的科研和创新体系。在社会主义发展新时代，"跟跑"难以满足建设社会主义现代化强国的要求，必须努力在更多科研领域实现由"跟跑者"向"并行者""领跑者"的转变。

另外，北京和上海的 TFP 水平提升幅度较大，已经与日本和德国等发达国家的水平接近。作为科创中心，北京和上海享受了国家在科技投入上的支持和政策上优惠，两个城市在利用科技促进经济发展方面具有引领作用。但是，两个城市的 TFP 水平远大于全国平均水平，也暴露了中国区域之间的科技水平和发展质量的不平衡，需要进一步强调区域协调发展。

（三）中国经济发展已基本融入全球化

从三个国家的 TFP 增长率来看，相似的增长趋势也说明中国的经济发展已基本融入全球化的浪潮。虽然中国走出了一条独特的发展道路，改革开放以来实现了经济持续快速增长，但是在诸如 2008 年全球金融危机等国际经济大环境影响下，中国也要面对其他国家在历史上已经面对过的问题。新时代我国的经济形势已经出现了某些与日本和德国在快速发展后相似的的经济现象，值得政府和决策者们重视。

比如，日本在 1990 年经济泡沫破灭之前，存在 20 多年的高速发展期、土地价格和股价暴涨并形成相互推动的循环、国际贸易摩擦加剧、货币汇率上涨压力增大、传统经济宏观调控政策效力减弱等现象，正是 2000 年以后中国经济面临的主要问题。如果不进行结构性改革，中国经济发展很有可能经历日本式的泡沫。另外，德国强大的科技储备与创新能力也未能保证其在欧盟的大框架下和经济危机中独善其身。德国如果不担负其他欧盟失败国家的那些看似不必要的责任和债务，其经济后果很有可能会更严重。同样地，中国地区之间的发展不平衡如果不尽早解决，也会出现类似欧盟的悲剧。

（四）北京经济发展规律有其独特性

将北京 TFP 增长的规律与三个国家和上海市进行比较，会发现北京的发展具有其独特性。上海作为我国的经济中心，很多发展趋势和国际上的趋势更加符合，受到外部经济环境的影响也更大，这也是上海在 2008 年国际金融危机后 TFP 增长乏力的原因。而北京市似乎不太受外部因素的影响，国际金融危机并没有改变北京 TFP 增长势头，但是北京会被自身的发展模式和发展规划所影响。北京作为首都和政治中心，对国家战略和政策等的执行力度大，执行速度快，执行决心强。所以，当 2001 年申奥成功后，北京的 TFP 水平值会因为发展方向改变、投资加大和产业调整而迅速短期下滑。近几年，在明确科技创新中心的地位后，北京加大各方面改革力度，使北京的 TFP 不同于国际形势，加速增长。这些独特的现象都是因为北京市发展受内部因素影响远大于受外部的影响。

第五节　对策建议

(一) 坚定不移地以科技进步推动高质量的经济发展

要深刻理解领会和切实贯彻落实党的十九大对科技创新的新定位、新要求和新部署。十九大报告强调创新是引领发展的第一动力，是建设现代化经济体系的战略支撑，把科技创新全面融入经济建设、社会民生、区域发展等社会主义现代化建设各领域，从基础研究、技术创新、创新体系建设、科技体制改革等方面，对加快建设创新型国家做出了系统部署。要求坚持创新驱动发展战略，走出一条能解决当前中国经济供需错配的问题和经济高速发展结构性问题的路子，让创新真正成为引领发展的第一动力。

要勇于直接面对我国科技创新两头的短板：一头是基础研究薄弱，原创成果、重大技术突破少；一头是科技成果转化不够，科技创新与产业活动之间的通道还不够通畅。两大短板使科技创新对经济增长的贡献不足。应着力增强科技原创能力，通过瞄准世界科技前沿，把握新一轮科技革命机遇，超前谋划和系统布局世界领先的国家重大科技基础设施，持续加大基础研究和应用基础研究投入力度，发展壮大国家战略科技力量，强化创新能力建设，构建引领世界创新发展的国家创新体系和国家科研体系。要加快推进研发与转化功能型平台建设，提升产业共性技术研发与服务能力，有效支撑科技强国、质量强国，有效保障经济社会的可持续发展。

要及时总结和创新具有中国特色、符合中国发展路径规律的创新理论和改革经验，以此支撑和促进前瞻性、精准的政策安排。习近平同志指出，"面向未来，增强自主创新能力，最重要的就是要坚定不移走中国特色自主创新道路，坚持自主创新、重点跨越、支撑发展、引领未来的方针"。因此，必须准确预判科技创新方向，超前规划布局，加大投入力度，牢牢掌握科技创新的制高点和主动权。同时，必须坚持科技创新和体制机制创新双轮驱动、协调发展，积极推动科技体制改革，并总结相关经验。

(二) 积极探索符合北京自身特色的经济发展之路

因为北京的发展具有独特性，北京市要持续加强全国科技创新中心建设，使北京成为全球科技创新引领者、高端经济增长极、创新人才首选地、文化创新先行区和生态建设示范城。要突出创新驱动、高端引领、减量集约、产城融合、可持续发展，科学配置土地资源要素，构建"高精尖"经济结构，为推动高质量发展提供有力支撑。继续加快推动国务院授权的中关村先行先试改革举措全面落地，加快形成阶段性改革试验成果和若干典型案例，推动相关改革举措向其他区域复制推广。建立符合创新规律的政府管理制度，完善以企业为主体的产学研结合的技术创新体系，进一步激发全社会创新活力。借鉴运用国际通行、灵活有效的办法，完善创新人才培养、引进、使用和评价激励机制。

积极发挥北京市科创中心的引领作用，加强区域统筹、功能互补和协同联动，积极建设京津冀协同创新共同体，支持做好雄安新区科技创新顶层设计，加快实施"一带一路"科技创新行动计划。京津冀协同发展要以疏解北京非首都功能为重点，保持三地之间合理的产业结构、职业结构等，高起点、高质量编制好雄安新区规划，并把它当做一个长期的国家战略来落实。要围绕"一带一路"建设，创新对外投资方式，以投资带动贸易发展、产业发展，开展科技人文交流、共建联合实验室、科技园区合作、技术转移等合作行动，取得一批早期成果，积极构建国际科技创新共同体。

（三）推进以质量为核心的经济治理体系建设

要在提升科技创新能力的基础上，用改革的方法推进经济结构和发展方式调整，转变发展方式，矫正扭曲要素，减少物资消耗，通过创新提高效率和发展质量，扩大有效供给。我国经济体系中有很多低端产品销售不畅、大量积压，造成行业产能过剩；又有很多中高端产品满足不了需求，需要大量进口，使一些行业供给不足。这种矛盾的根源就在于创新能力的不足导致了产品质量和服务跟不上需求变化。具有中国特色的社会主义新时代，要求中国的发展从速度向质量转变，中国由制造大国向制造强国转变。这个过程就需要切实落实供给侧结构性改革的各项任务，扩大有效和中高端供给，淘汰落后产能，化解过剩产能，减少无效和低端供给。

要在政府管理制度、科技成果转化机制、科研成果收益分配制度、创新人才发展制度等方面进行积极探索和实践。我国的经济发展仍存在诸多深层次的体制机制障碍，科技与经济社会发展深度融合的机制仍不健全，市场在资源配置中的作用发挥不够,科研经费投入使用效益还不高,科研基础设施和大型科研仪器的开放共享度还远远不够,科技成果转化渠道还不畅通。习近平总书记在党的十九大报告中明确指出,"深化科技体制改革,建立以企业为主体、市场为导向、产学研深度融合的技术创新体系,加强对中小企业创新的支持,促进科技成果转化"。要坚持科技面向经济社会发展的导向,统筹推进科技、经济和政府治理三方面体制机制改革,最大限度释放创新活力。要坚持把提升创新治理能力作为深化科技体制改革的重要组成部分,从创新主体、创新能力和创新机制等方面整合资源,优化配置,提高创新体系的整体效能。必须精心设计和大力推进改革,清除各种有形无形的栅栏,打破各种院内院外的围墙,让机构、人才、装置、资金、项目都充分活跃起来,形成推进科技创新发展的强大合力。

第七章 科技创新动态可计算一般均衡 (TI-DCGE) 模型的理论构建

一般均衡理论始于瓦尔拉斯 1874 年的专著《纯粹经济学要义》，瓦尔拉斯将经济系统看作一个整体，详细论述了经济系统各要素之间复杂的相互作用和相互依存关系，论证的核心是：对于经济系统整体而言，是否存在一组商品价格，能够实现市场各要素（劳动力、资本等）和各商品的供给等于需求的均衡状态。由于最初的一般均衡理论具有较高的抽象性，难以理解和验证，因此，在较长的一段时间内都没有能够在应用经济学领域得到快速发展和应用。直到 20 世纪 50 年代，当模型方程形式、计算方法和计算机性能等若干个实际可操作性困难均得到克服和解决之后，一般均衡模型才逐步发展到可计算的一般均衡（Computable General Equilibrium，CGE）模型实用阶段，从而使一般均衡理论在各领域得到快速发展和应用。

第一节 投入产出表的行业部门划分

可计算一般均衡模型的数据基础一般是依托于投入产出表而构建的社会核算矩阵（SAM 表），但是标准的投入产出表不能完全满足一个 CGE 模型的具体要求，需要对原来的行业部门分类进行整合或分拆。本章构建的科技创新动态可计算一般均衡（TI-DCGE）模型，根据 139 部门的 2012 年投入产出"基本流量表"，将 139 部门基本流量表合并为 62 部门，部门之间的对应关系如表 7-1 所示。

表 7-1　两种部门分类比较

2012 年基本流量表		北京科技创新动态可计算一般均衡（TI-DCGE）模型	
代码	部门	代码	部门
1	农产品业	1	农业
2	林产品业		
3	畜牧产品业		
4	渔产品业		
5	农、林、牧、渔服务业		
6	煤炭采选产品业	2	煤炭采选产品业
7	石油和天然气开采产品业	3	石油开采产品业
		4	天然气开采产品业
8	黑色金属矿采选产品业	5	黑色金属矿采选产品业
9	有色金属矿采选产品业	6	有色金属矿采选产品业
10	非金属矿采选产品业	7	非金属矿采业及其他业
11	开采辅助服务和其他采矿产品业		
12	谷物磨制品业	8	农副食品加工业
13	饲料加工品业		
14	植物油加工品业		
15	糖及糖制品业		
16	屠宰及肉类加工品业		
17	水产加工品业		
18	蔬菜、水果、坚果和其他农副食品加工品业		
19	方便食品业	9	食品制造业
20	乳制品业		
21	调味品、发酵制品业		
22	其他食品业		
23	酒精和酒业	10	酒精和酒业
24	饮料和精制茶加工品业	11	饮料和精制茶加工品业
25	烟草制品业	12	烟草制品业

2012 年基本流量表		北京科技创新动态可计算一般均衡（TI-DCGE）模型	
代码	部门	代码	部门
26	棉、化纤纺织及印染精加工品业	13	纺织业
27	毛纺织及染整精加工品业		
28	麻、丝绢纺织及加工品业		
29	针织或钩针编织及其制品业		
30	纺织制成品业		
31	纺织服装服饰业	14	纺织服装服饰业
32	皮革、毛皮、羽毛及其制品业	15	皮革、毛皮、羽毛及其制品和制鞋业
33	鞋业		
34	木材加工品和木、竹、藤、棕、草制品业	16	木材加工品和木、竹、藤、棕、草制品业
35	家具业	17	家具业
36	造纸和纸制品业	18	造纸和纸制品业
37	印刷品和记录媒介复制品业	19	印刷品和记录媒介复制品业
38	文教、工美、体育和娱乐用品业	20	文教、工美、体育和娱乐用品业
39	精炼石油和核燃料加工品业	21	精炼石油和核燃料加工品业
40	炼焦产品业	22	炼焦产品业
41	基础化学原料业	23	化学原料和化学制品制造业
42	肥料业		
43	农药业		
44	涂料、油墨、颜料及类似产品业		
45	合成材料业		
46	专用化学产品和炸药、火工、焰火产品业		
47	日用化学产品业		
48	医药制品业	24	医药制品业
49	化学纤维制品业	25	化学纤维制品业
50	橡胶制品业	26	橡胶和塑料制品业
51	塑料制品业		

续表

2012 年基本流量表		北京科技创新动态可计算一般均衡（TI-DCGE）模型	
代码	部门	代码	部门
52	水泥、石灰和石膏业	27	非金属矿制品业
53	石膏、水泥制品及类似制品业		
54	砖瓦、石材等建筑材料业		
55	玻璃和玻璃制品业		
56	陶瓷制品业		
57	耐火材料制品业		
58	石墨及其他非金属矿物制品业		
59	钢、铁及其铸件业	28	黑色金属冶炼和压延加工业
60	钢压延产品业		
61	铁合金产品业		
62	有色金属及其合金和铸件业	29	有色金属冶炼和压延加工业
63	有色金属压延加工品业		
64	金属制品业	30	金属制品业
65	锅炉及原动设备业	31	通用和专用设备制造业
66	金属加工机械业		
67	物料搬运设备业		
68	泵、阀门、压缩机及类似机械业		
69	文化、办公用机械业		
70	其他通用设备业		
71	采矿、冶金、建筑专用设备业		
72	化工、木材、非金属加工专用设备业		
73	农、林、牧、渔专用机械业		
74	其他专用设备业		
75	汽车整车业	32	汽车制造业
76	汽车零部件及配件业		
77	铁路运输和城市轨道交通设备业	33	铁路运输、城市轨道交通、船舶和其他运输设备制造业
78	船舶及相关装置业		
79	其他交通运输设备业		

2012 年基本流量表		北京科技创新动态可计算一般均衡（TI-DCGE）模型	
代码	部门	代码	部门
80	电机业	34	电气机械和器材制造业
81	输配电及控制设备业		
82	电线、电缆、光缆及电工器材业		
83	电池业		
84	家用器具业		
85	其他电气机械和器材业		
86	计算机业	35	计算机、通信和其他电子设备制造业
87	通信设备业		
88	广播电视设备和雷达及配套设备业		
89	视听设备业		
90	电子元器件业		
91	其他电子设备业		
92	仪器仪表业	36	其他制造业
93	其他制造产品业		
94	废弃资源和废旧材料回收加工品业		
95	金属制品、机械和设备修理服务业		
96	电力、热力生产和供应业	37	电力、热力生产和供应业
97	燃气生产和供应业	38	燃气生产和供应业
98	水的生产和供应业	39	水的生产和供应业
99	房屋建筑业	40	建筑业
100	土木工程建筑业		
101	建筑安装业		
102	建筑装饰和其他建筑服务业		
103	批发和零售业	41	批发和零售业
104	铁路运输业	42	交通运输业
105	道路运输业		
106	水上运输业		
107	航空运输业		
108	管道运输业		
109	装卸搬运和运输代理业		

2012 年基本流量表		北京科技创新动态可计算一般均衡（TI-DCGE）模型	
代码	部门	代码	部门
110	仓储业	43	仓储业
111	邮政业	44	邮政业
112	住宿业	45	住宿业
113	餐饮业	46	餐饮业
114	电信和其他信息传输服务业	47	电信和其他信息传输服务业
115	软件和信息技术服务业	48	软件和信息技术服务业
116	货币金融和其他金融服务业	49	货币金融和其他金融服务业
117	资本市场服务业	50	资本市场服务业
118	保险业	51	保险业
119	房地产业	52	房地产业
120	租赁业	53	租赁和商务服务业
121	商务服务业		
122	研究和试验发展业	54	研究和试验发展业
123	专业技术服务业	55	专业技术服务、科技应用推广服务业
124	科技推广和应用服务业		
125	水利管理业	56	水利、生态环境治理、居民其他服务业
126	生态保护和环境治理业		
127	公共设施管理业		
128	居民服务业		
129	其他服务业		
130	教育业	57	教育业
131	卫生业	58	卫生业
132	社会工作业	59	社会工作、新闻和出版、广播电视电影和影视录音制作、文化艺术业
133	新闻和出版业		
134	广播、电视、电影和影视录音制作业		
135	文化艺术业		

2012 年基本流量表		北京科技创新动态可计算一般 均衡（TI-DCGE）模型	
代码	部门	代码	部门
136	体育业	60	体育业
137	娱乐业	61	娱乐业
138	社会保障业	62	公共管理、社会保障和社会组织业
139	公共管理和社会组织业		

注：表中第一列数字为 2012 年中国投入产出表中的行业分类代码；本书后面使用的行业分类因为模型不同略有差异。

第二节　科技创新 CGE 模型的 SAM 表

科技创新动态可计算一般均衡（TI-DCGE）模型的运算基础是社会核算矩阵（以下简称 SAM 表），它的出现和发展源于人们对国民核算账户局限性的认识。通常国民核算账户偏重于对经济总量及增长的核算，但经济增长并不能保证所有人的生活水平都能有所改善，因此需要了解有关收入分配方面的信息。而 SAM 表恰好是一套连接所有经济交易（包括生产、收入分配、流通、消费、储蓄和投资等内容），对生产活动、生产要素和社会经济主体进行分解和分类的完整数据体系，它能定量描述一个经济体内部有关生产、要素收入分配、经济主体收入分配和支出的循环关系。

由于 SAM 表能准确刻画模型中包含的各种收支均衡关系，因此被用作 CGE 模型的基础数据集，并被当作 CGE 模型的基准均衡解。作为经济模型建模的数据基础和政策分析的事实依据，SAM 表的数据应当充分、准确地反映经济特征。一般情况下，SAM 表的编制需要采用较新的经济数据，然而这与近期数据详细性较为欠缺的特性相矛盾。编制 SAM 的主要数据来源有投入产出表、政府年度财政决算总表、国民收入统计、年度税收数据、地区统计年鉴、地区商品进出口数据以及城乡居民生活调查。本报告选取最新的 2012 年中国投入产出表作为编制北京科技创新动态可计算一般均衡（TI-DCGE）模型的 SAM 基准年份。由于 SAM 表中的部分宏观数据在中国现有的统计资料中没有明确提供或者统计口径差别等原因，本章在编制该SAM 表时尽量选择准确可靠的数据作为控制数据，而把可靠性低或没有出处来源的数据以及与 SAM 表概念差别较大的数据作为矩阵的行余量或列余量来处理。

本模型构建的宏观 SAM 包括 27 个账户：生产活动、商品、劳动、资本、城镇居民家庭、农村居民家庭、企业、政府、国内增值税、营业税、国内消费税、城市维护建设税、企业所得税、房产税（经营性房产税，对居民而言是财产性房产税）、城镇土地使用税、土地增值税、耕地占用税、契税、车船税、车辆购置税、其他间接税、关税、个人所得税、科技研发、储蓄-投资、存货和国外。其基本结构如表 7-2 所示。

表 7-2　科技创新动态 CGE 模型的基本结构

	生产活动	商品	劳动	资本	居民	企业	政府	投资-储蓄	存货	世界其他地区
生产活动		国内生产国内供给								出口
商品	中间投入				居民消费		政府消费	固定资本形成	存货增加	
劳动力	劳动报酬									
资本	资本收益									
居民			劳动报酬	资本收入		企业转移支付	政府转移支付			侨汇
企业				资本收益			政府转移支付			

续表

	生产 活动	商品	劳动	资本	居民	企业	政府	投资- 储蓄	存货	世界 其他 地区
政府	间接税	进口 关税			个人 所得税	企业 直接税				国外 投资 收益
投资- 储蓄					居民 储蓄	企业 储蓄	政府 储蓄			国外 净储蓄
存货								存货 投资		
世界 其他 地区		进口		外资 投资 收益			对外 援助			

"生产活动"账户核算生产者的生产活动状况。"生产活动"对应的是投入产出核算中的生产部门，其账户的行方向表示生产活动的收入来自两方面：国内各种商品的供应以及出口到国外所获收入，行的总和构成生产活动的总产出；账户的列方向表示生产活动的投入，即"生产要素"中间投入和"要素"账户的要素投入，此外还需向"政府机构"支付生产税，列的总和构成生产活动的总成本。

"商品"账户核算各种商品的供应及来源。账户的行方向反映国内各机构购买或使用各种商品的情况，包括对"生产活动"中间投入的需求、各经济主体的最终消费需求，行的总和构成对各种商品的总需求；账户的列方向表示本国或国外各种商品的来源，国内生产活动的供给和包含进口关税的进口额就构成了国内复合商品市场的总供给。

"生产要素"账户核算各种要素收入及其支出或分配。账户的行方向反映各要素从生产活动中获得的要素报酬（反映初次分配），以及从企业、政府以及国外获得的各种转移支付（反映再次分配）；账户的列方向则反映要素收入在生产要素提供者及"机构"之间的分配过程。

"机构"账户核算各机构的收入来源及其支出。账户的行方向反映"机构"的收入来源于要素收入或者税收收入，行的总和是各机构的总收入；

账户的列方向反映"机构"的支出情况，除了部分转移支出外，其余都在税收、储蓄和消费之间进行分配，列的总和反映机构总支出。

"投资-储蓄"账户核算社会的总资本来源和使用。账户的行方向反映各机构的资本来源于各种储蓄，行的总和表示总储蓄；列的总和反映社会的总投资（包括库存变化）。

"国外"账户核算与世界其他国家相关的交易，主要反映国际贸易和国际收支等的情况。账户的行方向反映各种商品从国外进口的国外所得；账户的列方向则反映国内商品的出口和从国外得到的各项净收入。

值得一提的是，SAM 表的构建很灵活，可以根据研究的需要进行进一步细分和扩展，比如，"居民"可以细分为"农村居民"和"城镇居民"，而"农村居民"和"城镇居民"还可以再次细分为"高收入阶层""中高收入阶层""中收入阶层""中低收入阶层""低收入阶层"；"要素"也可以分为"劳动力""资本""土地""能源""自然禀赋"等，而"劳动力"本身还可以再次细分为"高级劳动力""中级劳动力""低级劳动力"等；"企业"可以进一步细分为"内资企业"和"外资企业"，而"内资企业"又可以再次细分为"国有企业""民营企业"，"外资企业"可以再次细分为"日资企业""台资企业""美资企业""欧资企业"等；即使"政府"也可以细分为"中央政府"和"地方政府"等，千变万化。

第三节　科技创新动态可计算一般均衡模型方程体系

科技创新动态可计算一般均衡（TI-DCGE）模型主要包括九大模块：生产模块、贸易模块、居民模块、企业模块、政府模块、均衡模块、社会福利模块、环境模块和动态模块。

（一）生产模块

模型假设生产部门只有一个竞争性企业，每个企业只生产一种产品。生产行为由五层 CES 函数进行描述，包括劳动力、资本、自然禀赋、煤炭、石油、天然气、火电、水电、核电及风电共九种生产要素，市场结构假定为完全竞争，每个部门的产出水平由市场均衡条件决定。在所有部门中，生产技术都呈现规模报酬不变的特性，并按照成本最小化的原则进行生产决策，生成过程采用多层嵌套的常替代弹性（CES）生产函数及 Leontief 生产函数描述，生产结构如图 7-1 所示：

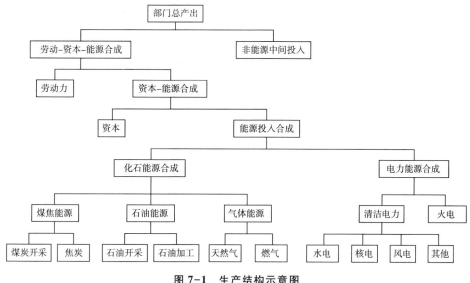

图 7-1　生产结构示意图

　　模型在第一层次首先把资本-能源-劳动力-自然禀赋的合成要素投入和非能源-污染治理中间投入以 CES 函数的形式合成为部门的总产出；在第二层次，非能源中间投入和污染治理中间投入束按照 Leontief 结构分解为各项中间投入，即这些中间投入品之间不存在可替代性，同一层次的资本-能源-劳动力-自然禀赋合成要素束按照 CES 结构分别为自然禀赋和资本-能源-劳动力合成要素束；在第三层次，资本-能源-劳动力合成要素束按照 CES 结构分解为资本-能源合成要素束和劳动力；在第四层次，资本-能源合成要素束进一步按照 CES 结构分解为资本要素和能源要素束；在第五层次，能源要素束又按照 CES 结构分解为化石能源合成束和电力能源合成束；在第六层次，化石能源合成束进一步按照 CES 结构分解为煤炭、石油和天然气；同一层次，电力能源合成束进一步按照 CES 结构分解为火电、水电、核电及风电等。值得注意的是，考虑到自然禀赋与资本-能源-劳动力合成要素束的明显差异，虽然两者都依 CES 函数进行合成，但两者的替代弹性系数 σ 应设定为较小值（初步设定为 0.1，或 0.05）。

i，共包括 62 个部门：1 个农业部门；33 个工业部门；6 个能源部门和 22 个服务业部门。

wne，共包括 60 个部门：1 个农业部门；33 个工业部门；22 个服务业部门和 4 个污染治理部门。

$nele$，包括 3 个化石能源部门：煤炭、石油和天然气。

ele，包括 3 个电力部门：火电、水电和核电及风电。

pi，包括 4 个污染治理部门：废水、二氧化硫、TSP 和固体废物。

$nwne$，包括 56 部门：1 个农业部门；33 个工业部门；22 个服务业部门。

pwi，包括 3 个污染治理部门：二氧化硫、TSP 和固体废物。

（1）第一层 CES 生产组合函数（中间投入与劳动-资本-能源投入的合成）

$$\min \ PKEL_i \cdot KEL_i + PND_i \cdot ND_i$$

$$s.t. \ QX_i = \lambda_i^{qkel} \left(\beta_{keli} KEL_i^{-\rho_i^q} + \beta_{ndi} ND_i^{-\rho_i^q} \right)^{-\frac{1}{\rho_i^q}}$$

解得：

$$KEL_i = \left(\frac{(\lambda_i^{qkel})^{-\rho_i^q} \cdot \beta_{keli} \cdot PQ_i}{PKEL_i} \right)^{\frac{1}{1+\rho_i^q}} QX_i \tag{7-1}$$

$$ND_i = \left(\frac{(\lambda_i^{qkel})^{-\rho_i^q} \cdot \beta_{ndi} \cdot PQ_i}{PND_i} \right)^{\frac{1}{1+\rho_i^q}} QX_i \tag{7-2}$$

$$QX_i = \lambda_i^{qkel} \left(\beta_{keli} KEL_i^{-\rho_i^q} + \beta_{ndi} ND_i^{-\rho_i^q} \right)^{-\frac{1}{\rho_i^q}} \tag{7-3}$$

其中：$\sigma_i^q = \frac{1}{1+\rho_i^q}$，$\sigma_i^q$ 为中间投入与劳动-资本-能源投入之间的替代弹性系数；λ_i^{qkel} 为规模参数；β_{keli} 和 β_{ndi} 为份额参数，$\beta_{keli} + \beta_{ndi} = 1$；$\rho_i^q$ 是中间投入与劳动-资本-能源投入之间的替代弹性参数。

（2）中间投入函数

$$UND_{j,i} = a_{j,i} \cdot ND_j \quad j = 1, 2, \cdots, 6 \tag{7-4}$$

$$PND_i = \sum_j a_{j,i} \cdot PQ_j \quad j = 1, 2, \cdots, 6 \tag{7-5}$$

其中,中间投入 $j=1$,2,$\cdots$,6,不包含能源投入,中间投入价格为产品的国内需求合成价格。

(3)第二层 CES 生产组合函数(能源-资本投入与劳动投入的合成)

$$\min PKE_i \cdot KE_i + (W \cdot wdist_i) \cdot L_i$$

$$s.t. KEL_i = \lambda_i^{kel} \left(\beta_{kei} KE_i^{-\rho_i^{kel}} + \beta_{li} \cdot L_i^{-\rho_i^{kel}} \right)^{-\frac{1}{\rho_i^{kel}}}$$

解得:

$$KE_i = \left(\frac{(\lambda_i^{kel})^{-\rho_i^{kel}} \cdot \beta_{kei} \cdot PKEL_i}{PKE_i} \right)^{\frac{1}{1+\rho_i^{kel}}} KEL_i \qquad (7-6)$$

$$L_i = \left(\frac{(\lambda_i^{kel})^{-\rho_i^{kel}} \cdot \beta_{li} \cdot PKEL_i}{W \cdot wdist_i} \right)^{\frac{1}{1+\rho_i^{kel}}} KEL_i \qquad (7-7)$$

$$KEL_i = \lambda_i^{kel} \left(\beta_{kei} KE_i^{-\rho_i^{kel}} + \beta_{li} \cdot L_i^{-\rho_i^{kel}} \right)^{-\frac{1}{\rho_i^{kel}}} \qquad (7-8)$$

其中:$\sigma_i^{kel} = \dfrac{1}{1+\rho_i^{kel}}$,$\sigma_i^{kel}$ 为资本-能源合成与劳动之间的替代弹性系数; λ_i^{kel} 为规模参数;β_{kei} 和 β_{li} 为份额参数,$\beta_{kei}+\beta_{li}=1$;ρ_i^{kel} 为资本-能源合成与劳动之间的弹性参数。

(4)第三层 CES 生产组合函数(能源投入与资本投入的合成)

$$\min R \cdot kdist_i \cdot K_i + PE_i \cdot E_i$$

$$s.t. KE_i = \lambda_i^{ke} \left(\beta_{ki} K_i^{-\rho_i^{ke}} + \beta_{ei} E_i^{-\rho_i^{ke}} \right)^{-\frac{1}{\rho_i^{ke}}}$$

解得:

$$K_i = \left(\frac{(\lambda_i^{ke})^{-\rho_i^{ke}} \cdot \beta_{ki} \cdot PKE_i}{R \cdot kdist_i} \right)^{\frac{1}{1+\rho_i^{ke}}} KE_i \qquad (7-9)$$

$$E_i = \left(\frac{(\lambda_i^{ke})^{-\rho_i^{ke}} \cdot \beta_{ei} \cdot PKE_i}{PE_i} \right)^{\frac{1}{1+\rho_i^{ke}}} KE_i \qquad (7-10)$$

$$KE_i = \lambda_i^{ke} \left(\beta_{ki} K_i^{-\rho_i^{ke}} + \beta_{ei} E_i^{-\rho_i^{ke}} \right)^{-\frac{1}{\rho_i^{ke}}} \qquad (7-11)$$

其中:$\sigma_i^{ke} = \dfrac{1}{1+\rho_i^{ke}}$,$\sigma_i^{ke}$ 为资本投入与能源投入之间的替代弹性系数。λ_i^{ke}

为规模参数；β_{ki}和β_{ei}为份额参数，$\beta_{ki}+\beta_{ei}=1$；ρ_i^{ke}为资本和能源合成之间的弹性参数。

（5）第四层 CES 生产组合函数（化石能源投入与电力能源投入的合成）

$$\min PE_{fosi} \cdot E_{fosi} + PE_{epi} \cdot E_{epi}$$

$$s.t. \ E_i = (\beta_{fosi}E_{fosi}^{-\rho_i^e} + \beta_{epi}E_{epi}^{-\rho_i^e})^{-\frac{1}{\rho_i^e}}$$

解得：

$$E_{fosi} = \left(\frac{\beta_{fosi} \cdot PE_i}{PE_{fosi}}\right)^{\frac{1}{1+\rho_i^e}} E_i \qquad (7-12)$$

$$E_{epi} = \left(\frac{\beta_{epi} \cdot PE_i}{PE_{epi}}\right)^{\frac{1}{1+\rho_i^e}} E_i \qquad (7-13)$$

$$E_i = (\beta_{fosi}E_{fosi}^{-\rho_i^e} + \beta_{epi}E_{epi}^{-\rho_i^e})^{-\frac{1}{\rho_i^e}} \qquad (7-14)$$

其中：$\sigma_i^e = \frac{1}{1+\rho_i^e}$，$\sigma_i^e$ 为化石能源投入与电力能源投入之间的替代弹性系数；β_{fosi}和β_{epi}为规模份额参数；ρ_i^e 为化石能源投入与电力能源合成之间的弹性参数。

（6）第五层 CES 生产组合函数（化石能源投入的合成）

在化石能源投入要素的多层嵌套的投入结构中，能源要素是多种化石类型能源要素投入的合成，包括煤焦能源、石油能源和气体能源。嵌套结构中的要素合成根据要素之间替代性的强弱进行分层次的组合，其中石油能源与气体能源先进行合成，再与煤焦能源投入合成为化石能源投入。

①石油能源-气体能源投入和煤焦能源投入的合成

$$\min PQ_{coali} \cdot E_{coali} + PE_{pgi} \cdot E_{pgi}$$

$$s.t. \ E_{fosi} = (\beta_{coali}E_{coali}^{-\rho_i^{cpg}} + \beta_{pgi}E_{pgi}^{-\rho_i^{cpg}})^{-\frac{1}{\rho_i^{cpg}}}$$

解得：

$$E_{coali} = \left(\frac{\beta_{coali} \cdot PE_{cpgi}}{PQ_{coali}}\right)^{\frac{1}{1+\rho_i^{cpg}}} E_{cpgi} \qquad (7-15)$$

$$E_{pgi} = \left(\frac{\beta_{pgi} \cdot PE_{cpgi}}{PQ_{pgi}} \right)^{\frac{1}{1+\rho_i^{cpg}}} E_{cpgi} \tag{7-16}$$

$$E_{fosi} = (\beta_{coali} E_{coali}^{-\rho_i^{cpg}} + \beta_{pgi} E_{pgi}^{-\rho_i^{cpg}})^{-\frac{1}{\rho_i^{cpg}}} \tag{7-17}$$

其中：$\sigma_i^{cpg} = \dfrac{1}{1+\rho_i^{cpg}}$，$\sigma_i^{cpg}$ 为煤焦能源与石油能源-气体能源投入之间的替代弹性系数；β_{coali} 和 β_{pgi} 为规模份额参数；ρ_i^{cpg} 为资本和能源合成之间的弹性参数。当煤焦能源与石油能源-气体能源投入水电、风电、核电、其他电力等能源部门时，$E_{coali} = 0$；$E_{pgi} = 0$；$PE_{cpgi} = 1$，$E_{fosi} = 0$。

②石油能源与气体能源投入的合成

$$\min PQ_{petroi} \cdot E_{petroi} + PQ_{gasi} \cdot E_{gasi}$$
$$s.\,t.\, E_{pgi} = (\beta_{petroli} E_{petroi}^{-\rho_i^{pg}} + \beta_{gasi} E_{gasi}^{-\rho_i^{pg}})^{-\frac{1}{\rho_i^{pg}}}$$

解得：

$$E_{petroi} = \left(\frac{\beta_{petroli} \cdot PE_{pgi}}{PQ_{petroi}} \right)^{\frac{1}{1+\rho_i^{pg}}} E_{pgi} \tag{7-18}$$

$$E_{gasi} = \left(\frac{\beta_{gasi} \cdot PE_{pgi}}{PQ_{gasi}} \right)^{\frac{1}{1+\rho_i^{pg}}} E_{pgi} \tag{7-19}$$

$$E_{pgi} = (\beta_{petroli} E_{petroi}^{-\rho_i^{pg}} + \beta_{gasi} E_{gasi}^{-\rho_i^{pg}})^{-\frac{1}{\rho_i^{pg}}} \tag{7-20}$$

其中：$\sigma_i^{pg} = \dfrac{1}{1+\rho_i^{pg}}$，$\sigma_i^{pg}$ 为石油能源与气体能源投入之间的替代弹性系数；$\beta_{petroli}$ 和 β_{gasi} 为规模份额参数；ρ_i^{pg} 为石油能源与气体能源合成之间的弹性参数。当石油能源与气体能源投入水电、风电、核电、其他电力等能源部门时，$E_{petroli} = 0$；$E_{gasi} = 0$；$PE_{pgi} = 1$。

在化石能源的合成过程中，煤炭开采与焦碳合成，形成煤炭能源投入的合成；天然气开采与煤气合成形成燃气能源投入的合成；石油开采与炼油合成形成石油能源投入的合成。

③煤炭开采能源与焦碳能源投入的合成

$$\min PQ_{coalmi} \cdot E_{coalmi} + PQ_{recoi} \cdot E_{recoi}$$

$$s.t.\ E_{coali} = (\beta_{coalmi}E_{coalmi}^{-\rho_i^{coal}} + \beta_{recoi}E_{recoi}^{-\rho_i^{coal}})^{-\frac{1}{\rho_i^{coal}}}$$

解得：

$$E_{coalmi} = \left(\frac{\beta_{coalmi} \cdot PE_{coali}}{PQ_{coalmi}}\right)^{\frac{1}{1+\rho_i^{coal}}} E_{coali} \tag{7-21}$$

$$E_{recoi} = \left(\frac{\beta_{recoi} \cdot PE_{coali}}{PQ_{recoi}}\right)^{\frac{1}{1+\rho_i^{coal}}} E_{coali} \tag{7-22}$$

$$E_{coali} = (\beta_{coalmi}E_{coalmi}^{-\rho_i^{coal}} + \beta_{recoi}E_{recoi}^{-\rho_i^{coal}})^{-\frac{1}{\rho_i^{coal}}} \tag{7-23}$$

其中：$\sigma_i^{coal} = \frac{1}{1+\rho_i^{coal}}$，$\sigma_i^{coal}$ 为煤炭开采与焦碳投入之间的替代弹性系数；β_{coalmi} 和 β_{recoi} 为规模份额参数；ρ_i^{coal} 为煤炭开采和焦碳投入合成之间的弹性参数。当煤炭开采与焦碳投入水电、风电、核电、其他电力等能源部门时，$E_{coalmi} = 0$；$E_{recoi} = 0$；$PE_{coali} = 1$。

④天然气开采能源与燃气能源投入的合成

$$\min PQ_{nagasi} \cdot E_{nagasi} + PQ_{magasi} \cdot E_{magasi}$$

$$s.t.\ E_{gasi} = (\beta_{nagasi}E_{nagasi}^{-\rho_i^{gas}} + \beta_{magasi}E_{magasi}^{-\rho_i^{gas}})^{-\frac{1}{\rho_i^{gas}}}$$

解得：

$$E_{nagasi} = \left(\frac{\beta_{nagasi} \cdot PE_{gasi}}{PQ_{nagasi}}\right)^{\frac{1}{1+\rho_i^{gas}}} E_{gasi} \tag{7-24}$$

$$E_{magasi} = \left(\frac{\beta_{magasi} \cdot PE_{gasi}}{PQ_{magasi}}\right)^{\frac{1}{1+\rho_i^{gas}}} E_{gasi} \tag{7-25}$$

$$E_{gasi} = (\beta_{nagasi}E_{nagasi}^{-\rho_i^{gas}} + \beta_{magasi}E_{magasi}^{-\rho_i^{gas}})^{-\frac{1}{\rho_i^{gas}}} \tag{7-26}$$

其中：$\sigma_i^{gas} = \frac{1}{1+\rho_i^{gas}}$，$\sigma_i^{gas}$ 为天然气开采与燃气能源投入之间的替代弹性系数；β_{nagasi} 和 β_{magasi} 为规模份额参数；ρ_i^{gas} 为天然气开采和燃气能源投入之间的弹性参数。当天然气开采与燃气能源投入水电、风电、核电以及其他电力等能源部门时，$E_{nagasi} = 0$；$E_{magasi} = 0$；$PE_{gasi} = 1$。

⑤石油开采能源与石油加工能源投入的合成

$$\min PQ_{petromi} \cdot E_{petromi} + PQ_{petrorei} \cdot E_{petrorei}$$

$$s.t.\ E_{petroi} = (\beta_{petromi} E_{petromi}^{-\rho_i^{petro}} + \beta_{petrorei} E_{petrorei}^{-\rho_i^{petro}})^{-\frac{1}{\rho_i^{petro}}}$$

解得：

$$E_{petromi} = \left(\frac{\beta_{petromi} \cdot PE_{petroi}}{PQ_{petromi}}\right)^{\frac{1}{1+\rho_i^{petro}}} E_{petroi} \qquad (7-27)$$

$$E_{petrorei} = \left(\frac{\beta_{petrorei} \cdot PE_{petroi}}{PQ_{petrorei}}\right)^{\frac{1}{1+\rho_i^{petro}}} E_{petroi} \qquad (7-28)$$

$$E_{petroi} = (\beta_{petromi} E_{petromi}^{-\rho_i^{petro}} + \beta_{petrorei} E_{petrorei}^{-\rho_i^{petro}})^{-\frac{1}{\rho_i^{petro}}} \qquad (7-29)$$

其中：$\sigma_i^{petro} = \frac{1}{1+\rho_i^{petro}}$，$\sigma_i^{petro}$ 为石油开采与石油加工能源投入之间的替代弹性系数；$\beta_{petromi}$ 和 $\beta_{petrorei}$ 为规模份额参数；ρ_i^{petro} 为石油开采和石油加工能源合成之间的弹性参数。当石油开采与石油加工能源投入水电、风电、核电、其他电力等能源部门时，$E_{petromi}=0$，$E_{petrorei}=0$，$PE_{petroi}=1$。

（7）第六层 CES 生产组合函数（电力能源投入的合成）

电力能源投入的合成分为两层，首先是水电、风电、核电、其他电力能源合成为清洁电力能源，其次，火电与清洁电力能源投入合成。

①火电与清洁电力能源投入的合成

$$\min PQ_{thepi} \cdot E_{thepi} + PQ_{clepi} \cdot E_{clepi}$$

$$s.t.\ E_{epi} = (\beta_{thepi} E_{thepi}^{-\rho_i^{ep}} + \beta_{clepi} E_{clepi}^{-\rho_i^{ep}})^{-\frac{1}{\rho_i^{ep}}}$$

解得：

$$E_{thepi} = \left(\frac{\beta_{thepi} \cdot PE_{epi}}{PQ_{thepi}}\right)^{\frac{1}{1+\rho_i^{ep}}} E_{epi} \qquad (7-30)$$

$$E_{clepi} = \left(\frac{\beta_{clepi} \cdot PE_{epi}}{PQ_{clepi}}\right)^{\frac{1}{1+\rho_i^{ep}}} E_{epi} \qquad (7-31)$$

$$E_{epi} = (\beta_{thepi} E_{thepi}^{-\rho_i^{ep}} + \beta_{clepi} E_{clepi}^{-\rho_i^{ep}})^{-\frac{1}{\rho_i^{ep}}} \qquad (7-32)$$

其中：$\sigma_i^{ep} = \dfrac{1}{1+\rho_i^{ep}}$，$\sigma_i^{ep}$ 为火电投入与清洁电力能源投入之间的替代弹性系数；β_{thepi} 和 β_{clepi} 为规模份额参数；ρ_i^{ep} 为火电和清洁能源合成之间的弹性参数。火电与其他电力能源的价格为国内产品需求的合成价格。

②清洁电力能源投入的合成

$$\min PQ_{hyepi} \cdot E_{hyepi} + PQ_{nuepi} \cdot E_{nuepi} + PQ_{wiepi} \cdot E_{wiepi} + PQ_{otepi} \cdot E_{otepi}$$

$$s.t.\ E_{clepi} = \left(\beta_{hyepi} \cdot E_{hyepi}^{-\rho_i^{clep}} + \beta_{nuepi} E_{nuepi}^{-\rho_i^{clep}} + \beta_{wiepi} E_{wiepi}^{-\rho_i^{clep}} + \beta_{otepi} E_{otepi}^{-\rho_i^{clep}} \right)^{-\frac{1}{\rho_i^{clep}}}$$

解得：

$$E_{hypei} = \left(\frac{\beta_{hyepi} \cdot PQ_{clepi}}{PQ_{hypi}} \right)^{\frac{1}{1+\rho_i^{clep}}} E_{clepi} \qquad (7-33)$$

$$E_{nuepi} = \left(\frac{\beta_{nuepi} \cdot PQ_{clepi}}{PQ_{nuepi}} \right)^{\frac{1}{1+\rho_i^{clep}}} E_{clepi} \qquad (7-34)$$

$$E_{wiepi} = \left(\frac{\beta_{wiepi} \cdot PQ_{clepi}}{PQ_{wiepi}} \right)^{\frac{1}{1+\rho_i^{clep}}} E_{clepi} \qquad (7-35)$$

$$E_{otepi} = \left(\frac{\beta_{otepi} \cdot PQ_{clepi}}{PQ_{otepi}} \right)^{\frac{1}{1+\rho_i^{clep}}} E_{clepi} \qquad (7-36)$$

$$E_{clepi} = \left(\beta_{hyepi} \cdot E_{hyepi}^{-\rho_i^{clep}} + \beta_{nuepi} E_{nuepi}^{-\rho_i^{clep}} + \beta_{wiepi} E_{wiepi}^{-\rho_i^{clep}} + \beta_{otepi} E_{otepi}^{-\rho_i^{clep}} \right)^{-\frac{1}{\rho_i^{clep}}} \qquad (7-37)$$

其中：$\sigma_i^{clep} = \dfrac{1}{1+\rho_i^{clep}}$，$\sigma_i^{clep}$ 为水电、核电、风电、其他电力能源投入之间的替代弹性系数；β_{hyepi}、β_{nuepi}、β_{wiepi} 和 β_{otepi} 为规模份额参数；ρ_i^{clep} 为水电、核电、风电、其他电力能源投入之间的弹性参数。水电、核电、风电、其他电力能源的价格为国内产品需求的合成价格。

以上分析中，生产模块函数的变量与参数说明见表 7-3。

表 7-3　生产模块函数变量与参数说明

生产模块函数内生变量			
序号	变量	变量定义	变量个数
1	QX_i	部门 i 的产出量	n
2	PX_i	部门 i 的不含间接税的价格	n

续表

生产模块函数内生变量

序号	变量	变量定义	变量个数
3	ND_i	部门 i 的中间投入量	n
4	PND_i	部门 i 中间投入的合成价格	j
5	$UND_{j,i}$	生产 1 单位 i 部门产出需要 j 部门的投入量	$j \times n$
6	KEL_i	部门 i 的资本-劳动-能源投入合成量	n
7	$PKEL_i$	部门 i 的资本-劳动-能源投入合成价格	n
8	L_i	部门 i 的劳动投入量	n
9	W	劳动投入的平均工资	1
10	KE_i	部门 i 的资本-能源投入合成量	n
11	PKE_i	部门 i 的资本-能源投入合成价格	n
12	K_i	部门 i 的资本投入量	n
13	R	资本投入的平均收益	1
14	E_i	部门 i 的能源投入量	n
15	PE_i	部门 i 的能源投入价格	n
16	E_{fosi}	部门 i 的化石能源投入量	
17	PE_{fosi}	部门 i 的化石能源投入价格	n
18	E_{pgi}	部门 i 的石油能源与气体能源合成的投入量	n
19	PE_{pgi}	部门 i 的石油能源与气体能源的合成价格	n
20	E_{coali}	部门 i 的煤焦合成能源投入量	n
21	PE_{coali}	部门 i 的煤焦合成能源价格	n
22	E_{coalmi}	部门 i 的煤炭开采能源投入量	n
23	E_{recoi}	部门 i 的焦碳能源投入量	n
24	E_{gasi}	部门 i 的气体能源合成投入量	n
25	PE_{gasi}	部门 i 的气体能源合成价格	n
26	E_{nagasi}	部门 i 的天然气能源投入量	n
27	E_{magasi}	部门 i 的燃气能源投入量	n
28	E_{petroi}	部门 i 的石油能源合成品投入量	n
29	PE_{petroi}	部门 i 的石油能源投入量的合成价格	n
30	$E_{petrorei}$	部门 i 的石油加工能源投入量	n
31	$E_{petromi}$	部门 i 的石油开采能源投入量	n

生产模块函数内生变量

序号	变量	变量定义	变量个数
32	E_{epi}	部门 i 的电力能源投入量	n
33	PE_{epi}	部门 i 的电力能源投入合成价格	n
34	E_{thepi}	部门 i 的火电能源投入量	n
35	E_{clepi}	部门 i 的清洁电力能源投入量	n
36	PQ_{clepi}	部门 i 清洁电力能源投入的合成价格	n
37	E_{hyepi}	部门 i 的水电能源投入量	n
38	E_{nuepi}	部门 i 的核电能源投入量	n
39	E_{wiepi}	部门 i 的风电能源投入量	n
40	E_{otepi}	部门 i 的其他电力能源投入量	n

生产模块函数参数说明

序号	参数	参数定义
1	β_{keli}	部门 i 的能源-资本-劳动合成的份额参数
2	β_{inmpi}	部门 i 的中间投入的份额参数
3	σ_i^q	部门 i 的能源-资本-劳动合成投入与中间投入之间的替代弹性
4	ρ_i^q	部门 i 的能源-资本-劳动合成投入与中间投入之间的替代弹性相关系数
5	$a_{j,i}$	部门 i 的中间投入的直接消耗系数
6	β_{kei}	部门 i 的能源-资本-劳动合成投入中资本-能源投入份额参数
7	β_{li}	部门 i 的能源-资本-劳动合成投入中劳动投入份额参数
8	σ_i^{kel}	部门 i 的资本-能源投入与劳动投入之间的替代弹性
9	ρ_i^{kel}	部门 i 的资本-能源投入与劳动投入之间的替代弹性相关系数
10	β_{ki}	部门 i 的资本-能源合成投入中资本投入的份额参数
11	β_{ei}	部门 i 的资本-能源合成投入中能源投入的份额参数
12	σ_i^{ke}	部门 i 的资本投入与能源投入之间的替代弹性
13	ρ_i^{ke}	部门 i 的资本投入与能源投入之间的替代弹性相关系数
14	β_{fosi}	部门 i 化石能源与电力能源合成投入中化石能源投入的份额参数
15	β_{epi}	部门 i 化石能源与电力能源合成投入中电力能源投入的份额参数
16	σ_i^e	部门 i 的化石能源与电力能源投入的替代弹性
17	ρ_i^e	部门 i 的化石能源与电力能源投入的替代弹性相关系数
18	β_{coali}	部门 i 煤焦能源投入与石油能源-气体能源合成投入中煤焦能源投入的份额参数

生产模块函数参数说明

序号	参数	参数定义
19	β_{pgi}	部门 i 煤焦能源投入与石油能源-气体能源合成投入中石油-气体能源投入的份额参数
20	σ_i^{cpg}	部门 i 的煤焦能源投入与石油能源-气体能源合成投入的替代弹性
21	ρ_i^{cpg}	部门 i 的煤焦能源投入与石油能源-气体能源合成投入的替代弹性相关系数
22	$\beta_{petroli}$	部门 i 石油能源与气体能源合成投入中石油能源投入的份额参数
23	β_{gasi}	部门 i 石油能源与气体能源合成投入中气体能源投入的份额参数
24	σ_i^{pg}	部门 i 的石油能源与气体能源合成投入的替代弹性
25	ρ_i^{pg}	部门 i 的石油能源与气体能源合成投入的替代弹性相关系数
26	β_{coalmi}	部门 i 煤焦能源合成投入煤炭开采能源投入的份额参数
27	β_{recoi}	部门 i 煤炭能源合成投入中焦碳能源投入的份额参数
28	σ_i^{coal}	部门 i 的煤炭开采能源投入与焦碳能源投入的替代弹性
29	ρ_i^{coal}	部门 i 的煤炭开采能源投入与焦碳能源投入的替代弹性相关系数
30	β_{nagasi}	部门 i 气体能源合成投入中天然气能源投入的份额参数
31	β_{magasi}	部门 i 气体能源合成投入中燃气能源投入的份额参数
32	σ_i^{gas}	部门 i 的天然气能源投入与燃气能源投入的替代弹性
33	ρ_i^{gas}	部门 i 的天然气能源投入与燃气能源投入的替代弹性相关系数
34	$\beta_{petromi}$	部门 i 石油能源合成投入中石油开采能源投入的份额参数
35	$\beta_{petrorei}$	部门 i 石油能源合成投入中石油加工能源投入的份额参数
36	σ_i^{petro}	部门 i 的石油开采能源投入与石油加工能源投入的替代弹性
37	ρ_i^{petro}	部门 i 的石油开采能源投入与石油加工能源投入的替代弹性相关系数
38	β_{thepi}	部门 i 的电力能源合成投入中火电能源投入的份额参数
39	β_{clepi}	部门 i 的电力能源合成投入中清洁电力能源投入的份额参数
40	σ_i^{ep}	部门 i 的火电能源投入与清洁电力能源投入的替代弹性
41	ρ_i^{ep}	部门 i 的火电能源投入与清洁电力能源投入的替代弹性相关系数
42	β_{hyepi}	部门 i 的清洁能源投入中水电投入的份额参数
43	β_{nuepi}	部门 i 的清洁能源投入中核电投入的份额参数
44	β_{wiepi}	部门 i 的清洁能源投入中风电投入的份额参数
45	β_{otepi}	部门 i 的清洁能源投入中其他电力投入的份额参数
46	σ_i^{clep}	部门 i 的清洁能源投入中各种电力能源投入之间的替代弹性
47	ρ_i^{clep}	部门 i 的清洁能源投入中各种电力能源投入之间的替代弹性相关系数

（二）贸易模块

本章模型中贸易模块中的国内产品分配采用 *CET* 函数形式，国内产品需求采用 *CES* 函数形式，被称为"阿明顿（Armington）假设"条件。国内产品需求与分配的具体情况见图 7-2。

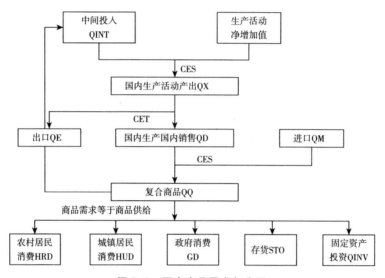

图 7-2　国内产品需求与分配

（1）进口产品价格：

$$PM_i = pwm_i \cdot EXR \tag{7-38}$$

（2）出口产品价格：

$$PE_i = pwe_i \cdot EXR \tag{7-39}$$

（3）国内产品需求函数（Armington 假设）：

$$\max_{QQ_i, QD_i, QM_i} PQ_i \cdot QQ_i - [PD_i \cdot QD_i + (1+t_{mi})PM_i \cdot QM_i]$$

$$s.t. \ QQ_i = \gamma_{mi} [\delta d_i (QD_i)^{\rho_{mi}} + \delta m_i (QM_i)^{\rho_{mi}}]^{\frac{1}{\rho_{mi}}}$$

解得：

$$QD_i = \left(\frac{\gamma_{mi}^{\rho_{mi}} \cdot \delta d_i \cdot PQ_i}{PD_i} \right)^{\frac{1}{1-\rho_{mi}}} QQ_i \tag{7-40}$$

$$QM_i = \left(\frac{\gamma_{mi}^{\rho_{mi}} \cdot \delta m_i \cdot PQ_i}{(1+t_{mi}) \cdot PM_i} \right)^{\frac{1}{1-\rho_{mi}}} QQ_i \tag{7-41}$$

$$QQ_i = \gamma_{mi} [\delta d_i (QD_i)^{\rho_{mi}} + \delta m_i (QM_i)^{\rho_{mi}}]^{\frac{1}{\rho_{mi}}} \tag{7-42}$$

其中 $\rho_{mi} = \dfrac{\sigma_{mi}-1}{\sigma_{mi}}$，$\sigma_{mi}$ 为国内需求、国内供给与进口之间的替代弹性系数。

（4）国内产品分配函数（CET 函数）

$$\max(PD_i \cdot QD_i + PE_i \cdot QE_i) - (1+t_{addvi}+t_{bussi}+t_{conpi}+t_{othei}) \cdot PX_i \cdot QX_i$$

$$s.t. \ QX_i = \gamma_{ei}(\xi d_i \cdot QD_i^{\rho_{ei}} + \xi e_i \cdot QE_i^{\rho_{ei}})^{\frac{1}{\rho_{ei}}}$$

解得：

$$QD_i = \left(\frac{\gamma_{ei}^{\rho_{ei}} \cdot \xi d_i \cdot (1+t_{addvi}+t_{bussi}+t_{conpi}+t_{othei}) \cdot PX_i}{PD_i} \right)^{\frac{1}{1-\rho_{ei}}} QX_i \tag{7-43}$$

$$QE_i = \left(\frac{\gamma_{ei}^{\rho_{ei}} \cdot \xi e_i \cdot (1+t_{addvi}+t_{bussi}+t_{conpi}+t_{othei}) \cdot PX_i}{PE_i} \right)^{\frac{1}{1-\rho_{ei}}} QX_i \tag{7-44}$$

$$QX_i = \gamma_{ei}(\xi d_i \cdot QD_{si}^{\rho_{ei}} + \xi e_i \cdot QE_i^{\rho_{ei}})^{\frac{1}{\rho_{ei}}} \tag{7-45}$$

其中 $\rho_{ei} = \dfrac{\sigma_{ei}+1}{\sigma_{ei}}$，$\sigma_{ei}$ 为国内生产产品的国内需求与出口之间替代弹性系数。

贸易模块函数的变量与参数说明见表 7-4。

表 7-4　贸易模块函数变量与参数说明

贸易模块函数内生变量			
序号	变量	变量定义	变量个数
1	PM_i	进口商品 i 的国内价格	n
2	PE_i	出口商品 i 的国内价格	n
3	EXR	汇率	1
4	PQ_i	商品 i 国内需求的价格	n
5	PD_i	商品 i 国内供给的价格	n

续表

		贸易模块函数内生变量	
序号	变量	变量定义	变量个数
6	QQ_i	商品 i 的国内需求量（国内销售与进口品的 CES 组合）	n
7	QD_i	商品 i 需求量的国内供给量	n
8	QM_i	商品 i 需求量的进口量	n
9	QE_i	商品 i 分配的出口量	n

		贸易模块函数外生变量	
序号	变量	变量定义	变量个数
1	PEM_i	表示部门 i 进口商品的国际市场价格	n
2	PWE_i	表示部门 i 出口商品的国际市场价格	n

		贸易模块函数参数	
序号	参数	参数定义	
1	t_{mi}	商品 i 的进口关税税率	
2	γ_{mi}	Armington 方程商品 i 国内需求与进口需求的整体转移参数	
3	δd_i	Armington 方程商品 i 的国内需求量份额参数	
4	δm_i	Armington 方程商品 i 的进口需求量份额参数	
5	γ_{ei}	CET 函数商品 i 国内供应与出口分配的整体转移参数	
6	ξd_i	CET 函数产品 i 的国内供应商品的份额参数	
7	ξe_i	CET 函数产品 i 的出口供应的份额参数	
8	ρ_{mi}	Armington 方程产品 i 进口商品与国内商品的替代弹性相关系数	
9	ρ_{ei}	CET 函数部门 i 商品国内供应与出口的转换弹性相关系数	
10	σ_{mi}	Armington 方程产品 i 进口商品与国内商品的替代弹性系数	
11	σ_{ei}	CET 函数部门 i 商品国内供应与出口的转换弹性系数	

（三）居民模块

在 CGE 模型中，居民消费函数主要采用以下两种方法：第一种方法是采用简单线性函数形式。具体做法是根据投入产出表中的居民消费结构数据，计算出居民消费的结构参数，即 $conp_i = HD_i / \sum_{i=1}^{n} HD_i$（其中 HD_i 为居民在第 i 个行业中的消费额），然后居民消费函数为：$HD_i = conp_i \times (TYH-HTAX-SH)$，其中 TYH 为居民总收入，$HTAX$ 为居民收入所得税，SH 为居民储蓄，这种线性消费函数的优点在于简单直观，一般在简单 CGE 模型或者不需要重点分析居民行为的 CGE 模型中应用。

第二种方法是应用线性支出系统需求函数 （Linear Expenditure System，LES）或 ELES （Extended LES）消费函数表示。LES 消费函数是英国经济学家斯通 R. Stone （1954）提出的。该函数将居民消费分为基本需求与额外需求两部分，其中基本需求不随消费者收入的变化而变化，额外需求是将基本需求扣除后再进行分配。LES 模型是较早地将理论分析与经验研究完善结合的典范，在此基础上，ELES 是经济学家路迟 （Luich）于 1973 年提出的扩展的线性支出系统需求函数 （ELES），该模型把居民家庭的消费行为看作一个相互联系、相互制约的有机整体，它考虑了居民的消费水平、消费倾向以及消费收入变动对消费决策的影响；而且，ELES 函数在没有价格资料的情况下，也能根据截面数据资料估计出各种商品的基本需求支出，进行需求结构估算，可以计算出收入弹性，进行需求弹性分析。因此，大多数 CGE 模型，尤其是需要分析居民效应的模型，均采用线性支出系统需求 （LES）消费函数或 ELES 消费函数。基于 ELES 消费函数的种种优势，本章亦采用 ELES 消费函数。

（1）居民收入模块函数

部门 i 的阶层 h 居民劳动收入：

$$YL_{h,i} = W \cdot wdist_{h,i} \cdot L_{h,i} \tag{7-46}$$

总的劳动收入：

$$TYL = \sum_i W \cdot wdist_{h,i} \cdot L_{h,i} \tag{7-47}$$

农村 $h1i$ 阶层居民的劳动收入：

$$TYLHR_{h1i} = rtylru_{h1i} \cdot TYL \tag{7-48}$$

城镇 $h2i$ 阶层居民的劳动收入：

$$TYLHU_{h2i} = \left(1 - \sum_{h1i} rtylru_{h1i}\right) \cdot TYL \tag{7-49}$$

农村 $h1i$ 阶层居民的资本收入：

$$YHRK_{h1i} = ratehrk_{h1i} \cdot TYK \qquad (7-50)$$

城镇 $h2i$ 阶层居民的资本收入：

$$YHUK_{h2i} = ratehuk_{h2i} \cdot TYK \qquad (7-51)$$

式（7-48）~式（7-51）说明，农村和城镇居民均提供劳动和资本，因此劳动所得和资本所得按照固定比例在农村和城镇居民中进行分配。需要注意的是，资本总收入包括资本收益与折旧。

本章的 SAM 表包含了居民的侨汇收入，但由于影响侨汇收入的因素比较复杂，而且多是国外因素，比如国外工资水平、国外经济增长状况等，这些因素不是国内经济或政治所能决定的，因此本章把不同收入阶层的农村居民和城镇居民的侨汇收入 $\overline{YHRW}_{h1i}$ 和 $\overline{YHUW}_{h2i}$ 作为外生变量。

考虑到现实经济中，企业对居民存在一些转移支付或补贴或生活福利，而这些福利绝大多数被城镇居民所获得，因此城镇居民的收入中还包括企业对城镇居民的转移支付，具体方程为：

$$YEHU_{h2i} = ratehue_{h2i} \cdot YEK \qquad (7-52)$$

类似地，政府对农村居民和城镇居民也有转移支付，方程如下：
政府对农村 $h1i$ 阶层居民的转移支付：

$$YHRG_{h1i} = ratehrg_{h1i} \cdot YGT \qquad (7-53)$$

政府对城镇 $h2i$ 阶层居民的转移支付：

$$YHUG_{h2i} = ratehug_{h2i} \cdot YGT \qquad (7-54)$$

这样，居民的总收入可以表示如下：
农村 $h1i$ 阶层居民的总收入：

$$YHRT_{h1i} = TYHR_{h1i} + YHRK_{h1i} + YHRG_{h1i} + \overline{YHRW}_{h1i} \qquad (7-55)$$

城镇 $h2i$ 阶层居民的总收入：

$$YHUT_{h2i} = TYHU_{h2i} + YHUK_{h2i} + YEHU_{h2i} + YHUG_{h2i} + \overline{YHUW}_{h2i} \qquad (7-56)$$

（2）居民支出模块

农村 $h1i$ 阶层居民储蓄：

$$SHR_{h1i} = savhr_{h1i} \cdot YHRT_{h1i} \qquad (7-57)$$

城镇 $h2i$ 阶层居民储蓄：

$$SHU_{h2i} = savhu_{h2i} \cdot YHUT_{h2i} \qquad (7-58)$$

农村 $h1i$ 阶层居民消费支出：

$$HRDY_{h1i} = (1 - shr_{h1i}) \cdot (1 - t_{h1i}) \, YHRT_{h1i} \qquad (7-59)$$

城镇 $h2i$ 阶层居民消费支出：

$$HUDY_{h2i} = (1 - shu_{h2i}) \cdot (1 - t_{h2i}) \, YHUT_{h2i} \qquad (7-60)$$

农村 $h1i$ 阶层居民对产品 i 的消费：

$$HRD_{h1i} \cdot PQ_i = \overline{LHRD_{h1i}} \cdot PQ_i + \beta r_i \left(HRDY_{h1i} - \sum_{j=1}^{n} \overline{LHRD_{h1i,j}} \right) \qquad (7-61)$$

城镇 $h2i$ 阶层居民对产品 i 的消费：

$$HUD_{h2i} \cdot PQ_i = \overline{LHUD_{h2i}} \cdot PQ_i + \beta r_i \left(HUDY_{h2i} - \sum_{j=1}^{n} \overline{LHUD_{h2i,j}} \right) \qquad (7-62)$$

居民模块函数的变量与参数说明详见表 7-5。

表 7-5　居民模块函数变量与参数说明

		居民模块函数内生变量	
序号	变量	变量定义	变量个数
1	$YL_{h,i}$	部门 i 的 h 收入阶层居民劳动收入	$n \times h$
2	TYL	总的劳动收入	1
3	$TYLHR_{h1i}$	农村 $h1i$ 阶层居民的劳动收入	$h1i$
4	$TYLHU_{h2i}$	城镇 $h2i$ 阶层居民的劳动收入	$h2i$
5	$YHRK_{h1i}$	农村 $h1i$ 阶层居民的资本收入	$h1i$
6	$YHUK_{h2i}$	城镇 $h2i$ 阶层居民的资本收入	$h2i$
7	$YEHU_{h2i}$	企业对城镇 $h2i$ 阶层居民的福利补贴	$h2i$

续表

居民模块函数内生变量

序号	变量	变量定义	变量个数
8	$YHRG_{h1i}$	政府对农村 $h1i$ 阶层居民的转移支付	$h1i$
9	$YHUG_{h2i}$	政府对城镇 $h2i$ 阶层居民的转移支付	$h2i$
10	$YHRT_{h1i}$	农村 $h1i$ 阶层居民的总收入	$h1i$
11	$YHUT_{h2i}$	城镇 $h2i$ 阶层居民的总收入	$h2i$
12	SHR_{h1i}	农村 $h1i$ 阶层居民储蓄	$h1i$
13	SHU_{h2i}	城镇 $h2i$ 阶层居民储蓄	$h2i$
14	$HRDY_{h1i}$	农村 $h1i$ 阶层居民消费总支出	$h1i$
15	$HUDY_{h2i}$	城镇 $h2i$ 阶层居民消费总支出	$h2i$
16	$HRD_{h1i,j}$	农村 $h1i$ 阶层居民对产品 i 的消费	$h1i×n$
17	$HUD_{h2i,j}$	城镇 $h2i$ 阶层居民对产品 i 的消费	$h2i×n$

居民模块函数参数

序号	参数	参数定义	说明
1	$wdist_{k,i}$	工资扭曲系数	部门实际工资水平存在显著差异
2	$rtylru_{h1i}$	劳动报酬分配系数	劳动收入在农村 $h1i$ 阶层居民中的分配系数
3	$ratehrk_{h1i}$	农村居民资本收入的比例	农村 $h1i$ 阶层居民资本收入/资本总收入
4	$ratehuk_{h2i}$	城镇居民资本收入的比例	城镇 $h2i$ 阶层居民资本收入/资本总收入
5	$savhr_{h1i}$	农村居民储蓄比例系数	农村 $h1i$ 阶层居民储蓄额/居民的总收入
6	$savhu_{h2i}$	城镇居民储蓄比例系数	城镇 $h2i$ 阶层居民储蓄额/居民的总收入
7	$ratehrg_{h1i}$	政府对农村的转移支付率	政府对农村 $h1i$ 阶层居民的转移支付/政府总收入
8	$ratehug_{h2i}$	政府对城镇的转移支付率	政府对城镇 $h2i$ 阶层居民的转移支付/政府总收入
9	thr_{h1i}	农村个人所得税税率	农村 $h1i$ 阶层居民个人所得税/农村 $h1i$ 阶层居民总收入
10	thu_{h2i}	城镇个人所得税税率	城镇 $h2i$ 阶层居民个人所得税/城镇 $h2i$ 阶层居民总收入
11	βr_i	农村居民边际消费率	农村 $h1i$ 阶层居民对产品 i 的边际消费量
12	βu_i	城镇居民边际消费率	城镇 $h2i$ 阶层居民对产品 i 的边际消费量

（四）企业模块

（1）企业收入模块函数

部门 i 的资本收入：

$$YK_i = R \cdot rdist_i \cdot K_i \tag{7-63}$$

总的资本收入：

$$TYK = \sum_i R \cdot rdist_i \cdot K_i \tag{7-64}$$

企业的资本收入：

$$YEK = \left(1 - \sum_{h1i} ratehrk_{h1i} - \sum_{h2i} ratehuk_{h2i}\right) \cdot TYK \tag{7-65}$$

（2）企业支出模块函数

企业对城镇 h2i 阶层居民的转移支付：

$$YEHY_{h2i} = ratehue_{h2i} \cdot YEK \tag{7-66}$$

企业储蓄：

$$SE = \left(1 - \sum_{h2i} ratehue_{h2i}\right) \cdot (1 - t_e)YEK \tag{7-67}$$

部门的存货：

$$STO_i = sto_i \cdot QQ_i \tag{7-68}$$

企业模块函数的变量与参数说明见表7-6。

表7-6　企业模块函数变量与参数说明

企业模块函数内生变量			
序号	变量	变量定义	变量个数
1	YK_i	部门 i 的资本收入	n
2	TYK	总的资本收入	1
3	YEK	企业的资本收入	1
4	$YEHY_{h2i}$	企业对城镇 h2i 阶层居民的转移支付	$h2i$
5	SE	企业储蓄	1
6	STO_i	部门 i 的存货	n

企业模块函数参数		
序号	参数	参数定义	说明
1	$rdist_i$	资本扭曲系数	部门实际收益率存在显著差异
2	$ratehue_{h2i}$	企业对城镇 h2i 阶层居民转移支付的比例系数	企业对城镇 h2i 阶层居民转移支付/企业的资本收入
3	sto_i	部门 i 的存货比例系数	部门 i 的存货占商品的比例系数

(五) 政府模块

(1) 政府收入模块函数

部门 i 的增值税收入:

$$GADDVTAX_i = t_{addvi} \cdot (YL_i + YK_i) \qquad (7-69)$$

部门 i 的营业税收入:

$$GBUSTAX_i = t_{bussi} \cdot PX_i \cdot QX_i \qquad (7-70)$$

部门 i 的消费税收入:

$$GCONSPTAX_i = t_{conspi} \cdot PX_i \cdot QX_i \qquad (7-71)$$

部门 i 的其他间接税收入:

$$GOTHETAX_i = t_{othei} \cdot PX_i \cdot QX_i \qquad (7-72)$$

产品 i 的进口关税收入:

$$GTRIFM_i = t_{mi} \cdot PM_i \cdot QM_i \qquad (7-73)$$

农村 $h1i$ 阶层居民的所得税:

$$GHRTAX_{h1i} = t_{h1i} \cdot YHRT_{h1i} \qquad (7-74)$$

城镇 $h2i$ 阶层居民的所得税:

$$GHUTAX_{h2i} = t_{h2i} \cdot YHUT_{h2i} \qquad (7-75)$$

企业所得税:

$$GETAX = t_e \cdot YEK \qquad (7-76)$$

政府的国外收入:

$$GWY = rategw \cdot \sum_i PM_i \cdot QM_i \qquad (7-77)$$

政府总收入：

$$YGT = \sum_{i}^{n} GADDVTAX_i + \sum_{i}^{n} GBUSTAX_i + \sum_{i}^{n} GCONSPTAX_i + \sum_{i}^{n} GOTHETAX_i$$

$$+ \sum_{i} GTRIFM_i + \sum_{h1i} GHRTAX_{h1i} + \sum_{h2i} GHUATAX_{h2i} + GETAX + GWY \quad (7-78)$$

（2）政府支出模块函数

政府对农村 $h1i$ 阶层居民的转移支付：

$$YHRG_{h1i} = ratehrg_{h1i} \cdot YGT \quad (7-79)$$

政府对城镇 $h2i$ 阶层居民的转移支付：

$$YHUG_{h2i} = ratehug_{h2i} \cdot YGT \quad (7-80)$$

政府对国外的援助：

$$YWG = ratewg \cdot YGT \quad (7-81)$$

政府储蓄：

$$SG = sg \cdot YGT \quad (7-82)$$

政府对产品 i 的消费：

$$GD_i = \mu_{gi}(1 - \sum_{h1i} ratehrg_{h1i} - \sum_{h2i} ratehug_{h2i} - ratewg - sg) \cdot YGT/PQ_i$$

$$(7-83)$$

政府模块函数的变量与参数说明见表7-7。

表 7-7　政府模块函数变量与参数说明

政府模块函数内生变量			
序号	变量	变量定义	变量个数
1	$GADDVTAX_i$	部门 i 的增值税收入	n
2	$GBUSTAX_i$	部门 i 的营业税收入	n
3	$GCONSPTAX_i$	部门 i 的消费税收入	n

政府模块函数内生变量

序号	变量	变量定义	变量个数
4	$GOTHETAX_i$	部门 i 的其他间接税收入	n
5	$GTRIFM_i$	产品 i 的进口关税收入	n
6	$GHRTAX_{h1i}$	农村 $h1i$ 阶层居民的所得税	$h1i$
7	$GHUTAX_{h2i}$	城镇 $h2i$ 阶层居民的所得税	$h2i$
8	$GETAX$	企业所得税	1
9	GWY	政府的国外收入	1
10	YGT	政府总收入	1
11	$YHRG_{h1i}$	政府对农村 $h1i$ 阶层居民的转移支付	$h1i$
12	$YHUG_{h2i}$	政府对城镇 $h2i$ 阶层居民的转移支付	$h2i$
13	YWG	政府对国外的援助	1
14	SG	政府储蓄	1
15	GD_i	政府对产品 i 的消费量	n

政府模块中的相关函数参数

序号	参数	参数定义	说明
1	t_{addvi}	部门 i 的增值税税率	部门 i 的增值税/部门 i 的总产出
2	t_{bussi}	部门 i 的营业税税率	部门 i 的营业税/部门 i 的总产出
3	t_{conspi}	部门 i 的消费税税率	部门 i 的消费税/部门 i 的总产出
4	t_{othei}	部门 i 的其他间接税税率	部门 i 的其他间接税/部门 i 的总产出
5	t_{h1i}	农村 $h1i$ 阶层居民所得税税率	农村 $h1i$ 阶层居民所得税/农村 $h1i$ 阶层居民总收入
6	t_{h2i}	城镇 $h2i$ 阶层居民所得税税率	城镇 $h2i$ 阶层居民所得税/城镇 $h2i$ 阶层居民总收入
7	t_e	企业所得税税率	企业所得税/企业的资本收入
8	$rategw$	政府国外收入的比例系数	政府的国外收入/进口额
9	$ratehrg_{h1i}$	政府对农村 $h1i$ 阶层居民转移支付的比例系数	政府对农村 $h1i$ 阶层居民的转移支付在政府总收入中的占比

政府模块中的相关函数参数

序号	参数	参数定义	说明
10	$ratehug_{h2i}$	政府对城镇 $h2i$ 阶层居民转移支付的比例系数	政府对城镇 $h2i$ 阶层居民的转移支付在政府总收入中的占比
11	$ratewg$	政府国外转移支付比例系数	政府对国外的转移支付/政府总收入
12	sg	政府储蓄的比例系数	政府储蓄/政府总收入
13	μ_{gi}	政府对产品 i 消费的比例系数	政府对产品 i 的消费量占总消费量的比例

（六）均衡模块

（1）国际收支平衡

国际收支平衡是指"世界其他"部门的"收入"与"支出"相均衡。具体的均衡规则有两种方式：一种方式是把汇率作为外生变量，而国外储蓄作为内生变量，其经济学含义为：国际贸易的顺差或逆差是通过汇率来调整的，本币贬值可以使顺差增加，本币升值则使顺差减少；另一种方式是把国外储蓄作为外生变量，而汇率作为内生变量，其经济学含义为：国际贸易中汇率的贬或升是通过控制贸易差额来调整的，扩大贸易顺差可使本币贬值，减少贸易顺差则可使本币升值。本章选择汇率为内生变量，国外储蓄为外生变量的均衡规则。

$$\sum_i PM_i \cdot QM_i + YWG = \sum_i PE_i \cdot QE_i + \overline{\sum_{h1i} YHRW_{h1i}} + \overline{\sum_{h2i} YHUW_{h2i}} + GWY + \overline{SF}$$

$$(7-84)$$

其中 $\overline{SF}$ 为国外储蓄，$\overline{YHRW_{h1i}}$ 和 $\overline{YHUW_{h2i}}$ 分别为农村 $h1i$ 阶层居民和城镇 $h2i$ 阶层居民的侨汇收入，这三者均是外生变量。

（2）储蓄投资均衡

总储蓄：

$$TSAV = SE + SG + \sum_{h1i} SHR_{h1i} + \sum_{h2i} SHU_{h2i} + \overline{SF} \qquad (7-85)$$

总投资：

$$TINV = TSAV - \sum_i STO_i \cdot PQ_i \tag{7-86}$$

部门投资：

$$INV_i \cdot PQ_i = inv_i \cdot TINV_i \tag{7-87}$$

储蓄投资均衡：

$$TINV = TSAV + WALARAS \tag{7-88}$$

（3）商品市场均衡

商品总需求等于总供给：

$$\sum_{h1i} HRD_{h1i,j} + \sum_{h2i} HUD_{h2i,j} + GD_j + INV_j + STO_j + ND_j = QQ_j \tag{7-89}$$

（4）劳动力市场均衡

劳动力市场均衡有两种方式：方式一是假设劳动工资具有刚性，劳动力市场调整不充分，即不一定能实现充分就业，因此可以假定劳动工资为外生变量，这种均衡方式比较适用于拥有大量剩余劳动力的发展中国家，或者是经济大萧条后社会存在大量失业人口的经济体。方式二是假设劳动工资为内生变量，劳动力市场调整充分，可以实现充分就业，这种均衡方式比较适用于经济发达国家或者那些劳动力普遍缺乏的经济体。考虑到我国经济已经进入中等发达国家行列，目前劳动力市场供给已经相对紧张，而且随着我国人口老龄化的加剧发展，劳动力供给和需求的矛盾会越来越突出，劳动力市场将进一步趋向于卖方市场，因此本章选择第二种均衡方式，即假设相对工资为内生变量，劳动力市场实现充分就业。

$$\sum_h \sum_i L_{h,i} = \overline{ls0} \tag{7-90}$$

（五）资本市场均衡

资本市场与劳动力市场一样，也存在两种均衡方式，一种方式认为由于资源、权力和技术垄断等因素，资本具有一定的专用性，在部门之间难以有效地自由流动和转化，因此资本价格为外生变量；另一种方式认为在经济市场条件下，企业可以通过调整库存、改变投资方向，使资本在部门间自由流动和转化，即可以实现资本的充分利用，因此资本价格为内生变量。考虑到随着我国经济体制改革力度的不断强化和深入，政府不断放权、行业准入门槛逐渐降低、行业垄断得以削弱或被打破，我国市场经济的运行效率将进一步提高，资本流动和配置也将进一步自由、充分而有效，因此本章采用第二种假设。

$$\sum_i K_i = \overline{K_s} \qquad (7-91)$$

（六）名义 *GDP* 与实际 *GDP*

$$RGDP = \sum_j^n \sum_{h1i} HRD_{h1i,j} + \sum_j^n \sum_{h2i} HUR_{h2i,j} + \sum_i^n GD_i + \sum_i^n INV_i + \sum_i^n STO_i$$
$$+ \sum_i (QE_i - (1 + tm_i)QM_i) \qquad (7-92)$$

$$SGDP_i = r \cdot kdist_i \cdot K_i + \sum_h w \cdot wdist_{h,i} \cdot L_{h,i}$$
$$+ (t_{addvi} + t_{bussi} + t_{conpi} + t_{othei}) \cdot PX_i \cdot QX_i \qquad (7-93)$$

$$NGDP = \sum_i SGDP_i \qquad (7-94)$$

$$PGDP = \frac{NGDP}{RGDP} \qquad (7-95)$$

均衡模块函数的变量与参数说明见表7-8。

表 7-8　均衡模块函数变量与参数说明

均衡模块函数内生变量			
序号	变量	变量定义	变量个数
1	INV_i	部门投资	n
2	$TINV$	总投资	1
3	$TSAV$	总储蓄	1
4	$WALRAS$	瓦尔拉斯虚拟变量	1
5	$RGDP$	实际国内生产总值	1

续表

均衡模块函数内生变量			
序号	变量	变量定义	变量个数
6	$SGDP_i$	部门 i 的名义国内生产总值	n
7	$NGDP$	名义国内生产总值	1
8	$PGDP$	国内生产总值的价格指数	1

均衡模块函数外生变量			
序号	变量	变量定义	变量个数
1	$\overline{SF}$	代表国外储蓄	1
2	$\overline{K_s}$	资本的总供给	1
3	$\overline{L_s}$	劳动的总供给	1
4	$\overline{YHRW}_{h1i}$	农村 $h1i$ 阶层居民的侨汇收入	$h1i$
5	$\overline{YHUW}_{h2i}$	城镇 $h2i$ 阶层居民的侨汇收入	$h2i$

均衡模块函数参数			
序号	参数	参数定义	说明
1	inv_i	部门 i 的投资比例系数	部门 i 的投资占总投资的比例
2	tm_i	部门 i 的进口关税税率	部门 i 的关税/该部门进口额
3	$wdist_{h,i}$	工资扭曲系数	相对于平均工资水平的扭曲程度
4	$kdist_i$	资本收益率扭曲系数	相对于资本收益平均水平的扭曲程度

（七）社会福利模块

衡量社会福利有多种指标，在国内外相关 CGE 文献中，运用比较普遍的是希克斯等价变动（HichsianEquivalent Variation），本章也遵循这一做法，即采用希克斯等价变动来衡量实施外部政策冲击对居民社会福利的影响。希克斯等价变动以政策实施前的商品价格为基础，测算居民在政策实施后的效用水平的变化情况（以居民消费效用函数来衡量）。其计算公式为：

$$EV = E(U, PQ0) - E(U0, PQ0)$$
$$= \sum_j PQ0_j \cdot \left(\sum_{h1i} HRD_{h1i,j} + \sum_{h2i} HUR_{h2i,j} \right)$$
$$- \sum_j PQ0_j \left(\sum_{h1i} HRD0_{h1i,j} + \sum_{h2i} HUD0_{h2i,j} \right) \quad (7-96)$$

其中:

EV: 代表居民福利的希克斯等价变动。

E(*U*, *PQ*0): 表示政策实施后的效用水平,以政策变动前的价格支出函数计算。

E(*U*0, *PQ*0): 表示政策实施前的效用水平,以政策变动前的价格支出函数计算。

$PQ0_i$: 表示第 *i* 种商品在政策实施前的消费价格。

$HRD0_{h1i,j}$: 表示第 *i* 种商品在政策实施前的农村 *h*1*i* 阶层居民消费数量。

$HUD0_{h2i,j}$: 表示第 *i* 种商品在政策实施前的城镇 *h*2*i* 阶层居民消费数量。

$HRD_{h1i,j}$: 表示第 *i* 种商品在政策实施后的农村 *h*1*i* 阶层居民消费数量。

$HUD_{h2i,j}$: 表示第 *i* 种商品在政策实施后的城镇 *h*2*i* 阶层居民消费数量。

根据上述公式可以计算出希克斯等价变动 *EV* 值,*EV* 值为正,说明居民福利在政策实施后得到了改善。反之,如果 *EV* 值为负,则说明政策的实施损害或减少了居民福利。

(八) 环境模块

根据国内外相关文献,在 CGE 模型中,常见的衡量生产过程和消费过程中污染物排放量的计算方式主要有两种:一种方式是根据各部门使用化石能源的多少,用各部门的产出乘以给定的排放系数,即可得到该部门生产所排放的污染物,然后将各部门所排放的某项污染物相加即可得到该污染物的排放总和。第二种方法是间接根据各部门中间投入品的数量乘以中间投入品的某项污染物排放系数,得到该部门某项污染物的排放量,然后将各部门中间投入品污染物排放量相加,可以得到该污染物排放总量。

Dessus (2002) 根据美国 1988 年 487 个部门的数据,通过经济计量模型估计出了 13 种主要污染物对应的排放系数。其研究结果表明:每种污染物的排放总量中,都约有 90% 可以单归因于投入品的使用;能造成各种污染物的投入品仅是有限的十几种,大多数污染物对应的投入品不超过五种。从 Dessus 的研究结论可以看出,衡量污染物排放量使用第二种计算方式更简便,因此,本书主要考虑在生产过程中因为化石能源(煤炭、石油、天然气)的消耗而产生的污染物,另外,为和现实污染情况相一致,本章还考虑了居民消费能源所产生的污染物。

另外，污染物包括多种，主要有废水、二氧化硫、二氧化碳、总悬浮颗粒物、固体废弃物等。为节约篇幅，本章仅以二氧化碳排放量的计算为例，其他污染物排放量的计算与二氧化碳排放量的计算方式类似。

$$QXO_{p,j} = \sum_{nele} \zeta_{p,nele} \cdot X_{nene} \cdot QXA_{nene,j} \tag{7-97}$$

$$TQXO_p = \sum_j QXO_{p,j} \tag{7-98}$$

部门生产过程中化石能源投入的二氧化碳排放量：

$$CO2_i = \sum_j E_{i,j} \cdot \varepsilon_j \cdot \theta_j \cdot o_j \tag{7-99}$$

其中 $j = E_{petromi}$、$E_{petrorei}$、E_{nagasi}、E_{magasi}、E_{coalmi}、E_{recoi} 为化石能源的投入量；

ε_j 为各类化石能源的二氧化碳排放系数；θ_j 为各类能源由价值型向实物型转换的转换因子；o_j 为各类能源的碳氧化率。

化石能源最终消费所排放的二氧化碳量：

化石能源消费：

$$EN_f = \sum_i \sum_j [(D_{bji} + M_{bji}) + (D_{Hj} + M_{Hj})] \tag{7-100}$$

清洁能源消费总量：

$$EN_c = A_{ENc} EN_f \tag{7-101}$$

为方便起见，本章假定清洁能源与化石能源成固定比例，其中 A_{Enc} 就是外生的清洁能源与化石能源的比值，于是：

能源消费总量：

$$EN = EN_c + EN_f \tag{7-102}$$

生产部门的碳排放：

$$C_I = \sum_i \sum_j \delta_{ji} Z_{bji} \tag{7-103}$$

农村 $h1i$ 阶层居民消费的碳排放：

$$C_{h1i} = \sum_j \delta_{h1i,j} Z_{h1i,j} \qquad (7-104)$$

城镇 $h2i$ 阶层居民消费的碳排放：

$$C_{h2i} = \sum_j \delta_{h2i,j} Z_{h2i,j} \qquad (7-105)$$

碳排放总量：

$$C = C_I + \sum_{h1i} C_{h1i} + \sum_{h2i} C_{h2i} \qquad (7-106)$$

能源强度：

$$I_{EN} = EN / Z_{GDP} \qquad (7-107)$$

碳排放强度：

$$I = C / Z_{GDP} \qquad (7-108)$$

在具体政策模型计算过程中，可以将碳排放强度、碳排放总量和碳税税率中任选一个作为外生变量，而将其他两个设为内生变量。

（九）动态模块

如上文所述，CGE 模型的动态类型可以分为递推动态和跨期动态；由于递推动态的诸多优点，本章同国外大多数相关文献一样，选择递推动态的方式构建模型。

假设在同一时期，劳动力供给变量与人口指数 pop_t 的增长率是相同的：

$$ls_t = ls0 \cdot pop_t，等价于 ls_{t+1} = ls_t \cdot (1+n_t) \qquad (7-109)$$

模型还假设一些常量的增长率同人口指数 pop_t 的增长率 n_t 相同，比如：
农村 $h1i$ 阶层居民的国外侨汇收入：

$$\overline{YHRW0}_{h1i,t+1} = \overline{YHRW0}_{h1i,t} \cdot (1+n_t) \qquad (7-110)$$

城镇 $h2i$ 阶层居民的国外侨汇收入：

$$\overline{YHUW0}_{h2i,t+1} = \overline{YHUW0}_{h2i,t} \cdot (1+n_t) \qquad (7-111)$$

农村 $h1i$ 阶层居民 ELES 需求方程中商品消费的最低值：

$$\overline{LHRD0}_{h1i,t+1} = \overline{LHRD0}_{h1i,t} \cdot (1+n_t) \qquad (7-112)$$

城镇 $h2i$ 阶层居民 ELES 需求方程中商品消费的最低值：

$$\overline{LHUD0}_{h2i,t+1} = \overline{LHUD0}_{h2i,t} \cdot (1+n_t) \qquad (7-113)$$

国外储蓄：

$$\overline{FSAV0}_{t+1} = \overline{FSAV0}_{t} \cdot (1+n_t) \qquad (7-114)$$

之所以假设主要外生变量的增长与劳动力供给率的增长相同，是为了能使模型拟合出一个平衡的增长路径。因为如果所有的变量都遵循一种稳定的增长，那么该经济也会遵循一种平衡的增长路径，虽然这种均衡增长路径与现实情况有所出入，但是在这种假设条件下，如果检验模型具有一致性，那么这种均衡增长路径便是有效的。在静态模型中，均衡增长可以被看成是均匀性检验的动态模拟，或者是宏观经济模型中货币中性的检验。

此外，动态 CGE 模型的其他主要方程还包括技术进步（全要素生产率的提高），资本的积累及其在部门之间的流动。具体描述如下：

$$\lambda_{t+n}^{tfp} = \lambda_t^{tfp} \cdot (1+\gamma^{tfp})^n \qquad (7-115)$$

$$ARK_t = \sum \left[\left(\frac{K_{i,t}}{\sum_i K_{i,t}} \right) \cdot R_t \cdot kdist_{i,t} \right] \qquad (7-116)$$

$$\eta_{i,t} = \left(\frac{K_{i,t}}{\sum_i K_{i,t}} \right) \cdot \left[1 + \beta_i \cdot \left(\frac{R_t \cdot kdist_{i,t}}{ARK_t} - 1 \right) \right] \qquad (7-117)$$

$$\Delta K_{i,t} = \frac{\eta_{i,t} \cdot \sum_i PQ_i \cdot INV_i}{PK_t} \qquad (7-118)$$

$$PK_t = \frac{\sum_i PQ_i \cdot INV_i}{\sum_i INV_i} \qquad (7-119)$$

$$K_{i,t+1} = K_{i,t} \cdot (1 + \frac{\Delta K_{i,t}}{K_{i,t}} - depr_i) \qquad (7-120)$$

$$K_{t+1} = K_t - \sum_i K_{i,t} \cdot depr_i + \sum_i \Delta K_{i,t} \qquad (7-121)$$

动态模块的内生变量及相关参数说明见表 7-9。

表 7-9 动态模块函数内生变量及相关参数说明

动态模块函数的内生变量		
变量	变量定义	变量个数
$L_{s,t+n}$	$t+n$ 期的劳动供给量	1
ARK_t	t 期的资本平均收益率	1
$\Delta K_{i,t}$	t 期部门 i 的新资本积累量	n
PK_t	t 期单位资本的价格	1
$K_{i,t+1}$	$t+1$ 期部门 i 的资本存量	n
K_{t+1}	$t+1$ 期资本供给总量	1
CGE 模型动态模块函数中的相关参数		
参数	参数定义说明	
n_t	劳动力增长率	
λ^{tfp}	全要素生产率增长率	
$kdist_i$	资本收益率扭曲系数	
β_i	资本的部门流动系数	
$\eta_{i,t}$	t 期部门 i 的新资本积累系数	
$depr_i$	资本折旧率	

第四节 科技创新动态 CGE 模型逻辑结构

科技创新动态可计算一般均衡（TI-DCGE）模型与一般 CGE 的主要区别就在于其将企业收入中的一部分作为企业的研发费用，二是政府收入中的一部分也用作研发费用进入经济系统中。这些科技投入与原有的劳动力和资本相结合，体现了科技作为重要创新要素可参与到具体的生产过程中（见图 7-3）。

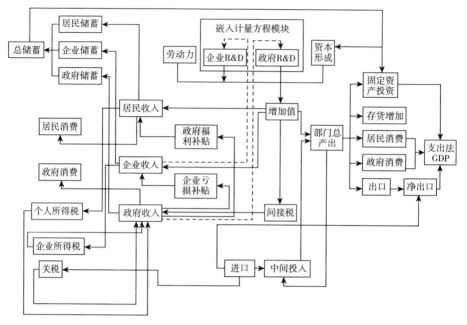

图 7-3 科技创新动态可计算一般均衡模型结构关系

第五节 科技政策的模型机理

面对越来越多的全国研发经费投入总量以及政府工作报告提出的新要求，如何更好地发挥市场在配置中的决定性作用，如何使科研项目和资金配置更加聚焦国家经济社会发展重大需求，如何使研发经费能真正"好钢用在刀刃"上，是北京市亟须解决的大问题。因此，在考虑北京科研经费发展现状及其支出特征的基础上，我们构建了具有北京科技创新特色的动态可计算一般均衡模型，用于相关政策模拟。

从资金来源来看，研发投入主要来自两方面：政府和企业。从政策模拟分析来看，企业的研发投资属于企业自身的市场行为，很难进行调控和干涉；政府的研发投入属于政府进行结构调控的基本手段之一，可以根据发展目标和战略规划进行外生调整和改变。因此，模型中的研发投入主要从政府主导的研发投入政策入手，同时，结合北京市科技研发投入的发展现状、支出特征以及与国际发达国家研发投入差距等情况，构建北京科技研发可计算一般均衡模型。模型中体现的科技创新的理论阐释和作用机理①如下。

（一）静态机理

假设初始投入要素为 L、B；最终产出为 Y、Z。

①最终产出部门

最终产出为：

$$Y = A_y\, L_y^{\alpha_1}\, B_y^{\alpha_2} H_y^{\alpha_3} \tag{7-122}$$

$$Z = A_z\, L_z^{\beta_1}\, B_z^{\beta_2} H_z^{\beta_3} \tag{7-123}$$

其中 $A_j > 0$，$\sum\limits_{i=1}^{3} \alpha_i = 1$，$\sum\limits_{i=1}^{3} \beta_i = 1$，$\alpha_i > 0$，$\beta_i > 0$，且 $\alpha_3 = \beta_3$

总资本 H 可表示为：

$$H_y + H_z = H = \left(\int_0^M k(s)^{\delta} ds\right)^{1/\delta}, 0 < \delta < 1 \tag{7-124}$$

②资本商品部门

$$k(s) = A_k Y_{k(s)}^{\eta} Z_{k(s)}^{1-\eta} \tag{7-125}$$

③科技创新研发投入部门

生产函数为：

$$\dot{M} = A_m L_m^{\theta} B_m^{1-\theta} M, \text{其中} A_m > 0, 0 < \theta < 1, M > 0 \tag{7-126}$$

④消费者

$$u = \begin{cases} \dfrac{1}{1-\sigma}\left[(C_y^{\phi} c^{1-\phi_z})^{1-\sigma} - 1 \right], \text{当} \sigma \neq 1 \\ \varphi \log C_y + (1-\varphi) \log C_z, \text{当} \sigma = 1 \end{cases} \tag{7-127}$$

$$st.\ E + \dot{a} = ra + W_L L + W_B B \tag{7-128}$$

其中 C_j，$j = y$，z 代表 t 时的消费。在每一期中，消费者均需要选择投资

① 科技政策理论作用机理重点参考了文献 Diao, X., Elbasha, E. H., Roe, T. L. & Yeldan E., A Dynamic CGE Model: An Application of R&D Based Endogenous Growth Model Theory 1996, Working Paper (96-1), Economic Department Centre, University of Minnesota., 特此感谢。

与储蓄水平。E 表示消费支出，$\dot{a}$ 表示新储蓄。a 表示资产，r 表示资产的收益率，W_L 与 W_B 是初始投入要素的租金率。

最终产品部门追求利益最大化，令 $A_y^{-1}=\alpha_1^{\alpha_1}\alpha_2^{\alpha_2}\alpha_3^{\alpha_3}$，$A_z^{-1}=\beta_1^{\beta_1}\beta_2^{\beta_2}\beta_3^{\beta_3}$，有：

$$P_y = W_L^{\alpha_1} W_B^{\alpha_2} P_H^{\alpha_3} \tag{7-129}$$

$$P_z = W_L^{\beta_1} W_B^{\beta_2} P_H^{\beta_3} \tag{7-130}$$

其中 P_y 与 P_z 是最终产品 Y 与 Z 的价格。

资本 H 的价格为：

$$P_H = (\int_0^M P_{k(s)}^{\frac{\delta}{\delta-1}} ds)^{\frac{\delta-1}{\delta}} \tag{7-131}$$

在约束式（7-124）下厂商选择资本种类 $k(s)$，来达到成本最小化，由此可得 $\int_0^M P_{k(s)} k(s) ds$。

科技创新研发投入部门追求利润最大化，并令 $A_m^{-1}=\theta^\theta(1-\theta)^{1-\theta}$，则有：

$$P_m = \frac{1}{M} W_L^\theta W_B^{1-\theta} \tag{7-132}$$

（7-131）式应用谢泼德引理可得资本种类 $k(s)$ 的派生需求为：

$$k(s) = H(\int_0^M P_{k(s)}^{\frac{\delta}{\delta-1}} ds)^{\frac{\delta-1}{\delta}-1} P_{k(s)}^{\frac{\delta}{\delta-1}-1} \tag{7-133}$$

垄断厂商购买新的生产资本 H，其追求利润最大化，有：

$$\underset{P_{k(s)}}{\text{Max}}\pi(s) = P_{k(s)} k(s) - r MC_k k(s)$$

$$st.\ k(s) = H(\int_0^M P_{k(s)}^{\frac{\delta}{\delta-1}} ds)^{\frac{\delta-1}{\delta}-1} P_{k(s)}^{\frac{\delta}{\delta-1}-1}$$

其中 $P_{k(s)} k(s)$ 为收入，$MC_k k(s)$ 为生产 $k(s)$ 的成本，$r MC_k k(s)$ 为 $MC_k k(s)$ 的利率成本。在（7-125）式与 $k(s)=1$ 的约束下，最小化 $P_y Y_{k(s)} + P_z Z_{k(s)}$，可求得单位成本 MC_k 的函数表达式。所有企业具有相同的单位成本，令 $A_k^{-1}=\eta^\eta(1-\eta)^{1-\eta}$，有：

$$MC_k = P_y^\eta P_z^{1-\eta} \tag{7-134}$$

$$P_{k(s)} = \frac{r MC_k}{\delta} \tag{7-135}$$

因此对于所有企业而言，其最终面对的资本价格、k 存量以及利润是相同的。即 $k(1)=k(2)=\cdots=k(s)=\cdots=k$。因此中间部门企业的利润为：

$$\pi = P_k k - rMC_k k = (1-\delta) P_k k \qquad (7-136)$$

由于所有企业生产的 k 具有相同的数量，因此总资本 $K=kM$。由成本函数式（7-134）、式（7-135）与式（7-136）式可得初始投入要素租金率为：

$$W_L = P_y^{\frac{1}{1-\alpha_3}} \left(\frac{P_z}{P_y}\right)^{\frac{\alpha_1+\alpha_3-1}{(\alpha_1-\beta_1)(1-\alpha_3)}} \left(\frac{\delta}{rMC_k}\right)^{\frac{\alpha_3}{1-\alpha_3}} M^{\frac{\alpha_3(1-\delta)}{\delta(1-\alpha_3)}} \qquad (7-137)$$

$$W_B = P_y^{\frac{1}{1-\alpha_3}} \left(\frac{P_z}{P_y}\right)^{\frac{\alpha_1}{(\alpha_1-\beta_1)(1-\alpha_3)}} \left(\frac{\delta}{rMC_k}\right)^{\frac{\alpha_3}{1-\alpha_3}} M^{\frac{\alpha_3(1-\delta)}{\delta(1-\alpha_3)}} \qquad (7-138)$$

由式（7-137）与式（7-138）可发现两种初始投入要素具有相同的要素租金率，为：

$$\frac{\dot{W_L}}{W_L} = \frac{\dot{W_B}}{W_B} = \left(\frac{\alpha_3(1-\delta)}{\delta(1-\alpha_3)} - 1\right) g - \frac{\alpha_3}{1-\alpha_3} \frac{\dot{r}}{r} \qquad (7-139)$$

其中 $g = \dfrac{\dot{M}}{M}$

将式（7-139）代入式（7-132）有：

$$\frac{\dot{P_m}}{P_m} = \frac{\dot{W_L}}{W_L} - \frac{M}{} = \left(\frac{\alpha_3(1-\delta)}{\delta(1-\alpha_3)} - 1\right) g - \frac{\alpha_3}{1-\alpha_3} \frac{\dot{r}}{r} \qquad (7-140)$$

均衡时，由最终产品企业的利润最大化一阶条件可得 $\alpha_3 P_y Y/H_y = P_H = \alpha_3 P_z Y/H_z$。由 $H_y + H_z = H$ 与 $P_H H = P_k kM$，可得：

$$P_H H = P_k kM = \alpha_3 (P_y Y + P_z Z) \qquad (7-141)$$

同理，由成本函数可得投入要素的需求函数为：

$$L_y = \alpha_1 \frac{P_y Y}{W_L}, L_z = \beta_1 \frac{P_z Z}{W_L}, L_m = \theta \frac{P_m \dot{M}}{W_L}, B_y = \alpha_2 \frac{P_y Y}{W_B}, B_z = \beta_2 \frac{P_z Z}{W_B}, B_m = (1-\theta) \frac{P_m \dot{M}}{W_B}$$

将以上需求函数代入初始资源 L 与 B 的市场出清条件中，可得：

$$(1-\alpha_3)(P_y Y + P_z Z) + P_m \dot{M} = W_L L + W_B B \tag{7-142}$$

⑤国际收支均衡

假设不从其他经济体借款，亦不从其他经济体贷款。每一期的最终产出均需在消费、出口与资本形成之间予以分配，资本形成又分为生产全新的新兴资本与更新旧资本。收支平衡可写为：

$$P_y Y + P_z Z = E + P_y Y_k + P_z Z_k + P_y Y_{\dot{k}} + P_z Z_{\dot{k}}$$

由成本函数式（7-141）可得：

$$P_y Y_k = \eta M C_k \dot{k} M, P_y Z_k = (1-\eta) M C_k \dot{k} M, P_y Y_{\dot{k}} = \eta M C_k \dot{k} M, P_y Z_{\dot{k}} = (1-\eta) M C_k \dot{k} M,$$

将其代入收支均衡方程，且由于 $\dot{M}k + k\dot{M} = \dot{K}$，可得：

$$P_y Y + P_z Z = E + M C_k \dot{K} \tag{7-143}$$

⑥资本市场均衡

由于企业可以自由进出科技创新研发投入部门，故而新兴资本价格等于资本商品部门企业所能赚取的价值。为了维持资本市场均衡，持有股票的收益率应等于同期无风险资产的贷款利率。故而应满足以下无套利条件：

$$\frac{\pi}{P_m} + \frac{\dot{P}_m}{P_m} = r \tag{7-144}$$

由消费者最优化条件，可得：

$$\frac{\dot{E}}{E} = \frac{1}{\sigma}(r - \rho) \tag{7-145}$$

（二）动态机理

稳态下，k 作为状态变量，r 作为控制变量，令 $\bar{E} = \dfrac{E}{M}$，

将式（7-132）、式（7-135）~式（7-140）代入式（7-144）有

$$\dot{r} = r\left(\frac{(1-\alpha_3)^2 M C_k}{\alpha_3^2 \dot{P}_m} r^{1/(1-\alpha_3)} k - \frac{(1-\alpha_3)}{\alpha_3} r\right) \tag{7-146}$$

其中 $P_m = P_y^{1/(1-\alpha_3)} (P_z/P_y)^{[\theta\alpha_1+(1-\theta)\alpha_2]/[(\alpha_1-\beta_1)(1-\alpha_3)]} (\alpha_3/MC_k)^{\alpha_3/(1-\alpha_3)}$。

将式（7-135）与式（7-141）代入式（7-143）有：

$$\dot{k} = (\frac{r}{\alpha_3^2} - g)k - \frac{\bar{E}}{MC_k} \tag{7-147}$$

将式（7-135）与式（7-141）代入式（7-142）有

$$g = \bar{V} - \frac{(1-\alpha_3)MC_k}{\alpha_3^2} \dot{P}_m r^{1/(1-\alpha_3)} k \tag{7-148}$$

将式（7-148）代入式（7-147）有

$$\dot{k} = (\frac{r}{\alpha_3^2} - \bar{V} + \frac{(1-\alpha_3)MC_k}{\alpha_3^2} \dot{p}_m r^{1/(1-\alpha_3)} k)k - \frac{\bar{E}}{MC_k} \tag{7-149}$$

根据消费者最优条件式（7-145）、式（7-148），我们可得到 $\bar{E}$ 的定义式，为：

$$\dot{\bar{E}} = \bar{E}\left(\frac{1}{\sigma}(r-\rho) - \bar{V} + \frac{(1-\alpha_3)MC_k}{\alpha_3^2} \dot{p}_m r^{1/(1-\alpha_3)} k\right) \tag{7-150}$$

竞争均衡体系归纳为三个微分方程式（7-146）、式（7-149）、式（7-150）[利用一阶条件 k（0）= k_0] 和两个横截性条件。

令 $\dot{r} = 0$，有

$$\frac{(1-\alpha_3)MC_k}{\alpha_3^2} \dot{p}_m r^{*\,1/(1-\alpha_3)} k^* = \frac{r^*}{\alpha_3} \tag{7-151}$$

将式（7-151）代入式（7-150），并令 $\dot{\bar{E}}$ 为 0，则可得到 r^* 的一个特殊解，为：

$$r^* = \frac{\alpha_3(\bar{\sigma V} + \rho)}{\alpha_3 + \sigma} \tag{7-152}$$

若将式（7-152）代入式（7-151），则可得到 k^* 的一个特殊解。令 $\dot{k} =$

0，式（7-149）赋值 r^*，k^*，则可得到 $\bar{E}^*$ 的一个特解。

联立式（7-148）、式（7-151）、式（7-152），可得经济增长率的稳态解为

$$g^* = \frac{\alpha_3 \bar{V} - \rho}{\alpha_3 + \sigma} \tag{7-153}$$

为了全面衡量北京市科技投入对北京市宏观经济运行和地区经济结构的影响，下一章将以前面构建的北京市科技投入动态 CGE 模型为基准方案，设计相应的模拟方案，定量分析模拟方案所产生的宏观经济冲击效应，并对比这两种方案对北京地区的宏观经济以及各产业产生的影响和作用。

第八章 北京科技创新政策 CGE 模拟分析

第一节 政策背景

2017 年 10 月，在党的十九大报告中习近平总书记指出："创新是引领发展的第一动力，是建设现代化经济体系的战略支撑。"2016 年国务院政府工作报告 61 次提及创新，明确提出：到 2020 年，力争在基础研究、应用研究和战略前沿领域取得重大突破，全社会研发经费投入强度（研发经费与GDP 之比）达到 2.5%，科技进步对经济增长的贡献率达到 60%。2015 年全国研发经费投入总量为 1.4 万亿元，比 2012 年增长 38.1%，年均增长11.4%；按汇率折算，我国研发经费继 2010 年超过德国之后，2013 年又超过日本，目前我国已成为仅次于美国的世界第二大研发经费投入国家。2015年我国研发经费投入强度为 2.10%。面对越来越多的全国研发经费投入总量以及政府工作报告提出的新要求，作为全国科技创新中心，北京市如何更好地发挥市场在配置中的决定性作用，如何使科研项目和资金配置更加聚焦国家经济社会发展重大需求，如何使研发经费能真正做到"好钢用在刀刃"上，是北京市亟须解决的大问题。

另外，"十三五"时期是中国实现经济增长方式转换的关键时期，也是我国建设创新型国家、全面建设小康社会的决战阶段，为此，中央明确提出"供给侧结构性改革"重大发展战略，习近平总书记也多次强调供给侧结构性改革一定要"降成本"。目前，从国内环境来看，我国企业综合税负偏高，负担过重，实体经济利润空间不断收窄，企业、社会团体和学术界的"减税"呼声日渐高涨；从国际环境来看，美国新任总统上任后，大幅降低企业所得税，使现行所得税从 35% 降至 15%；英国在 2016 年也公布下调企业所得税税率计划，从 20% 调低至 15% 以下；印度于 2017 年初分别下调了个人所得税、消费税和服务税等税率，以刺激国内需求。因此，在国际国内大背景下，降低税负既是促进我国实体经济复苏的关键措施，也是减缓资本外流压力、激发经济体活力、提高我国企业竞争力的迫切需求。

第二节　政策模拟

在全面"营改增"之后，增值税成为政府财税收入的主要构成之一，2017 年增值税在北京财政税收总收入中占比较大，因此，本章进行如下情景模拟。

（一）情景模拟 I

模拟假设：降低企业增值税税率，将现有四档增值税税率（17%、11%、6%、3%）全部下调为原来的 75% ［即 rvat（i）= 0.75×rvat0（i），rvat0（i）为行业原增值税税率，rvat（i）为变动后的行业增值税税率］，并保持科技研发支出规模不变，模拟对北京国内生产总值、产业结构、居民收入和居民消费、政府收入和政府消费、进出口、社会福利等宏观经济变量的影响。模拟结果如表 8-1 所示。

表 8-1　情景模拟 I 中的主要宏观经济变量增长率

单位：%，亿元

变量名称	增长率	变量名称	增长率
实际 GDP	0.4093	农村居民实际总收入	1.4769
名义 GDP	−1.0996	城镇居民实际总收入	0.4479
GDP 平减指数	−1.5027	农村居民总储蓄	−0.0484
第一产业增加值（名义值）	1.1497	城镇居民总储蓄	−1.0580
第二产业增加值（名义值）	0.4920	增值税	−19.2155
第三产业增加值（名义值）	−3.3912	营业税	−4.0421
总储蓄	−14.5901	消费税	−1.2512
固定资产总投资	−11.9886	其他间接税	−1.3971
总进口	−1.3987	关税	−1.8564
总出口	16.2820	城镇居民个人所得税	−0.0480

续表

变量名称	增长率	变量名称	增长率
贸易顺差	83.5851	农村居民个人所得税	−1.0132
农村居民名义总收入	−0.0480	企业所得税	0.5658
城镇居民名义总收入	−1.0615	政府总收入	−5.8385
社会福利增加额 （水平值变化量）	1110.1438		

表 8-1 显示，北京实际 GDP 将提高 0.4%，这说明该政策有利于北京市的经济增长；从产业上看，第一产业和第二产业的名义增加值分别提高 1.1% 和 0.5%，第三产业的名义增加值下降 3.4%（由于增值税下降，政府税收减少使政府对服务业投资和服务购买下降造成），但由于第一产业和第二产业主要由实体经济部门构成，因此该政策总体有利于北京市的实体经济发展，有利于巩固北京市经济中长期经济发展的基础和动力。

另外，GDP 平减指数下降 1.5%，这是由于该政策降低了企业生产成本，从而使产品的销售价格下降，最终使总体价格水平有所下降，从而减缓和抑制了北京市的通货膨胀压力。

从贸易上看，北京市出口提高 16.28%，进口下降 1.4%，说明该政策可提高北京市产品的国际价格竞争力，促进北京市出口显著提升；由于模型中设定汇率固定不变，因此随着北京市出口水平的大幅提高和进口水平的略微下降，北京市货物贸易顺差将大幅提高 83.6%。其原因在于随着企业增值税税率的下调，北京市企业的生产成本会降低，国内产品价格也将随之下降，从而使北京市产品价格相对便宜，刺激国内外市场对北京市产品的需求，又由于国内外产品替代性的存在，因此北京市出口增加、进口减少。

从居民收入上看，虽然物价总水平的降低使农村居民和城镇居民的名义总收入分别下降 0.05% 和 1.1%，但扣除价格因素，北京市农村居民和城镇居民的实际总收入分别增加 1.48% 和 0.45%，这说明该政策有利于北京市居民的收入水平提高。由于农村居民的实际收入增速大于城镇居民，因此有利于降低北京市城乡居民收入差距。

从税收结构上看，该政策促使政府的增值税收入大幅减少 19.2%；营业税、消费税、其他间接税、关税、城镇居民个人所得税和农村居民个人所得税分别下降 4.04%、1.25%、1.40%、1.86%、0.05% 和 1.01%；企业所得税增加 0.57%，从而导致政府税收总收入下降约 5.8%，说明该政策总体会使政府收入下降，但是企业所得税的增加也侧面反映该政策促进了企业利润的增加，有利于北京市企业的长期发展，符合国家供给侧结构性改革所倡导的"降成本"发展战略。

此外，该政策还促使社会福利水平增加 1110.14 亿元，说明该政策总体可以有效提高社会总福利，有利于北京市的社会和谐发展。

从行业角度来看（见表 8-2），在情景 I 下，第一产业和第二产业的国内总产出普遍增加，而第三产业的总产出有所减少，其中通信设备、计算机及其他电子设备制造业，纺织业，纺织服装鞋帽皮革羽绒及其制品业的国内产出增幅最大，分别为 31.9%、12.9% 和 10.0%；几乎所有行业的产出价格水平均有所下降，其中，批发和零售贸易业，煤炭开采和洗选业，通信设备、计算机及其他电子设备制造业的产出价格下降最多，分别下降 3.0%、2.9% 和 2.2%。由于政府收入的减少，各行业原有的政府消费均有所减少，普遍下降约 5%。

该政策还促使北京市大部分行业出口均有所增加，其中通信设备、计算机及其他电子设备制造业，仪器仪表及文化办公用机械制造业，纺织业的出口增幅最大，分别为 44.4%、30.3% 和 20.6%，说明该政策可使北京市产品，尤其是通信设备、计算机及其他电子设备制造业，仪器仪表及文化办公用机械制造业，纺织业的产品竞争力水平提升，有利于北京市企业参与国际竞争。从经济理论来看，进出口增幅主要取决于该行业的需求替代弹性系数，由于这些行业的替代弹性系数相对较大，因此在生产条件发生变化时，这些行业会发生较大的变动。

表 8-2 情景模拟 I 中的主要经济变量分行业变化率

单位：%

	国内总产出	总产出价格	资本形成	居民总消费	政府消费	出口	进口
农林牧渔业	1.271	-0.459	12.914	-0.162	-5.411	3.151	0.310
煤炭开采和洗选业	0.520	-2.863	UNDF	2.420	UNDF	12.903	-5.281

续表

	国内总产出	总产出价格	资本形成	居民总消费	政府消费	出口	进口
石油和天然气开采业	2.875	−2.229	UNDF	UNDF	UNDF	12.581	−1.852
金属矿采选业	1.627	−1.801	UNDF	UNDF	UNDF	9.289	−2.076
非金属矿及其他矿采选业	−3.615	−1.473	UNDF	UNDF	UNDF	2.280	−6.696
食品制造及烟草加工业	1.497	−1.217	UNDF	0.466	UNDF	6.590	−1.528
纺织业	12.878	−1.633	UNDF	1.247	UNDF	20.562	5.131
纺织服装鞋帽皮革羽绒及其制品业	10.012	−2.046	UNDF	1.785	UNDF	19.495	0.283
木材加工及家具制造业	−2.061	−1.452	11.795	0.806	UNDF	3.840	−6.758
造纸印刷及文教体育用品制造业	2.746	−1.653	−11.777	0.808	UNDF	9.830	−1.681
石油加工、炼焦及核燃料加工业	0.510	−2.049	UNDF	1.045	UNDF	9.186	−3.899
化学工业	4.283	−1.677	UNDF	1.010	UNDF	11.583	−0.388
非金属矿物制品业	−6.888	−1.697	UNDF	0.710	UNDF	−0.291	10.154
金属冶炼及压延加工业	−0.065	−1.487	UNDF	UNDF	UNDF	6.107	−4.528
金属制品业	0.875	−1.749	−1.600	1.000	UNDF	8.249	−4.074
通用、专用设备制造业	−2.587	−1.868	11.408	1.212	UNDF	5.043	10.066
交通运输设备制造业	−4.504	−2.078	11.483	1.303	UNDF	3.864	−9.587
电气、机械及器材制造业	−0.061	−1.832	11.463	1.195	UNDF	7.611	−6.524
通信设备、计算机及其他电子设备制造业	31.927	−2.240	10.825	2.117	UNDF	44.442	10.804

续表

	国内 总产出	总产出 价格	资本 形成	居民 总消费	政府 消费	出口	进口
仪器仪表及文化办公用机械制造业	20.564	-1.925	11.827	0.801	UNDF	30.313	1.528
工艺品及其他制造业（含废品废料）	0.605	-1.321	12.268	0.258	UNDF	6.099	-3.196
电力、热力的生产和供应业	1.049	-2.209	UNDF	1.609	UNDF	10.945	-3.589
燃气生产和供应业	1.123	-1.652	UNDF	0.829	UNDF	8.092	-2.237
水的生产和供应业	1.901	-1.537	UNDF	0.835	UNDF	8.415	-2.509
建筑业	-11.733	-1.167	-12.277	0.108	UNDF	-7.489	13.842
交通运输及仓储业	-1.497	-0.789	-2.613	0.066	5.084	1.675	-3.246
邮政业	0.704	-0.949	UNDF	0.157	UNDF	4.620	-1.607
信息传输、计算机服务和软件业	-2.695	-0.577	12.791	0.130	UNDF	-0.417	-3.960
批发和零售贸易业	3.223	-3.013	10.001	2.787	UNDF	16.661	-6.819
住宿和餐饮业	-0.119	-0.723	UNDF	0.253	UNDF	2.822	-1.910
金融业	1.363	-0.085	UNDF	0.929	5.755	1.710	1.168
房地产业	-3.286	-0.043	13.345	0.748	UNDF	-3.453	-3.202
租赁和商务服务业	2.808	-0.958	UNDF	0.039	4.807	6.843	-0.872
研究与实验发展业	1.096	-0.946	UNDF	UNDF	5.121	5.012	-0.916
综合技术服务业	-2.438	-0.591	12.793	UNDF	5.279	-0.098	-3.592
水利、环境和公共设施管理业	-2.663	-0.811	UNDF	0.235	5.070	0.560	-4.246
居民服务和其他服务业	0.154	-0.691	UNDF	0.262	UNDF	2.970	-1.761
教育	-3.906	-0.282	UNDF	-0.454	5.574	-2.816	-4.451
卫生、社会保障和社会福利业	-1.688	-1.066	UNDF	0.142	-4.823	2.619	-3.788

续表

	国内 总产出	总产出 价格	资本 形成	居民 总消费	政府 消费	出口	进口
文化、体育和娱乐业	-1.324	-0.648	UNDF	0.258	-5.237	1.274	-2.963
公共管理和社会组织	-5.401	-0.402	UNDF	UNDF	5.459	-3.865	-6.166

注：UNDF 表示该行业初始值为零。

（二）情景模拟 Ⅱ

情景假设：降低企业增值税税率，将现有四档增值税税率全部下调 1/8、1/4、1/3、1/2，[即分别有 rvat (i) = 7/8×rvat0 (i)；rvat (i) = 3/4×rvat0 (i)；rvat (i) = 2/3×rvat0 (i)；rvat (i) = 1/2×rvat0 (i)，rvat0 (i) 为行业原增值税税率，rvat (i) 为变动后的行业增值税税率]，并保持科技研发支出规模不变，模拟对国内生产总值、产业结构、居民收入和居民消费、政府收入和政府消费、进出口、社会福利等宏观经济变量的影响，结果如表 8-3 所示。

表 8-3　情景模拟 Ⅱ 中的主要宏观经济变量的变化率

单位:%，亿元

变量名称	增值税税率 rvat (i)				平均 弹性系数
	0.875 rvat0 (i)	0.75 rvat0 (i)	0.66 rvat0 (i)	0.50 rvat0 (i)	
实际 GDP	0.196	0.409	0.656	0.848	0.104
名义 GDP	-0.521	-1.100	-1.815	-2.723	-0.295
GDP 平减指数	-0.716	-1.503	-2.456	-3.541	-0.396
第一产业增加值（名义值）	0.553	1.150	1.703	2.314	0.284
第二产业增加值（名义值）	0.146	0.492	1.449	3.037	0.204
第三产业增加值（名义值）	-1.505	-3.391	-6.288	-10.384	-0.987
总储蓄	-6.300	-14.590	-28.426	-48.765	-4.408

续表

变量名称	增值税税率 rvat（i）				平均弹性系数
	0.875 rvat0（i）	0.75 rvat0（i）	0.66 rvat0（i）	0.50 rvat0（i）	
资本形成	−5.090	−11.989	−23.922	−41.782	−3.688
总进口	−0.803	−1.399	−1.133	0.401	−0.222
总出口	6.895	16.282	32.852	58.002	5.061
贸易顺差	36.198	83.585	162.219	277.262	25.172
农村居民收入	−0.005	−0.048	−0.192	−0.488	−0.027
城镇居民收入	−0.513	−1.062	−1.682	−2.397	−0.276
增值税	−10.463	−21.116	−31.822	−42.758	−5.290
营业税	−1.769	−4.042	−7.680	−12.878	−1.196
消费税	−0.544	−1.251	−2.447	−4.233	−0.381
其他间接税	−0.598	−1.397	−2.816	−4.967	−0.435
居民所得税	−0.469	−0.973	−1.551	−2.226	−0.254
企业所得税	0.310	0.566	0.671	0.539	0.119
关税	−1.020	−1.856	−1.873	−0.593	−0.340
政府总收入	−2.839	−5.839	−9.156	−12.867	−1.503
社会福利增加额（水平值变化量）	519.929	1110.144	1830.647	2672.724	

该政策有利于北京市实际 GDP 增长，有利于北京市降低通货膨胀压力。从弹性系来看，增值税税率每降低 1%，可使北京市实际增速提高约 0.1%，而 GDP 平减指数（反映物价总水平）降低约 0.4%；从产业结构来看，增值税税率每减少 1%，可使北京市第一产业和第二产业名义增加值分别增加 0.3% 和 0.2%，而第三产业名义增加值减少约 1%。

从贸易上看，该政策对北京市的进出口影响显著，尤其是对出口的影响巨大，平均弹性系数表明，在汇率保持不变的前提条件下，增值税税率每减少 1% 可使北京市出口大幅增加 5.1%，贸易顺差更是大幅提高约 25%。在实际经济中，随着北京市出口的快速提升和贸易顺差的大幅增加，人民币汇率升值压力肯定会骤增，甚至会激发国际贸易保护倾向进一步抬头，从而引起贸易摩擦和贸易制裁，进而削弱该政策的实际效果，但基本方向应该一致。

从政府的税收来源结构看，增值税税率每降低 1%，可使北京市的增值税、营业税、消费税、其他间接税和居民所得税分别下降 5.29%、1.20%、0.38%、0.43% 和 0.25%，而企业所得税反而上升 0.12%。总体来说，增值税税率每降低 1%，可使北京市政府税收总收入下降 1.5%。

另外，该政策下，社会福利水平分别增加 519、1110、1830 和 2672 亿元，增值税税率每降低 1%，可使北京市社会总福利增加约 294 亿元，说明该政策总体可以提高北京市社会总福利，从而有利于北京市社会和谐发展。

（三）情景模拟Ⅲ

情景假设：调整政府支出结构，减少政府消费、增加科技创新研发支出。假设政府消费分别减少 5%、10%、15%、20%、25%、30%，相应增加政府科技创新研发支出，保持政府储蓄不变，并假定全要素生产率随着居民研发收入的增加而提高，其他条件不变，模拟对国内生产总值、产业结构、居民收入和消费、政府收入和消费、进出口、二氧化碳排放总量、二氧化碳排放强度、社会福利等宏观经济变量的影响。

模拟结果如图 8-1～图 8-4 及表 8-4 所示。

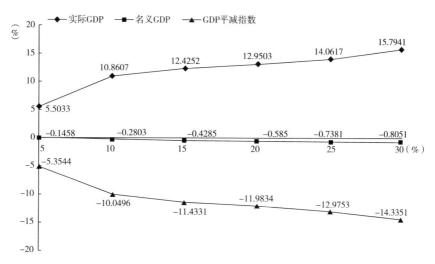

图 8-1 不同降幅情况下名义 GDP 和实际 GDP 以及 GDP 平减指数变化率

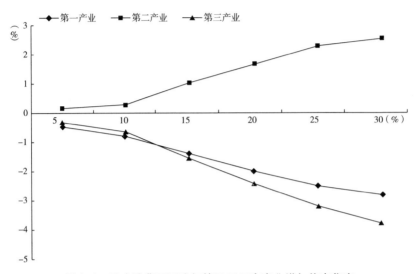

图 8-2　政府消费不同降幅情况下三次产业增加值变化率

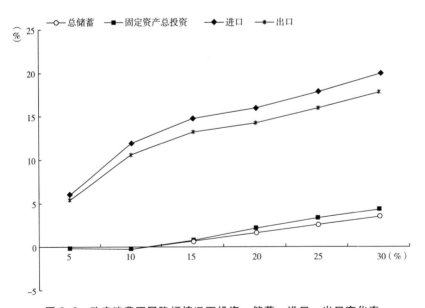

图 8-3　政府消费不同降幅情况下投资、储蓄、进口、出口变化率

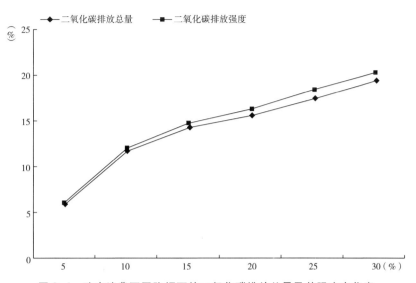

图 8-4 政府消费不同降幅下的二氧化碳排放总量及其强度变化率

表 8-4 政府不同消费降幅条件下的主要宏观经济变量变化率

单位:%，亿元

政府消费降幅	5%	10%	15%	20%	25%	30%
实际 GDP	5.503	10.861	12.425	12.950	14.062	15.794
名义 GDP	−0.146	−0.280	−0.429	−0.585	−0.738	−0.805
GDP 平减指数	−5.354	−10.050	−11.433	−11.983	−12.975	−14.335
第一产业增加值（名义值）	−0.526	−0.831	−1.442	−2.032	−2.519	−2.846
第二产业增加值（名义值）	0.151	0.267	0.977	1.662	2.274	2.534
第三产业增加值（名义值）	−0.348	−0.685	−1.555	−2.423	−3.236	−3.775
总储蓄	−0.139	−0.253	0.580	1.655	2.586	3.407
固定资产总投资	−0.147	−0.277	0.774	2.125	3.295	4.286
总进口	5.984	11.865	14.757	15.922	17.781	19.885
总出口	5.346	10.600	13.184	14.225	15.886	17.766
汇率	−5.352	−10.055	−11.682	−12.317	−13.393	−14.691
农村居民总收入	−0.351	−0.680	−0.921	−1.161	−1.408	−1.523
城镇居民总收入	0.542	1.077	1.026	0.791	0.652	0.752
农村居民总储蓄	−0.351	−0.680	−0.921	−1.161	−1.408	−1.523

政府消费降幅	5%	10%	15%	20%	25%	30%
城镇居民总储蓄	0.542	1.077	1.026	0.791	0.652	0.752
居民研发总收入	54.320	106.995	121.815	126.067	136.111	152.444
煤炭二氧化碳排放量	6.008	11.825	14.210	15.602	17.494	19.232
焦炭二氧化碳排放量	6.129	12.008	14.642	16.586	18.929	20.890
原油二氧化碳排放量	5.826	11.573	14.515	15.832	17.802	19.792
精炼石油二氧排放量	5.851	11.602	14.089	15.143	16.822	18.634
天然气二氧化碳排放量	5.936	11.727	13.939	15.101	16.789	18.585
燃气二氧化碳排放量	7.007	13.943	15.972	16.472	17.768	19.948
二氧化碳总排放量	5.990	11.800	14.245	15.637	17.544	19.323
二氧化碳排放强度	6.144	12.114	14.737	16.318	18.418	20.291
社会福利增加额（水平值变化量）	11926.170	23715.960	26611.950	27026.290	28836.630	32975.010

图 8-1 显示，实际 GDP 增长率随着政府消费降幅的增加而增加；与此同时，GDP 平减指数随着政府消费降幅的增加而减少，其绝对降幅略小于实际 GDP 增幅；而名义 GDP 变化不大，几乎呈现微幅逐渐减少的趋势。这表明该政策可以有效地增加北京市区域经济的增长率，并且显著地降低物价水平。虽然政府消费减少，但是增加的政府研发支出有效地提高了全要素生产率，使产出进一步增加，增加值有所扩大，从而带动农村居民消费、城镇居民消费、研发支出增加，继而带来相对更大的产业增加值。

图 8-2 显示，第一产业和第三产业增加值均有所降低，并随着政府消费降幅的增加而减少；而第二产业增加值增幅为正，并随着政府消费降幅的扩大而升高。该政策会进一步加大第二产业的经济比重，第一产业和第三产业的比重将不断降低，不利于北京市经济结构调整。

图 8-3 显示，进口和出口均随着政府消费降幅的增加而增加，其中，进口增幅稍大于出口增幅；此外，固定资产投资和总储蓄逐渐上升。该政策有利于北京市的国际贸易、投资和储蓄。

图 8-4 显示，二氧化碳排放总量及其排放强度均随着政府消费降幅的增加而增加，其中，二氧化碳排放强度的增幅稍大于二氧化碳排放总量的

增幅。该政策将进一步加大北京市化石能源的消耗量，不利于北京市节能减排，因此，若想有效地实施节能减排政策，还需在提高化石能源使用效率上下功夫。

在不同的政府消费降幅条件下，社会福利均有所增加，而且随着政府消费降幅的增加而增加（见表 8-4），说明该政策可以提升北京市整体社会福利水平，有利于北京市社会的和谐发展。

（四）情景模拟 IV

情景假设：改革科研经费制度，调整科技研发支出结构。保持科研经费总额基本不变，增加科技人员的科研劳动合理报酬（即增加科研经费中的"劳动报酬"比例），[①] 减少相应硬件支出比例。假设科研经费中的"劳动报酬"分别增加 10%、20%、30%、40%、50%、60%，并假定全要素生产率随着科研人员研发收入的增加而提高，[②] 其他条件不变，模拟对北京市国内生产总值、产业结构、居民收入和消费、政府收入和消费、进出口、二氧化碳排放总量、二氧化碳排放强度、社会福利等宏观经济变量的影响。

表 8-5 显示，北京市实际 GDP 增长率随着科技人员科研劳动合理报酬的增加而增加；GDP 平减指数则随着科技人员科研劳动合理报酬的增加而减少；名义 GDP 变化不大，几乎呈现微幅逐渐减少的趋势。因此，该政策可有效地增加北京市 GDP 增长率，不仅有利于北京市的经济发展，还能显著地降低物价水平。改革科研经费制度，虽然政府科技研发支出总量几乎不变，但是由于提高了科研人员的合理劳动报酬，极大地调动和激发了科研人员的积极性和创造性，也使科研工作变得更加简便和灵活，科研人员可以把更多的时间和精力放在科研上，而不是各种经费管理的条条框框、各种规章制度上，能够有效地提高全要素生产率，使产出进一步增加，增

---

① 同时需要加强科研成果管理，严格课题结题评审制度，公开科研成果，接受社会大众监督，但只要科研课题能够顺利结项，取得较好的科研成果，科研人员可以直接从课题的"劳动报酬"中领取较高的报酬。

② 这样假设的前提是：提高科研人员的合理收入，使得科研人员能够从科学研发活动中获得较高收益，则可以提高科学研发人员的研发积极性和创造力，使他们取得更好更优更有实际价值的科研成果，从而提高各行业的全要素生产率。

加值有所扩大，从而带动农村居民消费、城镇居民消费、投资和储蓄，继而带来相对更大的产业增加值。

表 8-5　情景模拟 IV 下的主要宏观经济变量变化率

单位:%，亿元

劳动报酬比例增幅	10%	20%	30%	40%	50%	60%
实际 GDP	1.004	2.0078	2.9489	4.0183	5.0228	6.0409
名义 GDP	−0.0004	−0.0009	−0.007	−0.0288	−0.0315	−0.099
GDP 平减指数	−0.9945	−1.9675	−2.8576	−3.8907	−4.8126	−5.7901
第一产业增加值（名义值）	−0.084	−0.1478	−0.374	−0.6608	−0.7671	−1.3761
第二产业增加值（名义值）	0.0274	0.0552	0.0813	0.1752	0.2067	0.2563
第三产业增加值（名义值）	−0.0091	−0.0191	0.0178	−0.088	−0.1012	−0.1642
总储蓄	0.0979	0.1964	0.2747	0.3704	0.4630	0.4938
固定资产总投资	0.1154	0.2306	0.3328	0.4486	0.5586	0.6327
总进口	1.0603	2.1409	2.4755	4.3093	5.3745	5.7319
总出口	0.9473	1.9127	2.2117	3.8500	4.8017	5.1210
汇率	−1.0098	−2.0037	−2.7865	−3.9782	−4.915	−5.7877
农村居民总收入	−0.0053	−0.0073	−0.0187	−0.066	−0.075	−0.2056
城镇居民总收入	0.1514	0.3061	0.4521	0.5623	0.7102	0.7404
农村居民总储蓄	−0.0053	−0.0073	−0.0187	−0.066	−0.075	−0.2056
城镇居民总储蓄	0.1514	0.3061	0.4521	0.5623	0.7102	0.7404
政府科技创新研发投入研发总支出	0.0239	0.0489	0.0314	0.0807	0.1024	0.0283
煤炭二氧化碳排放量	1.0305	2.0523	3.206	4.2742	5.3204	6.5923
焦炭二氧化碳排放量	1.0164	2.0126	3.3624	4.2758	5.3136	6.8599
原油二氧化碳排放量	1.0642	2.1467	2.4854	4.3913	5.4684	6.2023
精炼石油二氧排放量	1.0389	2.0877	2.6898	4.26	5.3086	6.1417
天然气二氧化碳排放量	1.0117	2.0165	3.028	4.1909	5.2169	6.3459
燃气二氧化碳排放量	1.2286	2.4652	3.4578	4.9152	6.1529	7.2383
二氧化碳总排放量	1.0319	2.0578	3.1189	4.2779	5.3251	6.5386

续表

劳动报酬比例增幅	10%	20%	30%	40%	50%	60%
二氧化碳排放强度	1.0324	2.0569	3.1117	4.3079	5.3583	6.6441
社会福利增加额（水平值变化量）	2232.511	4481.569	6301.953	8777.029	11010.83	12843.87

　　从产业来看，情景 IV 下，第一产业和第三产业增加值均有所降低，并随着科技人员科研劳动合理报酬提高比例的增加而减少；而第二产业增加值增幅为正，并随着科技人员科研劳动合理报酬提高比例的增加而升高。这说明该政策会进一步加大第二产业的比重，第一产业和第三产业的比重将不断降低，因而不利于北京市的经济结构调整。或者说，该政策不能在促进北京市经济总量增长的同时，还取得经济产业结构调整的功效，要进行经济结构调整，还需要其他政策相配合。

　　另外，从总储蓄、固定资产投资以及进口和出口的变化趋势上可以看出：进口和出口均随着科技人员科研劳动合理报酬提高比例的增加而增加，其中，进口增幅稍大于出口增幅；此外，固定资产投资和总储蓄逐渐上升。这说明该政策有利于北京市的国际贸易，有利于促进投资和储蓄。

　　情景 IV 下，社会福利均有所增加，而且随着科技人员科研劳动合理报酬提高比例的增加而增加。说明该政策可提升整体社会福利水平，有利于北京市社会的和谐发展。

（五）情景模拟 V

　　情景假设：假设[①] 2017~2020 年，北京科技创新研发投入经费年增长率保持 7% 为基准方案，我们模拟北京科技研发与试验发展（科技创新研发投入）经费增长率多增加 50%，即年增长率为 7%×1.5＝10.5%，各部门的科技创新研发投入经费比例保持不变，政府对居民的转移支付、侨汇、国外储蓄、省外储蓄年增长率为 10%，其他条件不变，对北京宏观经济及各行业的冲击和影响，包括对北京国内生产总值、居民收入、居民消费（包括城镇居民、农村居民消费）、政府消费、进出口以及行业增加值的影响。

---

　　① 本假设参考了沈利生《北京市宏观经济与科技模型预测》。

表 8-6 显示：（1）当北京科技研发与试验发展（科技创新研发投入）经费增长率多增加 50%，即科技创新研发投入经费年增长率从 7% 增加到 10.5% 时，北京国内生产总值、居民收入、居民消费、政府消费、进口和出口均增加，这说明北京科技创新研发投入增加对北京科技宏观经济的发展有正向促进作用；（2）从增幅来看，各变量随着时间的增加其增长率逐年增加，但其增长幅度逐年下降，即说明科技投入对北京宏观经济的影响是正向、边际递减的，这与国际相关文献一致，也符合经济理论。（3）从数值来看，北京科技创新研发投入经费年增长率多增加 50%，到 2020 年，可使北京地区生产总值多增加 0.28%，使北京市居民收入增加多增加 0.61%，使居民消费多增加 0.59%，使进口和出口分别多增加 0.33% 和 0.37%。

表 8-6　情景模拟 V 对北京市科技经济发展的影响

单位：%

年份	GDP 变化	居民收入变化	居民消费变化	进口变化	出口变化
2017	0.26	0.57	0.55	0.30	0.35
2018	0.27	0.59	0.56	0.31	0.36
2019	0.28	0.60	0.58	0.32	0.37
2020	0.28	0.61	0.59	0.33	0.37

第三节　对策建议

五种政策方案情景模拟表明：第一，加大科技研发投入是促进经济发展、控制通货膨胀的利器。无论是直接增加政府研发投入（情景Ⅰ、Ⅴ），还是间接投入包括减免增值税（情景Ⅰ、Ⅱ）、增加科研人员报酬（情景Ⅳ），都会促进经济增长，促进出口，增加社会福利，降低通货膨胀。第二，要打组合拳。投入方式上要重视直接投入和间接投入相结合，政策手段上要重视税收政策、人才政策、投入政策等政策组合拳的应用。第三，投资人比投资硬件更有效，要以人为本，强化对人力资本的投资，意识到人高于"物"（硬件），建立和实施有效的激励制度，调动科技人员科技创新的积极性。基于此，提出以下建议。

（一）主动作为，加快质量变革、效率变革与动力变革

在加大科技创新和努力提高全要素生产率的同时，"供给侧结构性改革"必须着力提升传统生产资源要素的供给效率和供给质量。要在劳动力数量和成本优势逐步减弱后，积极适应高质量、高效率现代化经济体系建设的需要，必须以供给侧结构性改革为主线，大力实施创新驱动发展战略，推进科技成果转化，培育经济发展新动能。落实"中国制造 2025"与推进"互联网+"融合发展，催生颠覆性新技术，推进科技、体制、模式、业态等全方位的创新，促进新技术、新产业、新业态、新模式等新经济成长和传统产业改造升级。培育具有国际影响力的领军企业，大力发展知识密集型服务，占领全球价值链的高端。

（二）以人为本，提高科研人员获得感

加强对人才的激励，不断加大人力资本投资，加快人口红利向人才红利的转换，提高劳动力素质以抵消基于人力资源意义上的"人口红利"下降的负效应，推进素质教育，建设全球素质教育中心。同时，建立和实施有效的激励制度，让科技人员富起来，是激发人才投身科研、积极创新的直接而有效的手段。加快科技成果转化立法进程，深入落实科技成果入股、股票期权、分红激励等举措，增强对关键岗位、核心骨干人员的激励。加大财政科研项目与经费管理 28 条新政的落实力度，扩大科研人员经费使用自主权，政府对科研项目要一视同仁，允许事业单位科研人员列支劳务费。深化工资总额制度改革，允许事业单位根据实际情况增加绩效工资总额。在事业单位招聘外籍人才方面给予政策支持。要让年轻科学家在最能干的时候，有时间和资源干事，包括提供资金的支持、人力的支持、技术的支持。

（三）精准服务，引导社会加大研发投入

要研究制定加大企业研发投入力度和自主创新意愿的精准政策，切实解决目前困扰企业研发投入的后顾之忧。政府要充分运用财政后补助、间接投入等方式，支持企业自主决策、先行投入。完善投融资政策，通过对知识产权质押担保，建立科技发展基金、风险投资基金和科技保险等制度

来解决企业技术创新的融资难问题。支持金融机构设计符合企业创新需要的金融产品，深入落实高新技术企业和研发费用加计扣除政策。充分发挥政府对基础研究投入的主体作用，加大对战略性、前沿性基础研究的支持力度，发挥自然科学基金支持源头创新的重要作用，对于探索性强、风险性高的非共识科研项目，给予管理体制和运行机制上的扶持。支持大学、科研院所、企业共建前沿技术研究基地，共同开展基础和前沿研究。真正将企业研发机构建设、研发投入作为衡量企业创新能力和承担科技计划项目的重要参考条件。

（四）需求导向，加强科技政策供给

坚持科技创新政策制定的系统化。加强财政、税收和科技政策等政策的整合，从政策协调角度考虑，实现政策有机结合、相互协调、相互补充。落实好现有政策，围绕新需求积极开展先行先试。制定新的先行先试政策，并通过调整政策标准或条件，保证现有先行先试政策的落实落地。例如：开展境外高端人才、紧缺人才工资薪金所得个人所得税试点，设定所得税纳税额占工资薪金的上限比例，例如15%。强化知识产权保护力度，完善科技成果转化和产业化的支持体系、技术服务体系和技术产权交易体系，真正建立起知识产权保护的企业外部环境，使企业自主创新的价值得到充分保障。进一步破除制约创新的制度藩篱，降低创新创业的隐性门槛和各类制度性交易成本，建立有序竞争、法制健全、保护产权的市场体系，最大限度地调动和激发创新主体的积极性和创造性。

第九章 总结

经过改革开放 40 年的发展，中国已经步入了特色社会主义新时代，经济结构和资源禀赋等的变化达到了从量变到质变的阶段。中国的人均收入正要实现从 8000 美元到 1 万美元的跨越，总量经济增长带来的边际效益逐年减少，还要面对可能出现的"中等收入陷阱"，要实现可持续发展必须进行结构优化。从这个新的历史基点出发，未来中国经济政策的顶层设计，需要把高增长转为高质量作为发展的主线。党的十八大以来，中央提出了"五位一体"总体布局和创新、协调、绿色、开放、共享五大发展理念，积极探索实现可持续发展的新路径。

党的十九大报告明确指出，我国经济已由高速增长阶段转向高质量发展阶段，必须坚持质量第一、效益优先，以供给侧结构性改革为主线，推动经济发展质量变革、效率变革、动力变革，提高全要素生产率。通过比较中日德三国的 TFP 水平及增长率，可以看出在过去的 25 年里，中国 TFP 的平均水平仍然与日本与德国存在较大差距。虽然中国经济的增长取得了举世瞩目的成就，但这个过程中 TFP 的贡献有限，要实现从传统要素驱动到创新驱动和效率驱动的转变，过程还很漫长。在中国经济发展已基本融入全球化的新时代，政府和决策者应重视日本、德两国在 20 世纪快速发展的经验，以及后来增长乏力与深陷全球金融危机的教训；同时也要看到，中国的 TFP 平均增长率高于日德两国，中国经济发展质量在缓慢提升，尤其是北京和上海作为最具代表性的科技创新中心，提升幅度较大；在接下来的科技创新政策制定过程中，要充分考虑到中国经济发展自身所具有的独特性。而利用 CGE 模型进行的政策方案情景模拟结果表明，加大科技研发投入是促进经济发展、控制通货膨胀的利器。无论是直接增加政府研发投入，还是间接增加投入包括减免增值税、增加科研人员报酬，都会促进经济增长和出口，增加社会福利，降低通货膨胀。科技投入方式上要重视直接投入和间接投入相结合，政策手段上要重视税收、人才、投入等政策组合拳的应用，实现政策优势互补。科研经费投资于人比投资于硬件更有效，要以人为本，强化对人力资本投资，意识到人高于"物"（硬件），建立和实施有效的激励制度，调动科技人员的积极性。

从中国的经济发展全局看，深入实施创新驱动发展战略和推进供给侧结构性改革是关键性制度安排。落实创新驱动发展需要各方面普遍实践，经济结构的转型升级也离不开科技创新的大力支撑。总的思路应该是，按照党中央的决策部署要求，着眼于长远，全面深入落实《国家创新驱动发展战略纲要》，推进科技创新和体制机制创新双轮驱动，按照"三步走"战略规划，力争早日实现我国经济发展方式的六大根本性转变并将我国建成世界科技强国。在具体的政策方面，除了前面提出的宏观建议以外，近期重点的方向还要包括以下几点。

一是要把基础研究摆在突出和重要的位置，从根本上增强供给能力，为创新提供"源头活水"。基础研究是科技创新供给侧的源头，必须从资源配置、体制机制、政策等方面进行系统支持。加大对机构、领军人才和团队的稳定性支持，夯实他们潜心研究的物质基础；建立基础研究统筹协调机制，把自然科学基金纳入国家科技管理平台，并完善基金发现人才、培养人才的有效机制；在税收政策上要做出更主动的安排，调动企业投入基础研究的积极性。要杜绝重物轻人，以人为本，强化对人力资本的投资，建立和实施有效的激励制度，调动科技人员的积极性。要勇于面对基础研究薄弱和科技成果转化不够的短板，通过瞄准世界科技前沿，把握新一轮科技革命机遇，超前谋划和系统布局，持续加大基础研究投入力度，坚持科技创新和体制机制创新双轮驱动、协调发展，积极推动科技体制改革，进一步激发全社会创新活力。

二是加强核心关键技术突破和应用，提高整个经济体系的"技术含量"和整体供给质量。对产业而言，要提升技术供给的质量和效率，减少无效供给、低效供给，要建立需求导向、企业主导的项目形成机制，从源头上解决技术应用的问题；要把数字化、网络化、智能化、绿色化作为发展方向，进行资源的重点部署、超前部署、持续部署，对重大专项、重点研发计划都要做出主动的调整和安排；要探索发现和培育颠覆性技术的机制，促进新技术、新产业、新业态、新模式的融合发展，力争抢占产业重构的先机；要积极推动成果转化，对于国家科技重大专项要建立成果应用机制和配套政策，通过首台套、应用免责、税收优惠等政策促进成果的应用；要进一步完善成果应用的市场体系和服务体系，让市场机制在成果的发现、遴选、应用中起决定性作用，把这方面工作当成促进成果转移转化行动的主要着力点，让市场充分活起来。

三是加大"大众创新、万众创业"工作的系统性部署，丰富创新主体，激发创新主体的活力。目前，对"双创"工作的支撑还不够，部署还较零散，要全面梳理科技工作资源，进行系统设计，并推进集成部署。要将自创区、高新区、孵化器、众创空间等各类创业载体，技术市场体系等服务环境，设施仪器开放、科技报告、资源共享平台等支撑平台，成果转化行动和引导基金、科特派和科技人员兼职及离岗创业等政策措施，都纳入进来，同时还要提出新的措施。科技金融也是政策包中的重要内容。促进科技与金融结合的核心是解决科技与金融之间的信息不对称，推动金融组织、产品、服务和市场创新，加强对小微企业创新的金融服务，破解小微企业融资难、融资贵的问题。还要继续提高激励创新税收政策的普惠性和便捷性，并提高政策对小微企业的精准度和优惠度。

四是要推进科研领域"放管服"改革，以政策创新为科技及创新"加力"，释放经济供给侧的"红利"。科技与经济的体制机制改革本质就是政府自我革命，重要突破口就是各级政府要主动落实党中央、国务院有关"放管服"的具体要求。科技管理的"放管服"关联性特点突出，涉及的领域特别多，需要系统协同推进。比较突出的问题有：围绕科技计划改革的放管服，如何在专业机构的专业性和公开透明的法人治理结构上取得实质性突破，如何建立监督评估体系和科研信用体系，如何对科技人员的关切和诉求建立快速响应和反馈服务机制；高校及科研院所的科研自主权如何落实和扩大，包括机构编制、选人用人、科研立项、经费使用、岗位设置、职称评定、薪酬分配、设备采购和基本建设审批等，绝大多数属于"动奶酪"性质的改革，需要协调多个政府部门并进行自我革命；能否把鼓励社会化新型研发机构发展作为科技"放管服"的一个方向；等等。

五是要调整优化国家科技力量布局，以创新要素优化配置促进供给升级，打造新技术供给的"生力军"。科技领域供给侧结构性改革还要下决心调整和优化科技力量的布局。近期的重点就是在重大创新领域组建一批国家实验室，形成以国家实验室为引领的国家创新基础平台和战略科技力量。近期要抓紧提出国家实验室组建方案，明确战略定位、组建方式、管理体制和运行机制，组建几个样板。将来要深入研究国家实验室在我国科研力量布局中的位置，与现有创新单元的关系，引领我国科研体系结构的调整优化。同时，要坚持科技创新政策制定的系统化，加强财政、税收和科技等政策的整合；落实好现有政策，制定新的先行先试政策。

六是要实施更加积极主动的科技开放政策，集聚全球创新资源，增强国际竞争力。在国际视野下，加快对全球创新资源的整合与利用，扩大本国经济结构性改革的动力来源。科技开放主要是三方面，一是积极融入，这是我们一直重视，并且做得越来越好的方面；二是资源开放，要强化知识产权保护力度，完善科技成果转化和产业化的支持体系、技术服务体系和技术产权交易体系，进一步破除制约创新的制度藩篱，建立有序竞争、法制健全、保护产权的市场体系，最大限度地调动和激发创新主体的积极性和创造性；三是人才引进，重点要在发起国际大科学工程、外籍科学家参与科技计划项目、引进更多高层次海外科技人才和外籍科技人才在华永久居留资格发放等几个领域尽快取得实质性突破，开展境外高端人才、紧缺人才个人所得税试点，设定所得税纳税额占工资薪金的上限比例等，大幅提升我国创新体系的开放程度。

世界正处于大发展大变革大调整时期，人类面临经济、社会、环境等多方面的共同挑战，世界和平、发展繁荣和人民幸福等可持续发展目标是每个国家共同追求的梦想。近 20 年来，全球也都在深刻反思传统工业文明发展模式的不足，从经济、政治、文化、社会、科技等领域全方位审视和应对人类社会发展面临的资源、环境方面的严峻挑战，致力于在更高层次上实现人与自然、环境、经济、社会的和谐。中国曾经因为错过了前几次的科技革命，经历了近一个半世纪的落后挨打。在新的历史起点上，中国要牢牢把握住新一轮的世界科技革命和产业变革机遇，深入实施创新驱动发展战略，凝聚全球的科技创新力量，推动经济结构的转型升级，迈向高质量发展，满足人民日益增长的美好生活需要，并为其他发展中国家的经济转型升级和可持续发展提供样本。

参考文献

[1] ALEJANDRO M. Applied general equilibrium: an introduction [M]. 2012, Springer-Verlag Berlin Heidelberg.

[2] BARNETT W A, SAMUELSON P A. Inside the economist's mind: conversations with eminent economists [M]. Wiley-Blackwell, 2007.

[3] COBB C W, DOUGLAS P H. A theory of production [J]. American economic review, 1928, 18 (1): 139-65.

[4] CHU, A C. R&D and economic growth in a cash-in-advance economy [J]. International economic review, 2014, 2 (1): 507-524.

[5] BEAUMONT, P M. Supply and demand interaction: integrated econometric and input-output models [J]. International Regional Science Review, 1990, 13: 167-181.

[6] BEBCZUK R N. R& D expenditure and the role of government around the world [J]. Estudios de economia, 2002, 29 (1): 109-121.

[7] BOHRINGER C, RUTHERFORD T F. Combining bottom-up and top-down [J]. Energy economics, 2008, 30 (2): 574-596.

[8] BURFISHER M E. Introduction to computable general equilibrium models [M]. Cambridge Unversity Press, 2011.

[9] CANTO G D, GONZALEZ I S. A resource-based analysis of the factors determining a firm's R& D activities [J]. Research Policy, 1999, 28: 891-905.

[10] CARLA O, HENGGELER A C. A multiple objective model to deal with economy-energy-environment interactions [J]. European journal of operational research, 2004, 153: 370-385.

[11] Dervis K, Melo J D, Robinson S. General equilibrium Model for

Development Policy ［J］, Jounal of Econometrics, 2000, 98：
203-223.

［12］ DIXON P B, PARMENTER B R. Computable general equilibrium modeling
for policy analysis and forecasting. In：Amman H M, Kendrick D A, Rust
J, eds. , Handbook of computational economics ［M］. 1996, Amsterdam：
North-Holland：3-85.

［13］ DIXON P B, JORGENSON D W. Handbook of computable general
equilibrium modeling ［M］. 2013, Harvard University.

［14］ DIAO X, ELBASHA E H, ROE T L, YELDAN E. A dynamic CGE
model：an application of RD-based endogenous growth model theory ［J/
OL］. 1996：https：//ideas. repec. org/p/ags/umedbu/7461. html.

［15］ DRONGELEN K, COOKE A. Design principles for the development of
measurement systems for research and development processes ［J］. R&D
management, 1997, 27 (4)：345-357.

［16］ FU C H. Decoding the structure behind the aggregate production function
［R］. NES working paper, 2015.

［17］ GHION P, HOWWIT P. A model of growth through creative destruction
［R］. National Bureau of Economic Research, 1990.

［18］ GOLD B. Some key problems in evaluating R & D performance ［J］. Journal
of engineering and technology management, 1989, 6 (1)：59-70.

［19］ GODLEY W, LAVOIE M. Monetary economics：an integrated approach
to credit, money, income, production and wealth ［M］. 2nd Edition,
Palgrave/ MacMillan, 2012.

［20］ GOULDER L H, PARRY I, WILLIAMS R, BURTRAW D. The cost
effectiveness of alternative instruments for environmental protection in a
second-best setting ［J］. Journal of public economics, 1999, 72：
329-60.

［21］ GRILICHIES Z. Productivity puzzles and R&D：another non-explanation
［J］. Journal of economic erspectives, 1998, 2：9-21.

［22］ GRILICHIES Z. R&D and the productivity slowdown ［J］. American
economic review, 1980, 70：343-348.

[23] GROSSMAN G M. Innovation and growth in the global economy [M]. MIT press, 1993.

[24] HALL, B H, MAIRESSE J. Exploring the Relationship between R&D and productivity in French manufacturing firms [J]. Journal of econometrics, 1995, 65: 263-293.

[25] HANSEN D M, ERIKSSON T, MADSEN E S. The impact of R&D on productivity: evidence from Danish firm-Level data [J]. International advances in economic research, 2006, 6 (2).

[26] HARHOFF D. R&D and productivity in German manufacturing firms [J]. Economics of innovation and new technology, 1998, 6: 28-49.

[27] HUA, JEFFERSON G H, QIAN J C. R&D and technology transfer: firm-level evidence from Chinese industry [J]. Review of economics and statistics, 2005, 87: 780-786.

[28] INEKWE J. The contribution of R&D expenditure to economic growth in developing economies [J]. Social indicators research, 2015, 3: 727-745.

[29] JONESI C. The shape of production functions and the direction of technical change [J]. The quarterly journal of economics, 2005: 517-549.

[30] JU J D, Lin Y F, Wang Y. Endowment structures, industrial dynamics, and economic growth [J]. Journal of monetary economics, 2015, 76: 244-263.

[31] KRUGMAN P. First nature, second nature, and metropolitan Location [J]. Journal of regional science, 1993, 33 (2): 129-144.

[32] LAVOIE M. Introduction to post-Keynesian economics [M]. 2nd Edition, Palgrave/Macmillan, 2006.

[33] LICHTENBERG F R. R&D investment and international productivity differences [R]. National Bureau of Economic Research, 1993.

[34] LIN Y F. The Washington consensus revisited: a new structural economic perspective [J]. Journal of economic policy reform, 2015, 18 (2): 96-113.

［35］ MANSFIELD E. Industrial R&D in Japan and the United States：A comparative study［J］. American economic review，1988，78（2）.

［36］ OLIVERIRA C，ANTUNES C H. A multiple objective model to deal with economy-energy-environment interactions［J］，European journal of operational research，2004，（153）：370-385.

［37］ ROMER P M. Endogenous technological change［R］. National Bureau of Economic Research，1991.

［38］ ROTHWELL R. Towards the fifth-generation Innovation Process［J］. International marketing review，1994，11（1）：7-31.

［39］ SVEIKAUSKAS C D，SVEIKAUSKAS L. Industry characteristics and productivity growth［J］. Southern economic journal，1982，48（3）.

［40］ TADAHISA K. Firm size and R&D tax incentives［J］. Technovation，2003，23：643-648.

［41］ VINCENZO A，BENIAMINO Q. Do R&D expenditures really matter for TPF［J］. Applied economics，2001，（33）：1385－1389.

［42］ WANG E C. R&D efficiency and economic performance：a cross-country analysis using the stochastic frontier approach［J］. Journal of policy modeling，2007，29（2）：345-360.

［43］ WHALLEY J，WIGLE R. Cutting CO2 emissions：the effects of alternative policy approaches［J］. Energy journal，1991，12（1）：109-124.

［44］ 巴曙松、郑军：《中国产业转型的动力与方向：基于新结构主义的视角》，《中央财经大学学报》2012年第12期。

［45］ 蔡翔、崔晓兰、熊静、等：《我国地区科技创新研发投入效率及其影响因素探究：基于"科研产出-成果转化"视角》，《软科学》2013年第27（3）期，第80~84页。

［46］ 曹泽、李东：《科技创新研发投入对全要素生产率的溢出效应》，《科研管理》2010年第2期，第18~25页。

［47］ 陈远燕：《支持高新技术企业自主创新的税收政策研究》，《金融经济》2010年第11期。

［48］ 陈玮、耿曙：《政府介入能否有效推动技术创新：基于两个案例的分析》，《上海交通大学学报》（哲学社会科学版）2015年第3期。

［49］陈曦：《新结构经济学在发展中国家的运用与实践》，《经济导刊》
2017 年第 3 期。

［50］陈钊、熊瑞祥：《比较优势与产业政策效果：来自出口加工区准实验
的证据》，《管理世界》2015 年第 78 期。

［51］陈仲常、余翔：《企业研发投入的外部环境影响因素研究：基于产业
层面的面板数据分析》，《科研管理》2009 年第 3 期，第 78～84 页。

［52］程虹、刘三江、罗连发：《中国企业转型升级的基本状况与路径选择：
基于 570 家企业 4794 名员工入企调查数据的分析》，《管理世界》
2016 年第 2 期。

［53］崔冬初、宋之杰：《京津冀区域经济一体化中存在的问题及对策》，
《经济纵横》2012 年第 5 期，第 75～78 页。

［54］邓金堂：《基于自主创新目标的国有高新技术企业激励机制研究》，经
济科学出版社，2007。

［55］杜德斌、何舜辉：《全球科技创新中心的内涵、功能与组织结构》，
《中国科技论坛》2016 年第 2 期，第 10～15 页。

［56］范柏乃：《面向自主创新的财税激励政策研究》，科学出版社，2010。

［57］樊春良、马小亮：《美国科技政策科学的发展及其对中国的启示》，
《中国软科学》2013 年 10 期。

［58］樊维、王新红、冯套柱：《三大研发主体 科技创新研发投入：投资结
构效率比较分析》，《西安科技大学学报》2011 年第 31（2）期，第
241～247 页。

［59］付才辉：《市场、政府与两极分化：一个新结构经济学视角下的不平
等理论》，《经济学季刊》2017 年第 16（1）期。

［60］龚刚：《论新常态下的供给侧结构性改革》，《南开学报（哲学社会科
学版）》，2016 年第 2 期，第 13～20 页。

［61］古利平、张宗益、康继军：《专利与科技创新研发投入：资源，中国
创新的投入产出分析》，《管理工程学报》，2006 年第 1 期，第 147～
151 页。

［62］国家税务总局政策法规司：《中国税收政策前沿问题研究（第六
辑）》，中国税务出版社，2011。

［63］国务院：《关于印发实施国家中长期科学和技术发展规划纲要 2006－

2020 若干配套政策的通知》国发，2006 年第 6 期。

[64] 何武、林桂军、程健：《中国经济结构调整与升级：基于新结构经济学方法》，《现代管理科学》2015 年第 6 期。

[65] 华小全：《中国区域经济协调发展的政策研究：安徽大学博士学位论文》，2011。

[66] 黄国斌、田志康：《促进科技创新的税收激励政策：英美等国的主要经验及其启示》，《经济管理》2008 年第 2 期。

[67] 蒋建军、齐建国：《激励企业科技创新研发投入支出的税收政策效应研究》，《中国软科学》2007 年第 8 期。

[68] 匡小平、肖建华：《我国自主创新能力培育的税收优惠政策整合：高新技术企业税收优惠分析》，《当代财经》2008 年第 1 期。

[69] 李国平、陈红霞：《协调发展与区域治理：京津冀地区的实践》北京大学出版社，2012。

[70] 李丽青：《企业科技创新研发投入与国家税收政策研究》，西北大学博士学位论文，2006。

[71] 刘笑霞、李明辉：《企业研发投入的影响因素：基于我国制造企业调查数据的研究》，《科技政策与管理》2009 年第 3 期，第 17~23 页。

[72] 李胜文、李大胜：《我国全要素生产率增长的区域差异：数量经济技术经济研究》，2006 年第 9 期，第 12~21 页。

[73] 李兴江、陈开军、张学鹏：《中国区域经济差距与协调发展：理论·实证与政策》，中国社会科学出版社，2010。

[74] 林毅夫：《新结构经济学：重构发展经济学的框架》，《经济学（季刊）》2011 年 1 期。

[75] 林毅夫：《发展战略与经济发展》，《北京大学出版社》，2004。

[76] 林毅夫、李永军：《比较优势：竞争优势与发 42 展中国家的经济发展》，《管理世界》2003 年第 7 期，第 21~28 页。

[77] 林毅夫、付才辉：《新结构经济学导论》，《北京大学新结构经济学研究中心讲义》2015，2016。

[78] 林毅夫、付才辉、王勇：《新结构经济学新在何处》，《北京大学出版社》，2016。

[79] 林毅夫、苏剑（译）：《新结构经济学：反思经济发展与政策的理论框

架（修订版）》，北京大学出版社，2014。

[80] 林毅夫、孙希芳、姜烨：《经济发展中的最优金融结构理论初探》，《经济研究》2009年第8期。

[81] 刘建翠：《R&D和全要素生产率：基于高技术产业的实证分析》，《华东经济管理》2007年第9期，第45~49页。

[82] 刘笑霞、李明辉：《企业研发投入的影响因素：基于我国制造企业调查数据的研究》，《科技政策与管理》2009年第3期，第17~23页。

[83] 刘再兴：《区域经济理论与方法》，中国物价出版社，1996。

[84] 娄峰：《中国经济-能源-环境-税收动态可计算一般均衡模型理论及应用》，中国社会科学出版社，2015。

[85] 娄贺统：《企业技术创新的税收激励效应研究》，立信会计出版社，2010。

[86] 卢方元、靳丹丹：《我国科技创新研发投入对经济增长的影响：基于面板数据的实证分析》，《中国工业经济》2011年第3期，第149~157页。

[87] 米传民、刘思峰、杨菊：《江苏省科技投入与经济增长的灰色关联研究》，《科学学与科学技术管理》2004年第1期，第34~36页。

[88] 莫燕：《区域科技创新研发投入绩效评价》，《科研管理》2004年第25（1）期，第114~117页。

[89] 牛立全：《影响企业研发投入产出效率的因素分析》，《石油科技论坛》2009年第28（6）期，第8~9页。

[90] 潘文卿、李子奈、刘强：《中国产业间的技术溢出效应：基于35个工业部门的经验研究》，《经济研究》2011年第7期，第18~29页。

[91] 全诗凡：《基于区域产业链视角的区域经济一体化：以京津冀地区为例》，南开大学博士学位论文，2014。

[92] 苏杭、郑磊、牟逸飞：《要素禀赋与中国制造业产业升级》，《管理世界》2017第4期。

[93] 孙敬水：《科技税收政策的国际经验及其对我国的启示》，《科学学研究》2002第4期。

[94] 席鹭军：《创新型国家自主创新财税政策经验及对我国的启示》，《求实》2010第4期。

[95] 谢伟、胡玮、夏绍模：《中国高新技术产业研发效率及其影响因素分析》，《科学学与科学技术管理》2008 年第 3 期，第 144~150 页。

[96] 王丽莉、文一：《中国能跨越中等收入陷阱吗：基于工业化路径的跨国比较》，《经济评论》，2017 第 3 期。

[97] 王玲：《高技术产业技术投入和生产率增长之间关系的研究》，《经济学》2008 年第 3 期，第 913~933 页。

[98] 王任飞：《企业 R&D 支出的内部影响因素研究：基于中国电子信息百强企业之实证》，《科学学研究》2005 年第 4 期，第 225~231 页。

[99] 王顺义：《近现代世界科技原创力强国历史变迁的若干原因》，《毛泽东邓小平理论研究》2003 年第 5 期，第 96~101，69 页。

[100] 王英伟、成邦文：《我国研究与发展对全要素生产率影响的定量分析》，《科技管理研究》2005 年第 6 期，第 39~42 页。

[101] 王勇：《新结构经济学的"思"与"辩"》，北京大学出版社，2017。

[102] 文魁、祝尔娟，等：《京津冀区域一体化发展报告》，社会科学文献出版社，2012。

[103] 吴延兵：《科技创新研发投入与生产率：基于中国制造业的实证研究》，《经济研究》2006 年第 11 期，第 60~71 页。

[104] 吴垠：《中国经济的结构性调整方式与政策设计：基于新、旧结构经济学对比的视角》，《复旦学报》（社会科学版）2016 第 3 期。

[105] 西尔维娅、娜莎、马韧（译）：《推手：改变世界的经济学天才》，人民文学出版社，2013。

[106] 辛永容、陈圻、肖俊哲：《要素产出弹性与技术进步贡献率的测算》，《管理科学》2009~2，22（1）。

[107] 许庆瑞、郑刚、徐操志、刘景江：《研究与开发绩效评价在中国：实践与趋势》，《科研管理》2002 年第 23（1）期，第 46~53 页。

[108] 徐伟民：《科技政策与高新技术企业的科技创新研发投入：投入决策，来自上海的微观实证分析》，《上海经济研究》2009 年第 5 期，第 57~64 页。

[109] 许晓雯、蔡虹：《区域科技创新研发投入：投入绩效评价测度体系研究》，《科学学与科学技术管理》2004 年第 24（12）期，第 5~8 页。

[110] 谢伟、胡玮、夏绍模：《中国高新技术产业研发效率及其影响因素分析》，《科学学与科学技术管理》2008 年第 3 期，第 144~150 页。

[111] 徐伟民：《科技政策与高新技术企业的 R&D 投入决策：来自上海的微观实证分析》，《上海经济研究》2009 年第 5 期，第 57~64 页。

[112] 徐晓亮、许学芬：《资源计税方式变化的动态多区域一般均衡分析》，《中国科技论坛》，2014 年第 4 期，第 84~91 页。

[113] 余斌：《微观经济学批判（修订版）》，东方出版社，2013。

[114] 杨明：《高新技术企业自主创新能力的税收政策研究》，《黑龙江对外经贸》2011 年第 3 期。

[115] 杨汝岱：《中国制造业企业全要素生产率研究》，《经济研究》2015 年第 2 期。

[116] 杨英明、黄伟、陈丽娟：《基于矛盾论、增长诊断理论和新结构经济学视角的中国发展模式分析》，《财政研究》2014 年第 4 期。

[117] 张军扩：《"七五"期间经济效益的综合分析-各要素对经济增长贡献率测算》，《经济研究》，1991-5。

[118] 张少华、蒋伟杰：《中国全要素生产率的再测度与分解》，《统计研究》2015 年第 2 期。

[119] 张小蒂、王中兴：《中国科技创新研发投入与高技术产业研发的相关性分析》，《科学学研究》2008 年第 3 期，第 526~529 页。

[120] 张小蒂、王中兴：《中国 R&D 投入与高技术产业研发产出的相关性分析》，《科学学研究》2008 年第 3 期，第 526~529 页。

[121] 张欣：《可计算一般均衡模型的基本原理与编程》，上海人民出版社，2010。

[122] 赵云耘、刘晓路、吕冰洋：《中国要素产出弹性估计》，《经济理论与经济管理》2006 年第 6 期。

[123] 郑海涛、任若恩：《行业全要素生产率水平的国际比较》，《北京航空航天大学学报》2010 年 3 期。

[124] 钟卫：《中国区域科技创新研发投入：投入绩效的统计评价》，《统计与决策》2011 年第 7 期，第 91~93 页。

[125] 周彩霞：《R&D 强度差异：基于产业结构的分析》，《南京大学学报：哲学，人文科学，社会科学》2006 年第 43（3）期，第 26~

34 页。

[126] 朱春奎：《上海科技创新研发投入与经济增长关系的协整分析》，《中国科技论坛》2004 年第 6 期，第 79~83 页。

[127] 朱平芳、徐伟民：《政府的科技激励政策对大中型工业企业科技创新研发投入及其专利产出的影响》，《经济研究》2003 第 6 期。

[128] 朱岩梅、吴霁虹：《我国创新型中小企业发展的主要障碍及对策研究》，《中国软科学》2009 第 9 期。

致　谢

　　本书稿得以顺利出版，首先要感谢中国社会科学院数量与技术经济研究所娄峰博士，他对全书著述进行了全面指导，并在 CGE 模型的构建、社会核算矩阵的编制、参数设定和具体的测算过程中做了大量卓有成效的工作；其次要感谢北京市科技政策模拟和决策支撑重点实验室我的同事们，陈媛媛、杨茜林、李劲、杨杰、纪玉伟、杨洋、李玲、孙红霞等帮助收集了大量数据信息、梳理了大量的文献、做了重要的数据计量分析工作；最后还要感谢北京科学学中心给予本书出版做了重要工作的同志们，如车东旭、陈爽、刘梅英等做了不可缺少的服务工作。

　　感谢社科文献出版社周琼社长的大力支持和热情帮助，感谢赵慧英博士认真仔细的编辑和校对。

张士运

图书在版编目（CIP）数据

科技创新政策对经济社会促进作用及其国际比较 /
张士运著. -- 北京：社会科学文献出版社，2018.2
（2019.1 重印）
ISBN 978-7-5201-2230-6

Ⅰ.①科… Ⅱ.①张… Ⅲ.①技术革新-作用-区域
经济发展-研究-北京 Ⅳ.①F127.1

中国版本图书馆 CIP 数据核字（2018）第 024527 号

科技创新政策对经济社会的促进作用及其国际比较

著　　者／张士运

出　版　人／谢寿光
项目统筹／周　琼
责任编辑／赵慧英

出　　　版／社会科学文献出版社·社会政法分社（010）59367156
　　　　　　地址：北京市北三环中路甲 29 号院华龙大厦　邮编：100029
　　　　　　网址：www.ssap.com.cn
发　　　行／市场营销中心（010）59367081　59367083
印　　　装／三河市龙林印务有限公司

规　　　格／开　本：787mm×1092mm　1/16
　　　　　　印　张：16.5　字　数：257 千字
版　　　次／2018 年 2 月第 1 版　2019 年 1 月第 2 次印刷
书　　　号／ISBN 978-7-5201-2230-6
定　　　价／69.00 元

本书如有印装质量问题，请与读者服务中心（010-59367028）联系